シリーズ
ニッポン再発見
11

日本の伝統楽器

知られざるルーツとその魅力

若林忠宏［著］

Series
NIPPON Re-discovery
Japanese Traditional
Instrument

ミネルヴァ書房

はじめに

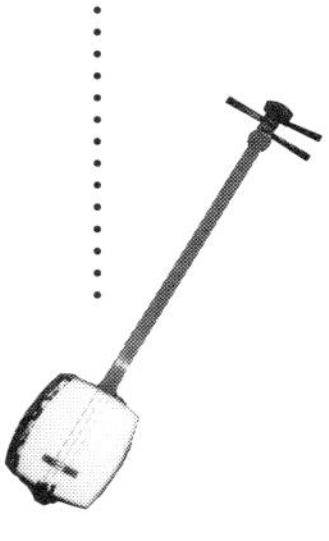

戦後70余年、今日ほど、日本人が日本をわかりたいと願っている時代はないのではないでしょうか。戦後以降どころか、明治維新にまで遡っても、これほど強く願ったことはないかもしれないと、私は考えます。はじめて本気で知りたい、学びたい、理解したいと願っているに違いないと！

洋の東西を問わず、いかなる国民（民族）でも、そのアイデンティティーを強く印象づけるものとしては、原風景、言葉、料理、そして祭りや音楽などがあげられます。

日本では、今ものどかな田園風景があちこちに見られますが、そこで生涯暮らしていかない限り、それはなつかしさ以上のものを与えてくれません。アイデンティティーもあり得ません。

実は、言葉や料理も、日本人のアイデンティティーとしては大きく変化し過ぎている気がします。諺や言い伝えなどは、今の若い親たちも、その親の世代から聞かされていないのですから、子どもたちに語ることはほとんどありません。伝統的な「家の味」もいわずもがな。

ところが、祭りや音楽はどうでしょうか。祭りは「どんどんひゃらら～」と表現されるように、もっぱら太鼓と笛であり、箏、三味線、琵琶などの弦楽器は、一般の人たちにとっては縁遠い存在でありながら、だれもが、どういうわけか、そうした調べに日本人のアイデンティティーを感じるのではないでしょうか。

太鼓＝鼓動、笛＝呼吸というように、太鼓や笛はいずれも生物が「生きている」ことの象徴といえます。一方、弦楽器は、まさに心・情感を象徴しているという観念が洋の東西を問わず存在します。

・明治から昭和初期にかけて、三味線の女流新内《しんない》弾き語りや、筑前《ちくぜん》琵琶、錦《にしき》琵琶など（女流が多い）が、今日のアイドル並みに人気があった。

・戦後しばらくの間、町を練り歩く「チンドン」には、三味線を用いているものもあった。

・本格的な老舗の寄席では、今でも三味線の生演奏で出囃子《でばやし》を奏でている。

・少し前には、津軽三味線の、ロックやジャズとのコラボが流行ったこともあった。

これらは、日本の伝統邦楽の楽器が、日本人のアイデンティティーである証だといえるのではないでしょうか。

ところで、人類が文字を持っていなかった頃から、自分たちの文化を後世に伝えるための方法として、楽器を利用していたことが知られています。

現在もアフリカの一部の人びとに受けつがれている「太鼓言葉（トーキングドラム）」は、太鼓のリズムや強弱、高低、長短などで、自分たちの意思を他者に伝えるものです。その方法は、音楽として歴史的に受けつがれてきました。

また、日本列島（北海道や東北地方、樺太、千島列島など広い地域）には、現在の日本人よりも前からアイヌが住んでいました。彼らは独自の文化を守ってきましたが、文字を持ちませんでした。物語や体験談、人生の教訓などを口承で、そして音楽によって後世に伝えてきました。

これらも音楽とその楽器が、それぞれの国民（民族）のアイデンティティーである証拠だと、私は考えています。

もとより日本は近年、「クールジャパン」の旗印のもと、様々な日本の文化を世界に向けてアピールしようとしています。歌舞伎が懸命に新作や派手なショーアップをしたり、アニメやマンガを世界に向けてどんどん輸出しようとしたりしています。一方、国内では、子どもたちに対し、文部科学省の肝入りで小中学校で邦楽を教えることを推奨したりしています。積極的に日本文化を紹介することは、とても意味のあることと思います。

私は近年、考察を重ねていることがあります。日本の楽器の多くは大陸伝来。その先は、シルクロードで、西アジア、ヨーロッパへつながると説かれています。しかし、私は何かが違うと感じているの

です。最も重要なテーマが欠落しているのではないかと考えています。

なぜなら、三味線・琵琶・箏のルーツは確かに大陸にあり、東西に伝播し、今日も様々な親戚楽器がユーラシアのあちこちで奏でられていますが、日本の楽器はいずれも根本的なところで全く異なるものだからです。

どこが異なるのか、ひとことでいうと、日本の楽器はきわめて繊細なもの！　日本の季節・風土などに育まれた日本人の感性に合うようにつくられているのです。そして、日本人の生真面目さと器用さによって生まれた日本の伝統楽器は、その完成度が世界でも稀な高い水準に達しているのです。

私は、日本の楽器とその音楽の「本当の姿」について読者のみなさんといっしょに考えていきたいと思い、この本をまとめることにしました。

日本の伝統楽器を理解できることは、まさしくこの「シリーズ・ニッポン再発見」につながると信じています。そして、この本が日本人が日本をわかりたいと願っている時代にぴったりのものになることを願ってやみません。

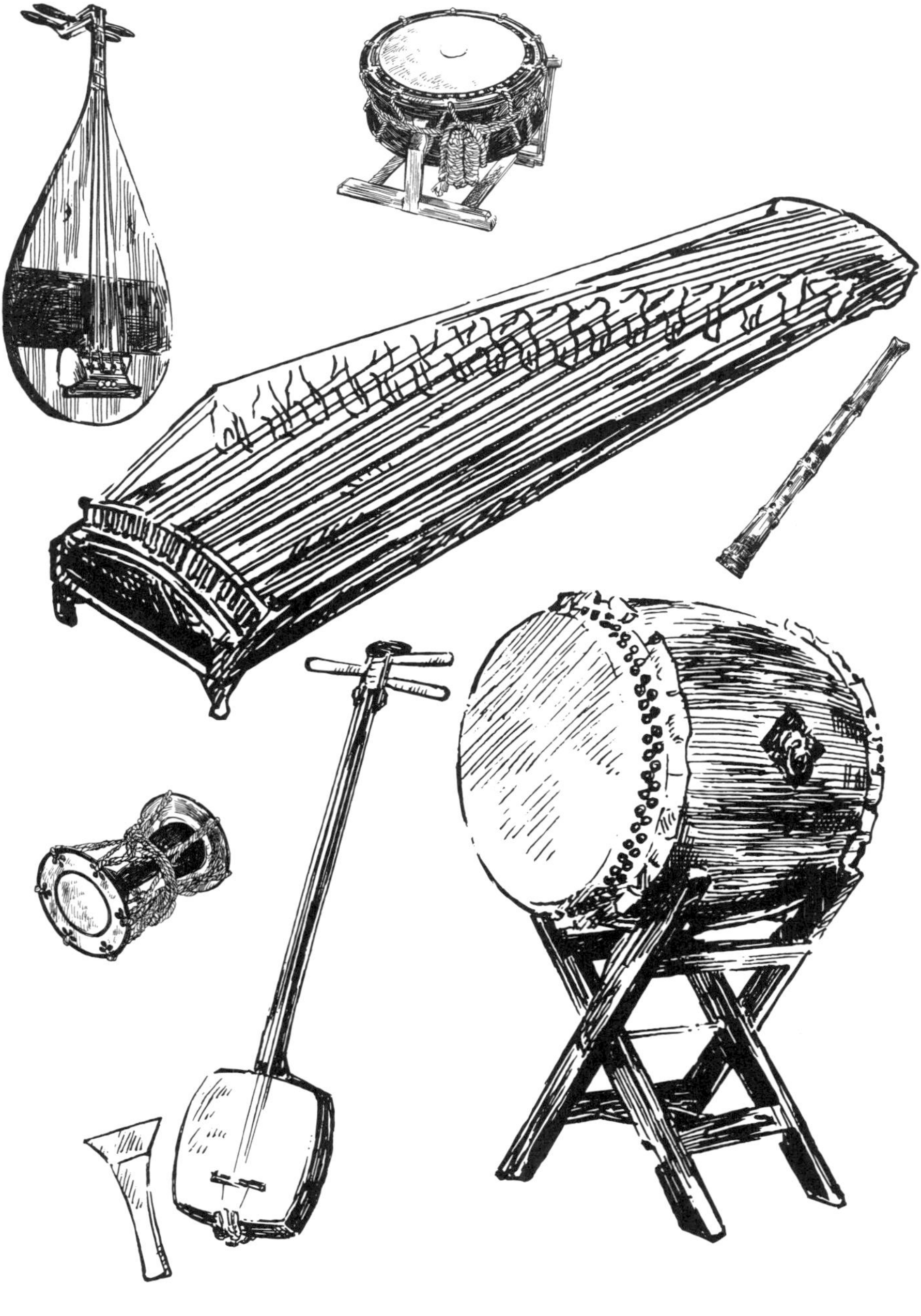

目次

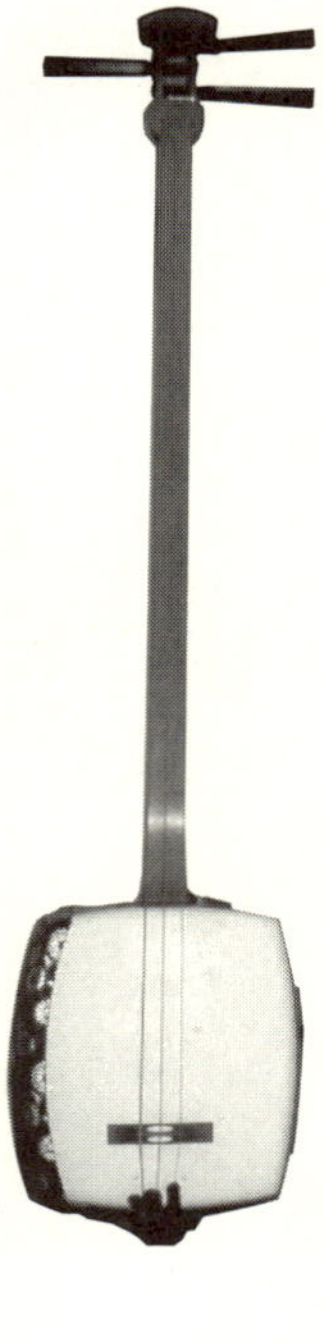

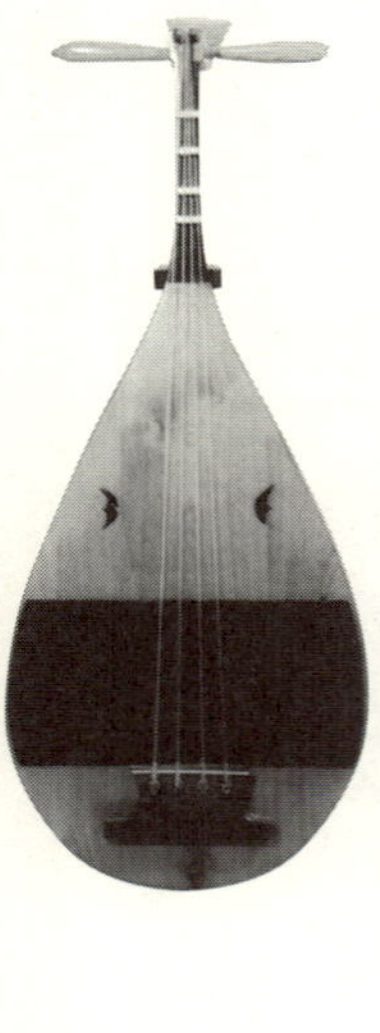

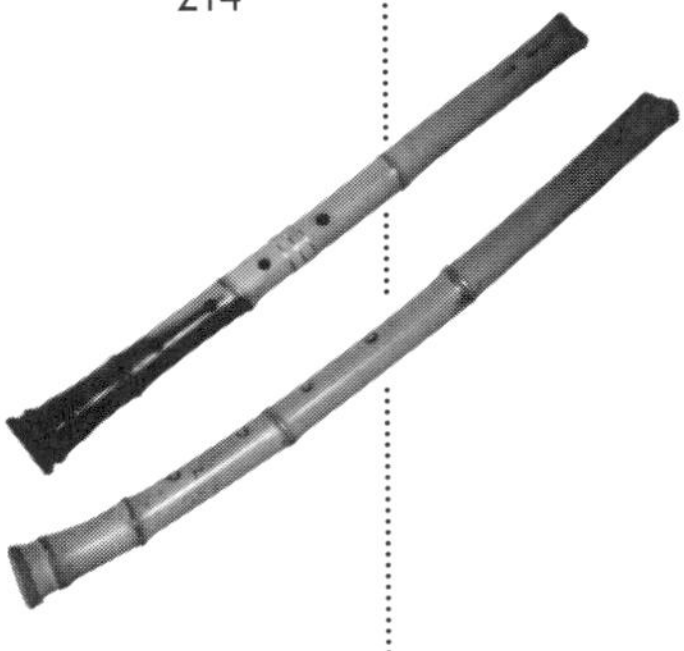

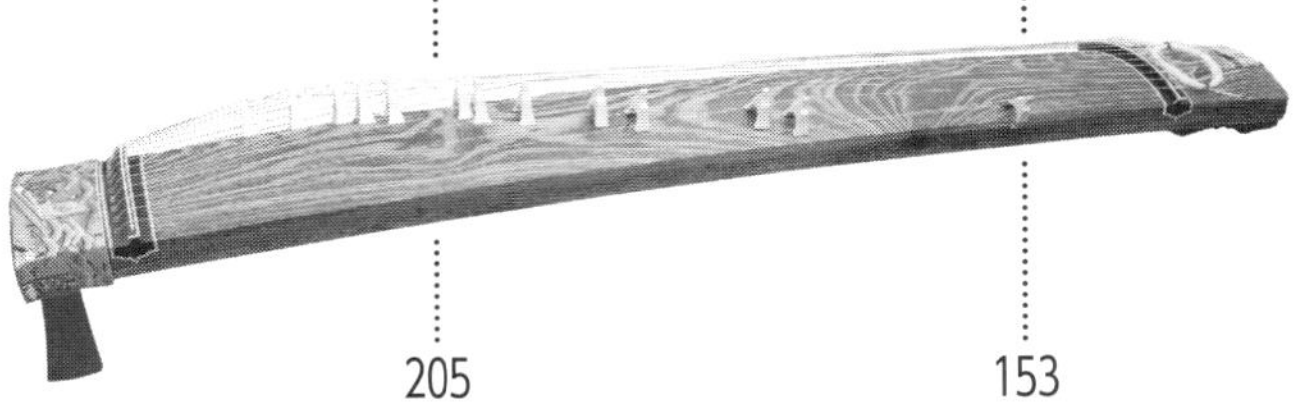

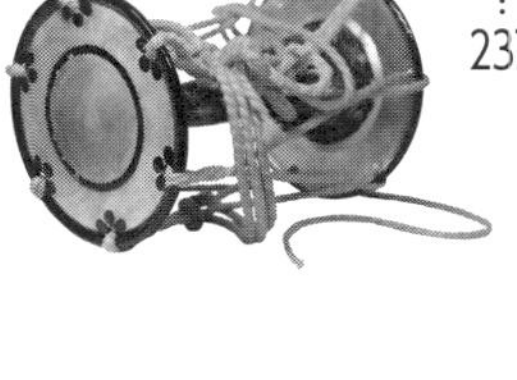

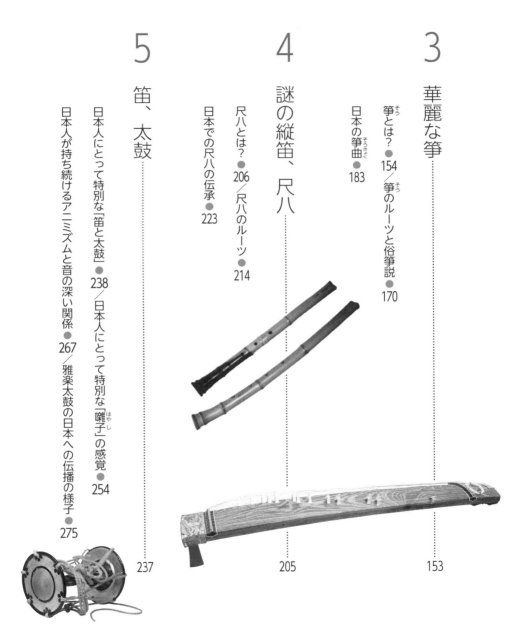

日本の楽器雑学

1 三味線の美

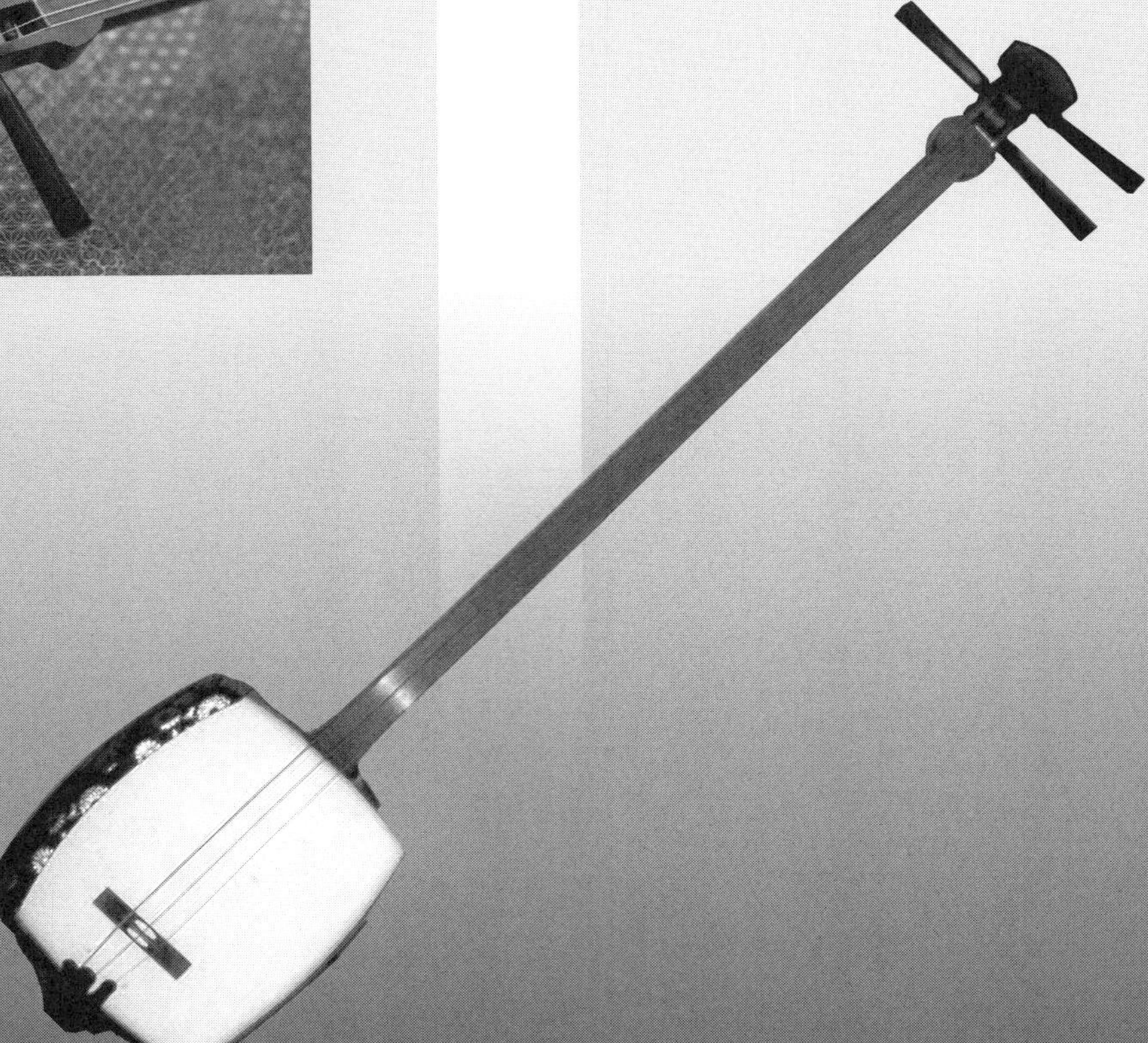

三味線とは?

●「三味線」の楽器分類上における位置づけ

三味線の形状

現在、三味線は津軽三味線の若手演奏家の活躍もあり、大人になって趣味として始める人の多い和楽器の代表ともいえます。日本の三味線について最も端的に述べるならば、次のようにいえると思います。

「三味線」とは、大陸の「三弦《サンシエン》」が伝わったもの。日本の伝統邦楽で用いられる、ロングネック・リュート（Long-Neck-Lute）属の撥弦《はつげん》楽器。* 棹《さお》にはフレットがなく、表面板には獣皮を張り、単弦三本の絹弦を大型の撥《ばち》で演奏する。

「ロングネック・リュート」とは、形状のことです。世界の弦楽器をその形状から分類すると、次の4種類に分けられます。

・ハープ（Harp）属／弦は、共鳴胴と一体化し斜めに伸びる棹に斜めに張られる。

・リラ（Lyra）属／弦は、共鳴胴から伸びた二本の柱に直角に渡された桁《けた》から胴に対して柱とほぼ平行に張られる。

・ツィター（Zither）属／弦は、台形の箱型共鳴胴の上に長さや太さを変えて並べて張られる。

・リュート（Lute）属／弦は、共鳴胴の表面板から真直ぐ伸びた棹に、ほぼ平行に張られる。

「リュート」とは主に中世からバロック期にかけてヨーロッパで用いられた撥弦古楽器の総称です。実際のアジア・アフリカのリュート属は、呼称の元となった西洋撥弦楽器のリュートより古いものがたくさんあります。そもそも「リュート」は、西アジアの琵琶が伝わったものです。

「フレット」とは、その脇を押さえることで音程の安定を得るための「枷《かせ》」であり、大陸楽器や邦楽器では、「柱《じ》」「品《ほん》」などと呼ばれます。西洋弦楽器の場合、「ポリフォニー（多声）奏法*」のために不可欠ですが、アジア・アフリカの「単旋律音楽*」の弦楽器では、「フレットレス」が少なくありません。三味線は、インド系弦楽器同様に、むしろフレットレスを活用して、弦を押さえた指を別のポジションに滑らせて音の高さを変える「スライド音の装飾」を巧みに用いることが大きな特徴です。

世界中のリュート属撥弦楽器のほとんどが「板張り」であることから、「表面板の獣皮」は三味

弦楽器の属の分類

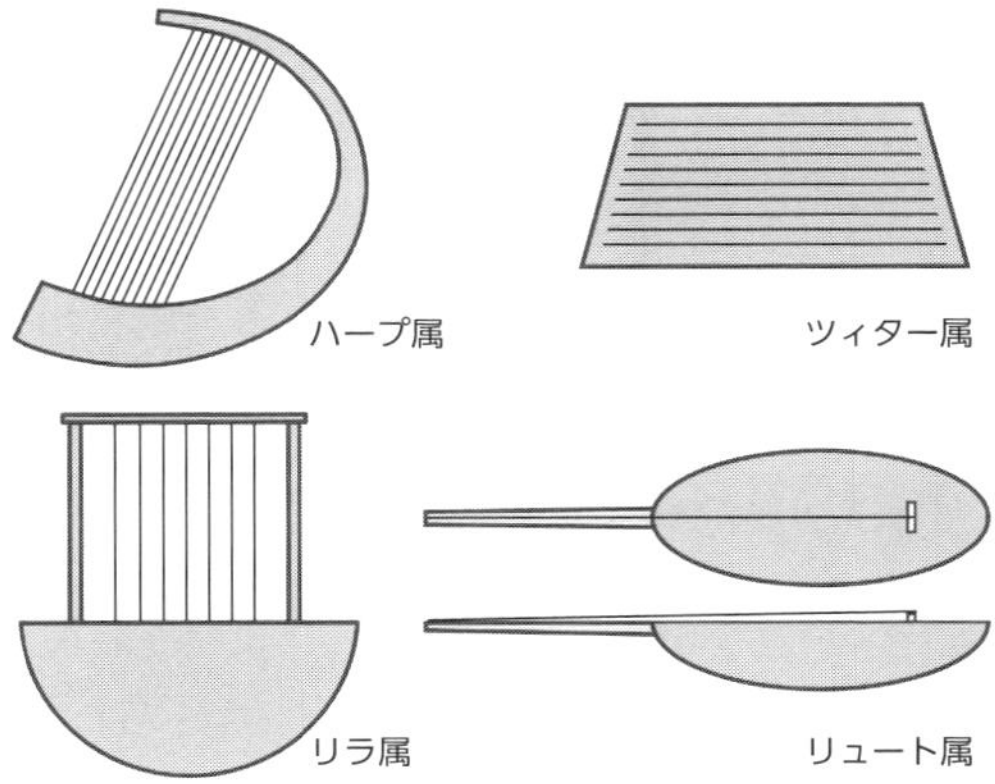

用語解説……**撥弦楽器**●指や爪、撥などで弦をはじくことによって音を出す楽器の総称。
ポリフォニー奏法●二つ以上の旋律を同時進行させて弾く奏法。
単旋律音楽●多声性の音楽に対して、一つの旋律からのみなる音楽。

線族独自のものです。日本の三味線は胴の裏も、表と同じ猫皮を張ります。練習用の三味線は犬皮を張ることが多く、津軽三味線と義太夫三味線では本番用にも犬皮を張ります。

「単弦」とは、「一つの音に一本の弦」と定義されます。マンドリンなどの「同じ弦を同じ高さでその間隔を狭めて（一本の弦のごとくに）張る、トレモロ奏法*と余韻（サスティーン）を効果的に出す」ために工夫した「復弦」（二、三本を一セットに張ってある）に対するものです。

ロングネック・リュートとしての三味線

多くの方々にとって聞き慣れない言葉「ロングネック・リュート」は、三味線を語る上で最も重要です。実は「フレットレス」は「ロングネック・リュート」であることとも深く関係しています。

世界の「リュート属」には、「ロングネック」と「ショートネック」があります。

棹の部分が共鳴胴の長さに対して1・5倍からそれ以上あるのが「ロングネック」で、長くても2倍以内が「ショートネック」です。しかし、長さの問題だけではなく、「ショートネック」は、弦が三本以上張られ、音階を弾く際、四度もしくは五度程離れた弦を多数活用して演奏することに第一義があります。また「ポリフォニー奏法」（→P11）では、幾分棹が長くても「フレット付きのショートネック奏法」でなくては不可能なのです。

「ロングネック」では、左手の指を、棹上の「長い距離」で動かす奏法となります。また、「ロングネック」は、上から数えて第二弦を「基音」とした場合、第一弦でもっぱら旋律を弾いている際に、第二弦のC（＝ド＝基音）、第三弦のG（＝ソ＝属音）が開放弦で鳴っている（旋律弦と共に弾く）「基音持続法：ドローン＊（Drone）」に適しています。ところが「ショートネック」の開放弦は、第三弦を基音にした場合、第五弦や第一弦は、「邪魔な音」になってしまい、「基音持続法（ドローン）」には不向きです。要約すると、

ロングネック：旋律を長い距離で弾かねばならない／ドローンに適している／単旋律向き

ショートネック：多弦で旋律が弾ける／ドローンは不可／多旋律向き

ということができます。ショートネックでは、ドローンは選んだ弦のみでしか鳴らせないので、「持続」というよりは「合いの手」です。

「ロングネック」と「ショートネック」

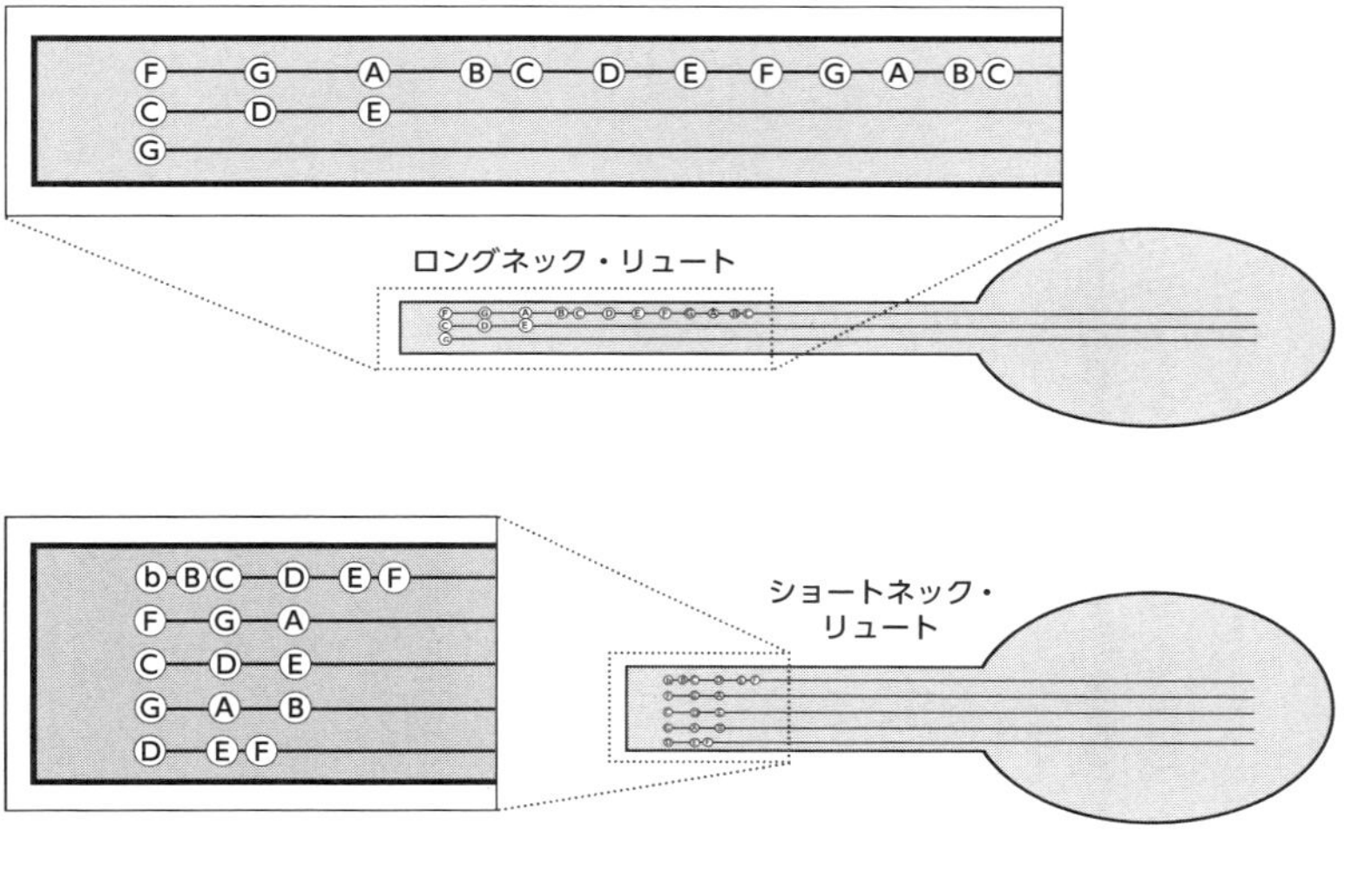

用語解説……**トレモロ奏法**●単一の高さの音を連続して、もしくは複数の高さの音を交互にこきざみに演奏する方法。
ドローン●音階・旋法の基音のみ、または基音に属音を加えた重音を伴奏に鳴らし続けるなかで旋律を展開することをいう。字義は「雄蜂の羽音」。近年普及の飛行カメラが同名なのも同じ字義による。

ロングネック・リュート属の分布（南アジア～中央アジア東部～東アジア）

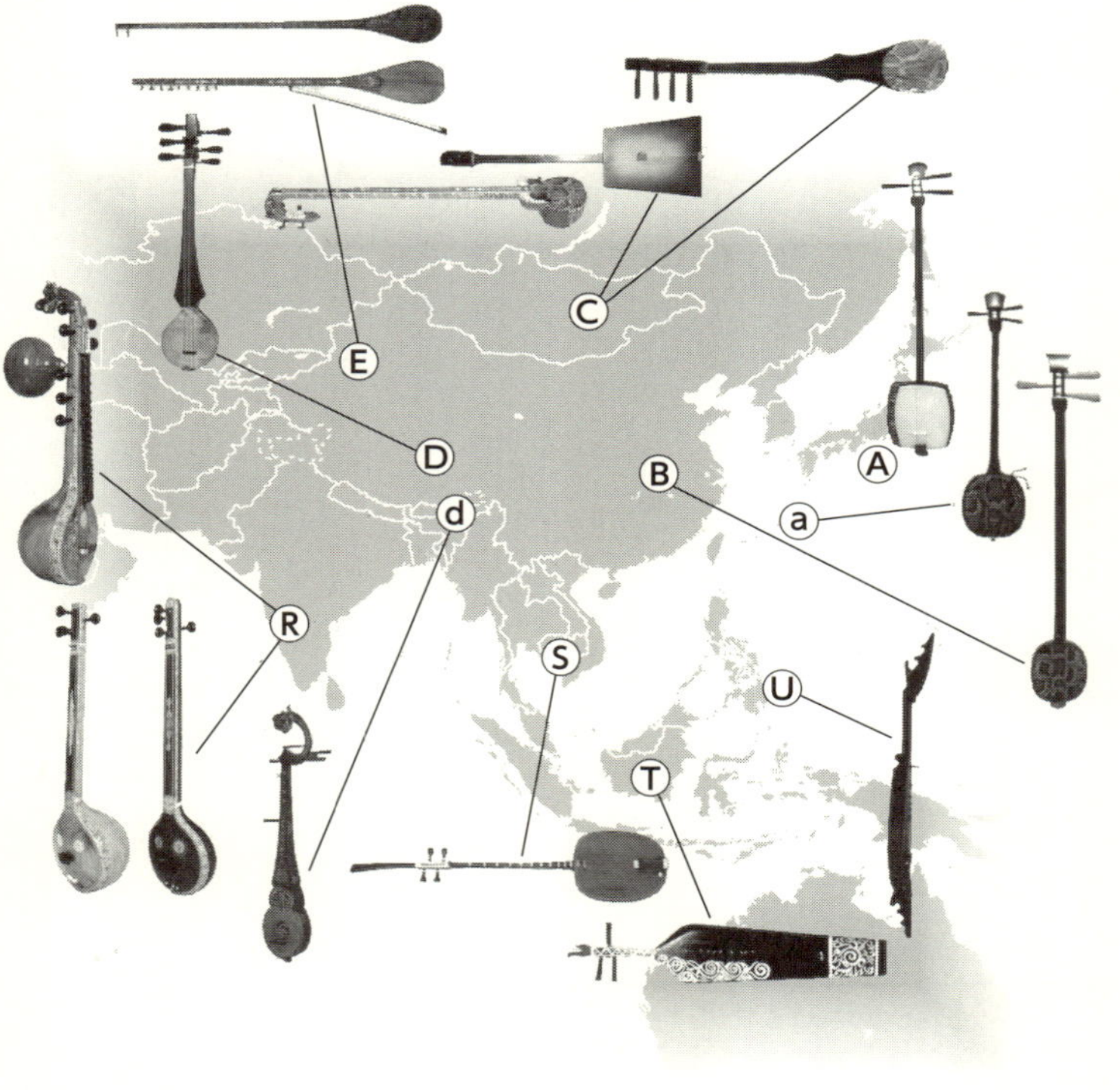

左の二つの図は、東アジアから東欧に分布するロングネック・リュート属の楽器です。時代や目的に合わせて様々な形態があり、図上に示した楽器は代表的なものです。

三味線の元祖や、遠縁の親類の（現存する）末裔を求めて「ロングネック撥弦楽器」を、シルクロードを日本に近い方から西へとたどると次のようになる。

Ⓐ三味線、ⓐ沖縄三線《さんしん》、Ⓑ中国三弦《サンシエン》、Ⓒモンゴルのホブス、トプシュール、Ⓓチベットのダムニェン、ⓓブータンのダムニャン、Ⓔウイグルのラワープ、ドタール、タンブール、サタール、Ⓕキルギスのコムーズ、Ⓖカザフのドンブラ、Ⓗウズベクのルボッブ、ドゥタール、タンブール、ⓗタジクのルボッブ、Ⓘイランのタール、セタール、タンブールなど、Ⓙアゼルバイジャンのタール、タンブール、ドタール、サズ、コプースなど、Ⓚコーカサスのダーラ・ファンディール、アガチ・コムーズ、バンドゥーリ、Ⓛトルコのサズ、タンブール、Ⓜギリシアの

ロングネック・リュート属の分布（西アジア～中央アジア西部～東欧）

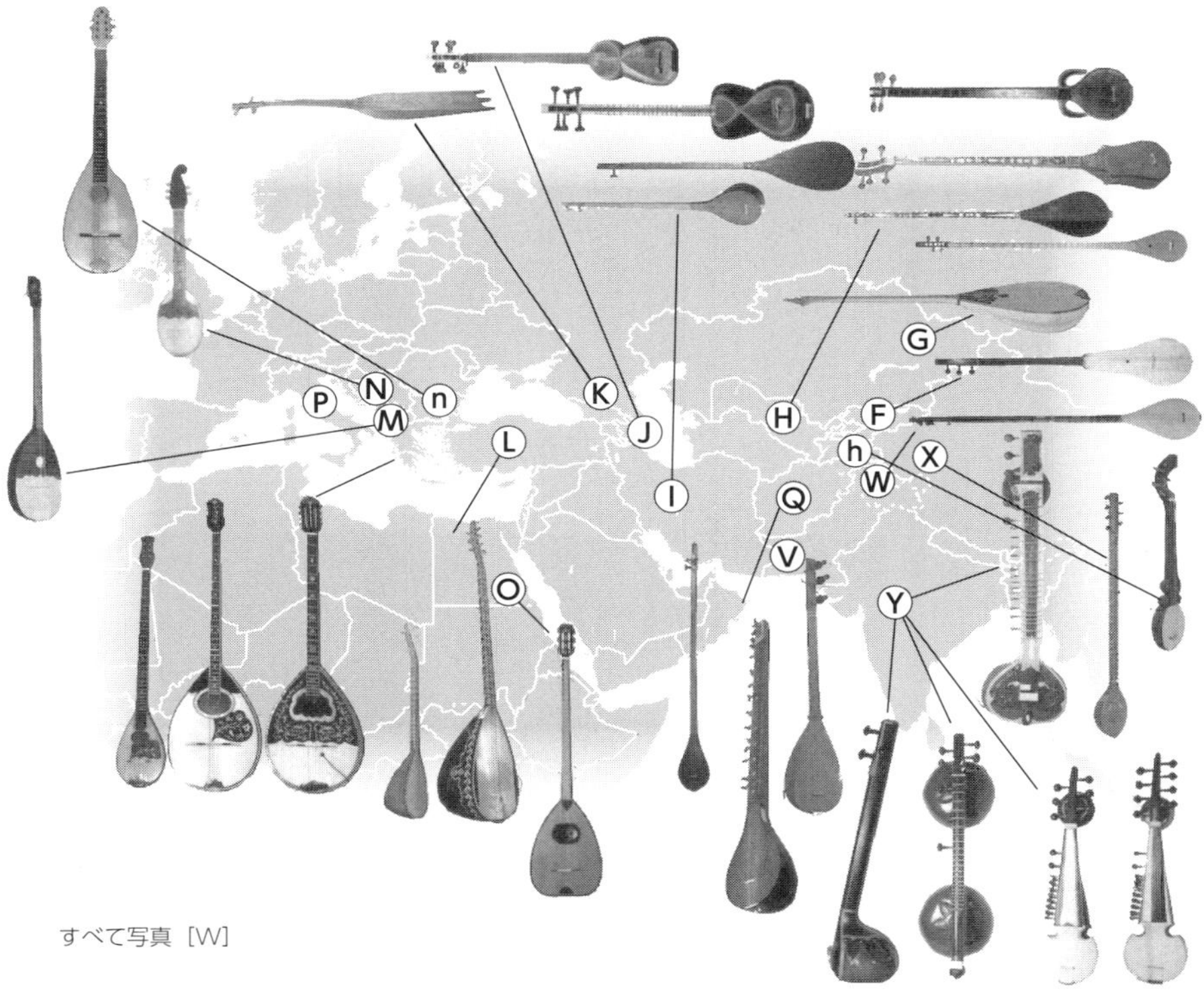

すべて写真［W］

ブズーキ、ジュラ、バグラマ、Ⓝバルカン半島のタンブーラやタンブリッツェ、ⓝブルガリアのタンブーラ、Ⓞエジプトのボゾック、Ⓟイタリアのコラシオーネ。

また、シルクロードからヒマラヤを挟んで南の地域には、次のような「ロングネック撥弦楽器」が「シルクロードの十字路」といわれるアフガニスタンから南下しインドに至り、さらにインドから東《とう》漸《ぜん》し東南アジアに分布している。

Ⓠアフガンのルバーブとドタール、タンブール、Ⓥパキスタン・スィンド（シンド）族のタンブーラ、Ⓦパキスタン北部チトラールのシタール、Ⓧカシミールのシタール、Ⓨ北インド、ネパール、バングラデシ、スリランカのサロード、シタール、タンブーラ、ルードラ・ヴィーナ、そして、Ⓡ南インドのヴィーナ、タンブーラ、Ⓢカンボジアのチャパイ、Ⓣボルネオ島のサペ、Ⓤフィリピン・ミンダナオ島のクジャッピ。

14～15ページに紹介したものは主なものに過ぎず、同形・同系の楽器は、これらの数倍におよぶ種類があります。ちなみに、ボルネオ島の「サペ」（P15-Ⓣ）は、古代インドの「亀琴：カチャピ（Kachappi）」がインドシナに伝わり、タイで「クラチャッピ（Krachappi）」、カンボジアで「チャパイ（Chapay）」（P15-Ⓢ）そして、インドネシア島嶼部《とうしょぶ》で、「サペ（Sape）、ハサペ（Hasape）、ハサピ（Hasappi）」などと訛《なま》ったものです。フィリピンの「クジャッピ（Kujappi）」（P15-Ⓤ）も訛りのひとつと考えられます。しかし、形状は各地で様々なものに変わっています。ボルネオの「サペ」の一升瓶のような形状は、どう見ても「ロングネック」には見えませんが、その弦の構造と奏法は紛れもなくロングネック属です。

タイの布絵に描かれている「クラチャッピ」（右の楽器）。[W]

これらの多くが、「同じ名前や同じような名前」であることからも、ロングネック・リュート属の楽器には大きな源流が二つや三つあることがわかるのではないでしょうか。

しかし、同じ源流で、古くは皮張りであったものが板張りに変わったものも少なくなく、突き詰めれば、それらは一大系譜にまとめることさえできるのです。これは、楽器学・民族音楽学の定説にはありませんが、現在滅びた楽器を復元することにより明らかにしたいと思っています。

私は、「ショートネック・リュート属」でさえも「ロングネック」から枝分かれしたと考えています。実際、西洋クラッシック音楽で、中世～ルネサンス～バロック期に常に花形楽器であった「リュート」の直接的な前身である「アラブ・北アフリカの琵琶（定説ではウードといわれますが、これにも私は異論を唱えています）」には、外見上でも演奏法上でも「ロングネック」と「ショートネック」の二種の要素が混在しています。14～15ページの分布図のように、「アラブ・北アフリカの琵琶」は、低音域では、多弦活用のショートネック奏法を活用し、高音域では、ロングネック奏法に切り替えます。それをショートネック奏法に特化したのは、対位法*やポリフォニー奏法（→P11）が発展したルネサンス期以降のヨーロッパにおいてなのです。

大陸と日本の琵琶の棹は、微妙に中途半端な長さですが、少なくとも日本の琵琶は「ロングネック奏法」です。

また、「中国琵琶（Pipa《ピーパ》）」といえば、清《しん》代以降の「北部琵琶」のことと思っている音楽関係者（演奏家や学者、評論家）も多いですが、常識とされている「ショートネック奏法」だけで大陸琵琶

用語解説……対位法●複数の旋律を、独立性を保たせさせつつ調和して、重ね合わせる技法。

を語るのも大きな間違いといえると思います。しかも、近年の「北部琵琶」の聴かせどころでは、もっぱら第一弦・第二弦のハイポジションを掻き鳴らしますが、これは「ロングネック奏法」の特性であるともいえます。

ユーラシア弦楽器としての三味線

このように、日本の三味線の世界的な位置づけは、壮大なユーラシア弦楽器の系譜のなかで「正しく」見極めねばならず、少なくとも「語意が同じ」程度の理由から、系譜のなかのごく一部をさして「三味線のルーツは、イランのセタール（Seh《セ》＝3／Tar《タール》＝弦）」などというのは、はなはだ乱暴な説明といわざるを得ません。

逆に、日本の三味線は、膨大な種類の「ロングネック属とその奏法」の最も重要な基本である、「左手人差し指を軸足のようにして長い棹を上下に動き回り、決して弦から離さない（隣の弦に移行する場合は別）」を、「世界の同属でほぼ唯一、今日も全ての演奏者が踏襲・厳守している」などの点に着目すべきと思われます。

私が学んだインド弦楽器「シタール」は、師が「シタール最古の流派」であったことにより、この基本は厳格に教えられました。しかし他派では、人差し指が無意味に（だらしなく）浮く演奏者も少なくありません。

これは、見た目や機能性の問題ではなく、「音の腰＝足下がブレない」という大きなテーマにつながります。日本の三味線奏者は、その理由（必要性）を知っているか否かにかかわらず、インドでも忘れられ始めた「重要な基本」を守っているのです。

三本弦の意味

原点は一本弦？

そもそも三味線は、なぜ「二本弦」や「四本弦」ではなく、「三本弦」なのでしょうか？

釈迦《しゃか》に「三弦の教え」というのがあることを知って飛び付きましたが、残念ながら、望む答えではありませんでした。その教えは、「弦を緩め過ぎては音にならないが、張り過ぎても直ぐ切れてしまう」というもの。信徒に荒行《あらぎょう》を揶揄《やゆ》したものらしく、つまり弦の数は関係なかったのです。

しかし、釈迦の時代の仏教音楽で、「三弦」がポピュラーであったことを証言している点は見逃せません。なぜならば、日本でも大陸でも、後の仏教音楽に三弦は登場しないからです。「なぜ釈迦の時代に重用された三弦が、後に仏教音楽から排除されたのか？」は、興味深いテーマではないでしょうか。その理由を、わずかながら紹介します。

まず、「リュート属撥弦《はつげん》楽器」が、「狩猟の弓から発明された」という定説が正しいならば、原点は、「一本弦」であったことになります。

「一本弦」は、その音で弾き語る奏者の歌の、ドレミのド（基音）を提供することに第一義的な価値があります。紀元前五千年前後か、それ以前のことですから、世界中で音楽は「単旋律」（↓

P11）であったことが推測されます。

その後、おそらく比較的早く（一本弦が生まれたほぼ直後からせいぜい数百年程度の間に）「二本弦」が考案されたと考えられます。音階の概念が生じた際に、「自然倍音*の属音＝ドレミのソやファ」を伴わせることで「二本弦」の意味と必然性が確立するのです。同時にここで、洋の東西を問わず「基音持続法（ドローン→P13）」が生まれます。

そして、この段階で「二本弦」からは、二種の基音が得られます。

男女平等感覚の二本弦

「基音持続」を重んじるならば、「第二弦」は、常に開放で基音だけを奏でていることになり、二本の弦の音程は同じでもよいのです。つまり、「倍音に従って四度か五度音程の隔たりがある二本弦」は、「基音持続」の意味合いと、「どちらも基音に変えられる」という二つの意味合いがあります。後者では、「男声の伴奏には低い第二弦」「女声の伴奏には高い第一弦」のようなことが

二弦琴《にげんきん》の二本弦

	例：1／ハ調（C-Key）	
第一弦	ド	旋律弦
第二弦	ド	基音持続伴奏弦

	例：2／ハ調（C-Key）	
第一弦	ソ	旋律弦
第二弦	ド	基音持続伴奏弦

	例：3／ハ調（C-Key）	
第一弦	ド	基音・中高域旋律弦
第二弦	ソ	属音伴奏弦／低域旋律弦

	例：3／ト調（G-Key）	
第一弦	ド	中高域旋律弦
第二弦	ソ	基音伴奏弦／低域旋律弦

可能になるわけで、故に「男女平等感覚」と定義したわけです。

しかし、「二つの意味合い」は、一方を優先すれば、他方は効果が半分以下になるか、全く望めないこともあります。そこで「三本弦」が登場し、「単旋律音楽のための楽器」としても完成を見るわけです。逆に西洋に伝わって「リュート」となった後、前述したポリフォニー奏法（↓P11）に加えて「通奏低音*」も弾こうとしたため、西洋リュートの類いはどんどん弦数が増え、これが衰退の原因のひとつともいわれています。同じく東洋から伝わったことがその名前から明白な「ギター（Guitar／Tar《タール》はペルシア語で弦）」が六本弦なのは、「和音」をも奏でるという必要性からで、ウクレレやマンドリンの四本弦も同様でしょう。

用語解説……**自然倍音**●音の高さを決めるのが周波数。基本となる音（基音）の周波数の整数倍（2倍とか3倍）の周波数を持つ音を倍音という。楽器や環境音、人の声など自然界のあらゆる音にはこの倍音が含まれている。

通奏低音●低音部に即興的に和音を補う演奏法。

三弦琴《さんげんきん》の三本弦

	例：1／ハ調（C-Key）	
第一弦	ド	旋律弦
第二弦	ド	基音持続伴奏弦
第三弦	ソ	属音伴奏弦／低域旋律弦

	例：2／ハ調（C-Key）	
第一弦	ファ	高域旋律弦
第二弦	ド	基音持続伴奏弦
第三弦	ソ	属音伴奏弦／低域旋律弦

※三味線「三下り」に同じ

	例：3／ト調（G-Key）	
第一弦	ソ	高域旋律弦
第二弦	レ	属音持続伴奏弦／中域旋律弦
第三弦	ソ	属音伴奏弦／低域旋律弦

※三味線「二上り」に同じ

	例：4／ハ調（C-Key）	
第一弦	ソ	高域旋律弦
第二弦	ド	基音持続伴奏弦
第三弦	ソ	属音伴奏弦／低域旋律弦

※三味線「本調子」に同じ

	例：5／ニ調（D-Key）	
第一弦	ソ	高域旋律弦
第二弦	レ	基音持続伴奏弦／中域旋律弦
第三弦	ラ	属音持続伴奏弦／低域旋律弦

※三味線「三下り」に同じ

一方、単旋律音楽の東洋弦楽器で、三本より多弦の場合は、もっぱら「伴奏弦を増した」「共鳴効果を求めた」などであり、いわば「付けたし（おまけ）」なのです。日本の琵琶の四本弦は前者といえます。いいかえれば、「単旋律音楽のアジア」においてリュート属の弦楽器は、音楽的・意味的には、三弦ですでに完結しているのです。20〜21ページの下の表は、日本の古い弦楽器である「二弦琴《にげんきん》」と「三弦琴」の「二本弦」と「三本弦」の構造比較を、仮にドレミの音でまとめて説明したものです。

「二本弦」が例えば「第一弦（演奏者から遠い高い音の弦）：ド」「第二弦（演奏者に近い低い音の弦）：ソ」にすると、「ド」が基音ならば、「ソ」は、低い（五度の）属音となり、逆の場合は、「ド」は、「基音：ソ」の高い（四度の）属音」となります。もちろん、前述したように「二本ともド」もあり得ます。しかし、人間の聴覚は、「低い音を基本と感じる」ものなので、前者の「低いソの属音」は、「基音をソと感じてしまう」というデメリットがあるわけです。

「三本弦」ではより理想的になり（21ページ下の表を参照）、いわば「完成型」ということになります。

しかし、欠点もあります。単純に選択肢が多いことの混乱です。そのため、実際の日本の三味線も、「本調子《ほんちょうし》、二上《にあが》リ、三下《さんさが》リ」の三種の基本調弦法*があります。これは覚えてしまえば何でもないことですが、開放弦の実音（実際の音程）が変わりますから、棹《さお》の上のポジション（勘処《かんどころ》*という）の音も変わり、実音で記憶せず、目と手で覚えることになります。これは旋律自体の形が記憶されていないという日本音楽ならではの「欠点（大問題かもしれません）」も導いてしまいます。もちろん、インド弦楽器のように、「調弦法はあっても一種」の場合は、この問題が、だいぶ解消されます。なぜ、三味線は、ややこしい三種もの調弦法があるのか？　それは後ほどお話しします（→P56）。

●「三味線」という名称が意味することを深く考える

楽器名のほとんどが「俗称」

三味線の前身は、沖縄の「三線《さんしん》」で、そのまた前身が「中国の三弦《サンシエン》（Shanz《シエンズ》）」であるとされています。ところが、「なぜ三味線と呼んだのか？」にこそ、この三種の楽器の重要なアイデンティティーがあり、三味線に日本人ならではの感性を確かに見ることができます。

まず、中国の「三弦」という名称には「弦」の字があります。中国の楽器の誕生説に、「狩猟の弓から（リュート属）弦楽器が生まれた」とあり、これが基本にあることがわかります。この場合の「弓に張る糸である弦《つる》」は、「樹木の繊維、羊腸、金属」などがあり得たわけです。「絹の弦」は狩猟用ではなく、楽器のためだけに使われる素材で、当然後世のものと考えられます。

他方、沖縄の「三線」は、「狩猟の弓」との関わりがなかったことを示唆しています。台湾やその大陸対岸の中国・福建省《ふっけんしょう》でも、「三線」とはいわず「三弦」と呼んでいます。琉球王朝時代の宮廷音楽では、同じく大陸から伝わった四本弦の長い棹《さお》の板張り撥弦《はつげん》楽器が用いられますが、大陸で

用語解説……**調弦法**●弦楽器の各弦の音程を定める、その楽器、その地方の定型。複数ある場合も。これによって「各弦の役割」「各弦同士の関係性」が定まる。

勘処●弦を押えて音の高さを定める位置のこと。「つぼ」ともいう。

の「秦琴《しんきん》、雙清《そうせい》」などの名称が、「四線《よんせん》、長線《ちょうせん》」などに改名されています。確かに外来楽器であっても、自国の音楽に用いる際には、楽器名を変えてしまうことは、世界中でしばしばあることです。おそらく、楽器名のほとんどが「俗称」であることがその理由ですが、名前を変えることで「自分たちのオリジナルのものにしたかった」という思いもあるのかもしれません。三線も日本本土に伝わった後に、突如として「三味線」となるのです。

三味線が、最も古く文献の記述や楽曲（文字譜）で残っているのは「地歌《じうた》*」ですが、地歌での正式名称は「三絃《さんげん》」です。これは地歌以外で使われる楽器と区別して、地歌の楽器としての格上を印象付けるために「三絃」としたと考えるのが妥当ではないかと思われます。このお陰でむしろ明確になるのは「三味線が地歌で最初に用いられた」のではなく、「地歌以外でも用いられていた」ということです。もちろん、沖縄から堺《さかい》を経て京都に直接伝わり、「三線」に格付けをし「三絃」としたという説もあり得ます（↓P33）。

三味線は須弥山《しゅみせん》か？

もう一つの興味深い話は、そもそも「三味線」は「さみせん」と読んだということです。私は「さみせん」から、仏教の世界観の中心で、天につながるとされる想像上の山「須弥山」を思い出します。一般に「しゅみせん」と読まれますが「すみせん」の俗称もあるようです。原典の梵語《ぼんご》では「ス・メール」のようです。

江戸時代の三味線の担い手の多くが、盲人もしくは文盲《もんもう》であったことを考えれば（想像の域を出ませんが）、「三味《しゃみ》」は、同じく仏教用語の「三昧《さんまい》*」にも似ています。前述の「釈迦の三弦の教え」（↓P19）からも、「仏教と三弦は、関わりが深い」ことは間違いありません。

ちなみに、仏教を生んだインドでは、「音＝彩」という観念があると共に、「味（サンスクリット語でRasa《ラサ》／字義は「源」）」には、「舌で感じる味」の他に、「音が心に影響を与える元素」の意味合いもあります。インド古典音楽の旋法ラーガ（Raga）の用語にも、古代医療アーユルヴェーダの薬学にも「ラサ（味）」が登場します。

また、極彩色曼荼羅《まんだら》図などで有名なチベット仏教の宗教画（Thanka《タンカ》）に描かれている「三弦」は、多くは復弦で六本以上ありますが、その音の基本は三味線です。漢民族においても日本においても、神々が三味線を構える描写は廃れ、弁天も持国天（↓P65）も楽器は琵琶を奏でますが（↓P108写真）、仏教と三味線との深い関わりは、チベット仏教絵画が証言してくれます。

用語解説……**地歌**●上方（京都や大阪）で育まれた三味線を伴奏とする声楽曲。
三昧●心が統一され、安定した状態のことを瞑想というが、さらに深い瞑想に入った状態を「三昧」という。

三味線のルーツと日本伝来説

●三味線を育てた元祖障害者福祉制度

地歌《じうた》と当道座《とうどうざ》盲僧たち

三味線が確立した戦国末期から江戸時代初期には、「当道座」といわれる男性盲人の自治的互助組織がありました。これは職屋敷《しょくやしき》*管轄下の職業訓練所・組合で、視覚に障害のある児童を引き取って職を身につけさせるという目的を持つ幕府公認の社会福祉のシステムでもありました。しかし、細かい技能階級があったため、江戸末期には、いささか権力を伴った身分階級の様相も呈していました。大まかな階級は、下から「座頭《ざとう》、勾当《こうとう》、別当《べっとう》、検校《けんぎょう》」です。映画でお馴染みの「座頭市」は、「市という名の座頭」ということです。市も個人名ではありませんから、「名は不詳」ともいえます。琵琶・三味線を弾いて語り物*もしていたのでしょうが、映画では「按摩《あんま》」を生業としている姿が描かれていました。

「地歌・箏曲」の歴史では、宮城道雄《みやぎみちお》（当道座の最後の世代とされる）が宮城検校として親しまれているように、最高位の「検校」はもちろん、「勾当」も多くその名を残しています。「勾当」の位から、弟子を取ったり、創作をすることが許されました。「勾当」と「検校」の中間位の「別当」の功績がほとんど残っていないのは、「勾当」で生涯を送った人が少なくないのに対し、「別

当」は、ほどなく「検校」に昇進したことによると思われます。

そもそも「当道座」は、平安前期、仁明《にんみょう》天皇（在位833〜850年）の第四皇子である人康《さねやす》親王（831〜872年）が、三十歳を前に病気で失明し、皇室を出て出家した後、京都山科《やましな》の山寺で視覚障害の子らに琵琶、管楽器、歌を教えたことが始まりとされます。その後、鎌倉時代に「当道座」の盲僧、琵琶法師が吟じて全国で流行したのが、「平家《へいけ》琵琶（平曲《へいきょく》）」です。もともとは滅亡した平家への鎮魂のために、市井《しせい》で吟じることを盲僧の業のひとつとしたわけですが、平家を滅ぼした鎌倉幕府もこれを許し、むしろ保護し、「当道座」は全国規模で展開していきます。

日本には近現代社会にも通じる社会福祉・障害者支援や互助の仕組みが古くから存在し、「当道座」もそのひとつなのです。

また、近年人気を博している「津軽三味線」の創始者である仁太坊《にたぼう》もまた、盲僧演奏家でした。極寒の北国だからでしょうか、当道座には属していなかった可能性もあります。楽器は、京・大阪から運ばれてくる廻船《かいせん》にまぎれていた、使い古した義太夫太棹《ぎだゆうふとざお》三味線を活用したといわれます（東北では盲僧は当道座のなかでも下級とされ、琵琶はめったに許されなかったという説もあります）。

ちなみに当道座に所属することができるのは、男性盲人のみ。女性盲人のための組織は「瞽女《ごぜ》座《ざ》」と呼ばれ、男性同様按摩の他、産婆の技術も持ち、日頃は三味線、胡弓を弾いて門付《かどづ》け*（放浪）芸人として活動しました。九州南部の最後の瞽女といわれた方のレコードが一九七〇年代に発売されていますが、そこで用いる三味線は、胴棹表面全て杉材で、「ゴッタン」と呼ばれていました。

用語解説……**職屋敷**●当道座の最高位の総検校以下が在住する屋敷であり、その総括機関。当道座は、治外法権的な自治権を持っていた。

語り物●三味線を伴奏楽器として、口で物語を語って聞かせる。「唄い物」（メロディーを重視した表現）と対比して使われる。

門付け●家の門前に立ち、音曲を奏するなどの芸をし、金品をもらい受けること。

このように、平家琵琶から地歌・箏曲、および一部分は浄瑠璃《じょうるり》*に流れる大きな系譜には、視覚障害の僧侶が加わり、「盲僧の芸能（辻芸人・大道芸・お座敷芸）」という大きなくくりができます。

四派からなる三味線の発展

一方、これら視覚障害者の芸能の他に、「大道芸・辻芸人・放浪芸」の一派もありました。私は、古くは「猿楽《さるがく》」、さらには朝鮮半島の同様の芸能集団とも深く関わったと考えています。曲芸や、人形劇の担い手は当時の社会では最下層とされており、視覚障害者とは仕事の現場や生業が共通していることから、平家琵琶盲僧との関係や行き来が多かったことは容易に想像ができます。その結果、戦国時代には、視覚障害ではない琵琶法師も現れ、放浪芸人たちとも関わりながら「浄瑠璃語り」が現れ、やがて三味線を重用するようになります。そして、戦国末期から江戸初期に、平家琵琶を同源とする「当道座盲僧の地歌三絃」と「浄瑠璃語り物三味線」の二派が現れ、これがそのまま伝統邦楽の「唄い物と語り物」の二大分類に発展したのです。ここまでは、今日も江戸末期の研究者の説が定説とされています。

しかしこれは自論ですが、第三の派が花柳界にあり、前述の半島渡来の大道芸人の派と合わせて四つの派が三味線の発展に貢献したと考えられます。第三、第四の派は、「派」と呼べるほどの横のつながりがなく、組織が存在しなかったことも説得力と、派としての存在感に欠けるのでしょう。しかし、ある種の（裏カルチャー的な）サブカルチャーとして、メイン二派に大きな影響を与え続けてきたことは、様々な事実で確信しています。
その他、平曲（平家琵琶）界では、主に九州の盲僧琵琶法師*たちが、近畿の「当道座」と対立したことで、亜流・別派（通称：盲僧座）も生じています。

●滑稽な「沖縄～堺《さかい》（近畿）伝来説」

二つの「三味線伝来説」

そもそも「三味線伝来説」は、戦中までは「沖縄～堺伝来説（沖縄伝来説／近畿伝来説）」と「大陸・半島～九州北部伝来説（九州伝来説）」の二つがありましたが、なぜか後者は戦中か戦争末期に淘汰されました。より正確にいえば、戦中の日本の邦楽研究者・評論家のなかで、九州伝来説を否定する一派だけが戦後学会に生き残ったといういきさつがあり、九州伝来説そのものの淘汰は意図していなかったのかもしれません。しかし、それでもいくつかの謎と疑念はぬぐい去れないものがあるのも事実です。まずは、日本の伝統音楽の学会・担い手たちの間で定説となっている「沖縄～堺伝来説（以後：近畿伝来説）」を改めて振り返ってみます。

近畿伝来説の性質

近畿伝来説の最も大きな特徴は、ある人物を、さも実在したかのように描き、その人物が沖縄三《さん》線《しん》から本土三味線を考案した、と説くところです。

用語解説……**浄瑠璃**●三味線で拍子をとりながら、物語を語って聴かせる語り物音楽の一種。歌舞伎・人形劇などの劇場音楽として発展した。
盲僧琵琶法師●九州地方を中心に盲目の僧たちが琵琶を伴奏にお経を唱え、各地を回った。一般に八世紀といわれるが、本書著者は異論あり。

面白いことに、この手法は、中世ペルシア、シルクロード、インドでも頻繁に用いられています。一例をあげれば、十三世紀インドの大臣で音楽愛好家であったとされるアミール・フスロウなどは、ビートルズが用いて世界的に有名になった弦楽器のシタールやその相棒の太鼓のタブラの他、様々な声楽様式を発明したことになっています。シタールやタブラなどの祖型と何らかの関わりを持ったかもしれませんが、少なくともシタールやタブラが今日の形で確立するのは、十八世紀後半~十九世紀前半のことです。

近畿伝来説では、地歌《じうた》（↓P25）のみならず、浄瑠璃《じょうるり》（↓P29）、義太夫《ぎだゆう》*界の画策者たちが、自らの流儀と本土三味線創作者とを結び付けようとするあまり、様々な説が登場し、当時の文化人を大いに混乱させただけではなく、その後今日に至るまで邦楽界の定説や常識さえも歪めてしまったのです。

これは、明治以降、とりわけ第二次世界大戦後の日本の研究界の「文献至上主義」の弊害もあります。むしろ私は、中世前後の文献を、基本的に「眉唾ものが多い」と考えていますから、端から鵜呑《うの》みにはしません。逆に、その巧妙なつくり話に見え隠れする別の真実を見出し、より揺るぎない真実を推論すべきではないかと考えてきました。さすれば「信用ならない文献」は、きわめて重要でありがたい資料となるのです。昔の研究者も、本来、文献をそのように活用していたはずです。

浄瑠璃は、鎌倉時代に興って以降、長年流行した平家物語の語りの後を受けて、戦国時代以降流行した『浄瑠璃姫物語《じょうるりひめものがたり》』を主とした語り物芸能です。その後、半島渡来の「大道芸人（傀儡師《くぐつし》）」

の人形劇と相まって、『浄瑠璃姫物語』を人形劇で演じることも流行し、その流れから義太夫（節）・文楽《ぶんらく》*が興り、大坂で大流行して「人形浄瑠璃の代表格」となります。その他にも弾き語りの浄瑠璃の伝統が多くあったのですが、いずれも衰退した結果、長らく「浄瑠璃＝義太夫」という観念が横行していました。

私の祖父は、戦中大打撃を受けていた文楽を、協会副会長も務めて後援していました。左の写真は、祖父が後援していた吉田文五郎《よしだぶんごろう》が人形遣いの内幕を披露している貴重な写真です。

筆者の母の実家屋上での吉田文五郎《よしだぶんごろう》氏の特別デモ演技(昭和10年代)。[W]

清元《きよもと》のLPレコード。(日本ビクター) [W]

このような文化的性質の本質的な部分には、何らかの理由で、ある組織や派が、圧倒的な権威・名誉・格と実権を握る必要性があって、多分に作為的なプロパガンダを展開し「歴史を塗り変えた」様子がしばしば見られます。

「近畿伝来説」においても、「地歌三絃《さんげん》（地歌三味線）の創始者が三味線（三絃）の創作者であるとしたい」とする恣意が見てとれま

用語解説……**義太夫**●浄瑠璃（→P29）の一流派。江戸時代十七世紀末頃に「竹本義太夫」という浄瑠璃の太夫が始めた。
文楽●人形浄瑠璃の一呼称。江戸時代に大坂で生まれた。

す。浄瑠璃もこれは同じですが、さすがに地歌と面と向かっての対立は避けたかったのでしょう。三味線を導入した人物を、地歌三絃創始（本土三味線創作）者の弟子としています。

その地歌三絃創始者は、平家琵琶法師の石村検校《いしむらけんぎょう》（生年不詳〜1642年）とされています。しかし、沖縄三線《さんしん》から本土三味線を創作するに至る話は、江戸時代中期になっても諸説乱立し、大いに混乱していました。

年代時系列で見てみると

三味線の起源について書かれた最も古い文献として知られる『糸竹初心集《しちくしょしんしゅう》』*（1664年）では、石村検校が三味線の創作者とされ、その後の『色道大鏡《しきどうおおかがみ》』（1678年）では、中小路《なかしょうじ》という人が沖縄三線を改造した、とあります。石村検校同様、中小路も琵琶法師とされますが、江戸時代から今日に至る「三味線伝来研究」のなかでは、下級琵琶法師、即ち「勾当《こうとう》」の位にも至っていなかったか、そもそも「当道座《とうどうざ》」にも入っていなかったといわれています。

義太夫節の紹介本である、『竹豊故事《ちくほうこじ》』（1756年）には、三味線の創作者については、京都の琵琶職人、亀屋一郎左衛門石村《かめやいちろうざえもんいしむら》と記されています。名前の末尾に書かれた「石村」は、おそらく階級名だろうと考えますが、地名の場合は、京都内ではないことを明示することで利する場所と考えられ、おそらく堺ではないかと思われます。信長《のぶなが》・秀吉《ひでよし》の頃から、京都は堺に対し、いささかの卑下と反目を感じつつも、その「文化と情報の要所」であったことから、一目も二目も置かざるを得なかったのです。

『竹豊故事』における三味線創作者の記述は、きわめて衝撃的なものです。何しろこのときまで語られていた「石村検校創作説」を根本から覆し、三味線を創作したのは琵琶製作職人だったたというのです。

ところが、『竹豊故事』から七十六年、『色道大鏡』から百五十年も経って再び、石村検校創作説が記されます。『琉球年代記《りゅうきゅうねんだいき》』（1832年）がそれです。なんと、同書では、石村検校の父親（山口《やまぐち》出身）が難破して沖縄まで漂流し、そこで月琴《げっきん》*とその秘曲『琉球組《りゅうきゅうぐみ》』を学び、大分《おおいた》に居を構え、息子の石村検校がそれらを学び、後に三味線を創作した、とあるのです。山口の人間がどこまで沖に出たのか？　そもそも難破したのは山口近海ではなかったとして、なぜ山口出身と記する必要があったのか？　本土に帰った際に大分に居を構えたことも、なぜ事細かく記したのか？　息子の石村検校は、北部九州で検校になったのか？　それとも近畿に移住して位を得たのか？

情報が細かいことで信憑性を高めようとしたのならば、むしろ逆効果な感じがします。うがった見方をするならば、当時「九州伝来説」が再浮上し、それを封じるために、「九州人の石村検校が」としたかった、と考えるならば、わからない気もしなくはありません。そして、『世事百談《せじひゃくだん》』（1843年）は、石村検校のみならず、弟の平兵衛《へいべえ》もが文禄《ぶんろく》年間（1593〜1596年）に沖縄に留学し、兄は三線の演奏法、弟は三線製作を学んで関西に戻った、と記しています。まことしやかで、逆に疑念が増します。

用語解説……『**糸竹初心集**』●江戸時代の初期に書かれた、糸（三味線と箏）、そして竹（一節切＝小振りの尺八）の入門独習書。

月琴●中国では宗時代以後用いられた、満月のような円形の胴に短い棹がついた楽器。リュート属の一種。

中小路創作説の浮上

三味線伝来説をこのように時系列で追ってみると、「石村検校創作説」が世に出た後、八十年近く経って「中小路創作説」が浮上します。しかし、これは、単純に「地歌系の手柄」で話を終わらせたくなかったということになります。

ここで留意すべきことは、文禄年間に三味線が創作された話を、文献としては（現存する文献では）最初に石村検校説を記した『糸竹初心集』で、七十年近く後に記していることです。中小路説を記した『色道大鏡』では、八十三年以上も経っています。もちろん七十〜八十年間では、まだ事実の直接的な口伝《くでん》もあり得たかもしれませんし、その間にも芸術・芸能関係以外の書籍で語られたり、語り継がれたりした話も色々あったかもしれません。

つまり、「三味線伝来説・創作説」は、実際に創作された時代から、第二次世界大戦直後に一応の決着を見るまで、あきれるほどの長い期間物議を醸し続けていたということです。これは即ち、「答えが一つではないこと」、そして「事実を歪曲したい恣意が豊富に存在したこと」を意味すると考える他ないのではないでしょうか。

さらにその後、中小路説を唱える人々は、地歌三絃の創始者であり三味線創作者である石村検校と、浄瑠璃に三味線を導入した虎沢《とらざわ》検校の両名ともが、中小路の弟子だったとさえ主張したのです。これには、地歌界も浄瑠璃界も大いに憤慨したに違いありません。

他にも中小路説の亜説が、「薩摩《さつま》伝来説」を唱える人々から出されていました。それによると、京都の役人が薩摩に伝わっていた沖縄三線を京都に持ち込んだところ、雅楽家たちに批判されたので堺の中小路に預けた、というのです。なぜにこのような面倒な話にしなければならないのか？　ここにも「三味線創始」を知る大きな鍵があると思えてなりません。

石村検校創作説

石村検校創作説を記した前述の文献の多くが、きわめて不可解な記述をも併記しています。前出の『糸竹初心集』では、石村検校が琉球へ留学し、「三線」ではなく「三弦の胡弓《こきゅう》*」を学び、それから三味線を創作したと述べられています。

また、石村検校の父親が漂流し琉球に辿り着いたとする『琉球年代記』では、父親は、三弦《サンシェン》とも三線とも、もちろん三味線とも全く系譜が異なる月琴（→P33）を学んだというのです。

月琴は、当時の大陸三弦の中心地のひとつ、台湾と向い合う福建省《ふっけんしょう》でもかなり普及していて、琉球では宮廷音楽の楽器としても重要なものでした。月琴は、①単弦2コース二本弦、②復弦2コース四本弦、③単弦4コース四本弦が本来の基本形です。三弦家が転用したものには、④復

用語解説……**胡弓**●中央アジアから中国を経て日本に伝わったスパイク・フィドゥル（胴から突き出た軸棒を支点に楽器の向きを変えて弓に弦を選ばせる）。ほどなく中国では廃れ、より古い全く異なる運弓法の楽器群「胡琴類（二胡など）」に取って代わられたが、「胡」の字だけは残った。

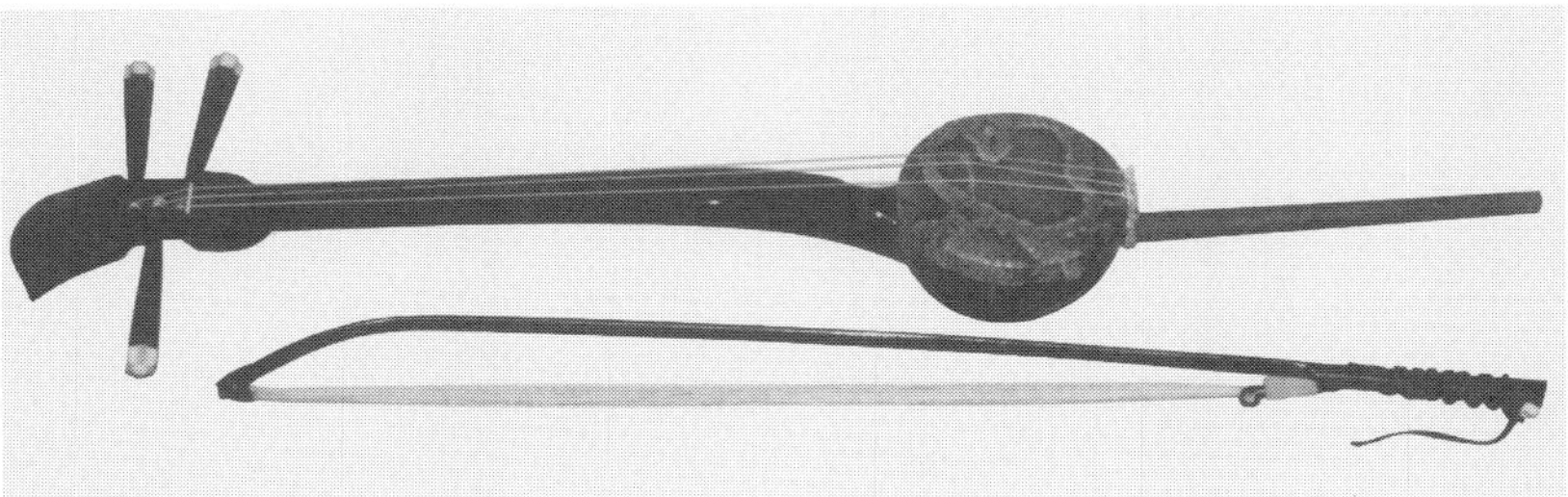

沖縄の胡弓《こきゅう》。[W]

弦を含む3コース四本弦、⑤糸巻一本に弦を張らない（ダミー糸巻）単弦3コース三本弦がありました。三味線伝来の十六世紀末〜十七世紀初頭の段階の大陸月琴は、いずれも本来のスタイルであったと考えられます。三弦家が月琴を転用するのは、その前に三弦の台頭の時代があってのことだからです。したがって、石村検校の父親の時代の月琴は「偶数弦楽器」であり、三味線属とは、むしろ対峙関係にある楽器だったはずです。それから息子の石村検校が三味線を創作するにはかなり無理があります。むしろ、本来の月琴は、唐《とう》代以前に琵琶から分岐した系譜上にある楽器なので、琵琶法師にしてみれば、全く異なる系譜の三弦系に改造する必要性は全くなく、月琴をそのまま（琵琶的感覚で）弾いていればよかったはずなのです。

月琴《げっきん》の弦の張り方五種

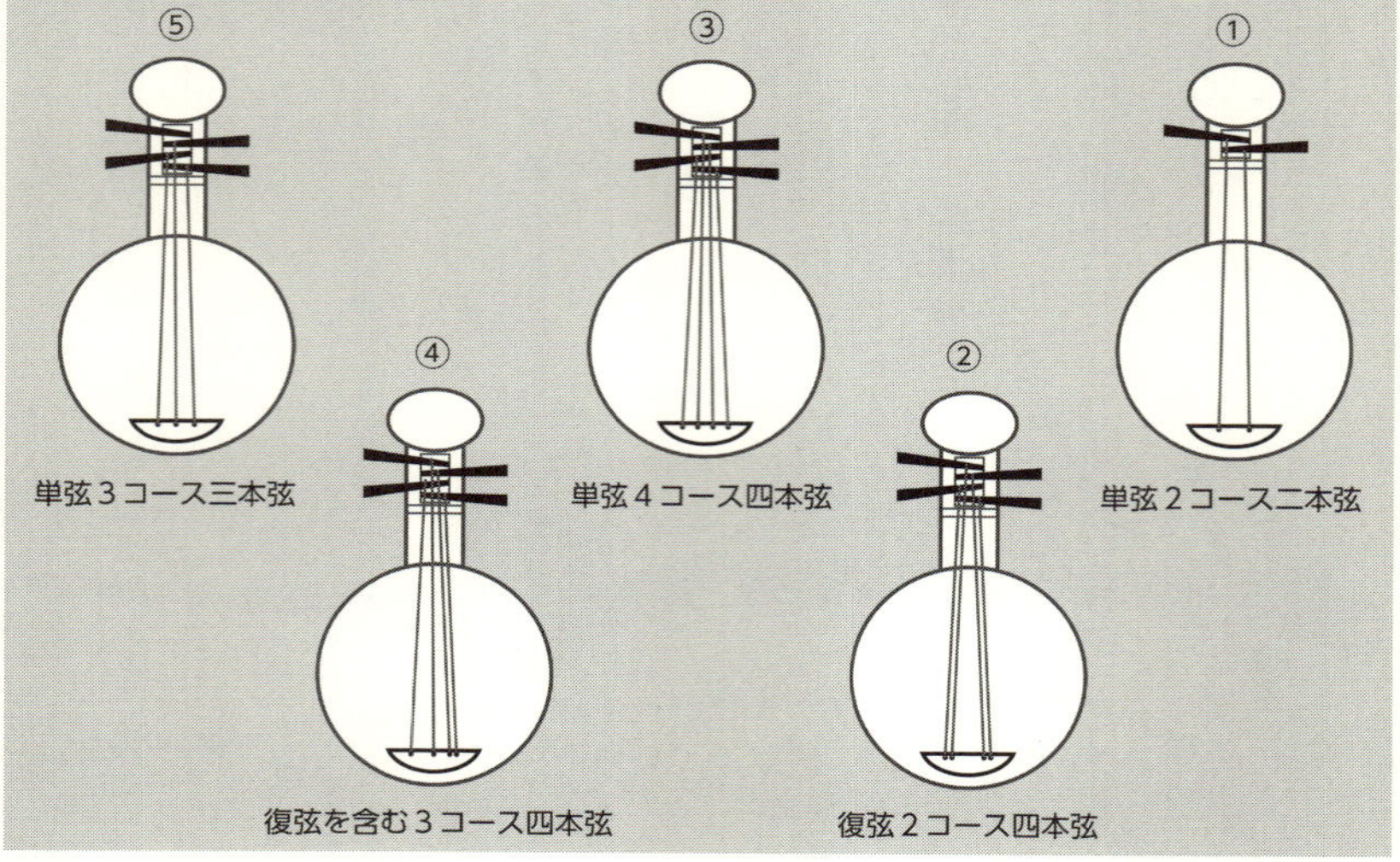

中小路創作説・石村検校創作説の対峙構造に何を見る？

前述したように、いささかの確執がありながらも、基本的には同系列であった地歌界と浄瑠璃界が、両者共通の仇（敵）を持っていたことは容易に想像ができます。その相手は、当時「地歌界」「浄瑠璃界」が拠点としていた京都と、地理的にも文化的にも対峙するような土地として存在していた堺です。もし堺であったならば、中小路が堺の下級琵琶法師、もしくは、堺辺りの石村出身の琵琶職人の亀屋一郎左衛門と同一人物であったり、きわめて近しい存在であったりした場合はどうでしょうか。周知のように、信長の時代から、堺には、南蛮渡来の珍しいものがあふれていたはずです。つまり、京都の地歌・浄瑠璃界の人々にとって、最もわかりやすい自然な話として、「石村検校が堺の骨董市で沖縄三線を購入して持ち帰り、三味線を創作した」でよかったはずなのです。なぜこのような話で落ち着かせなかったのか、これが大きな課題として浮上するわけです。

想像し得る「そうできなかった理由」の一つが、同じく石村検校（およびその弟子たち）が創作した地歌の最古典のひとつ『琉球組』（→P33）という作品集の存在です。これの価値・品格を高めるためには、三味線創作も石村検校であるとする必要があったのではないでしょうか。そして、もう一つ想像できる理由が、石村検校が、堺の下級琵琶法師であった中小路に（弟子ではないにしても）三味線と曲集を学んだ場合です。そのことを正直に語りたくないほど、堺や、中小路たちとの関係が悪かったとしたら、実際に多数出された石村検校に関する様々な話をねつ造せねばならなかったことも容易に想像できます。

事実、堺の骨董品店で、沖縄三線を入手することは難しくなかったはずです。「石村検校説」での、「琉球に留学した」とか、「弟も同行し、楽器製作を学んだ」とか、挙げ句には「父親が漂流して辿り着いた」というのは違和感があります。もちろん「事実は小説より奇なり」といいますから、事実もあるのかもしれません。しかし、もし事実だとして、石村検校が苦労して手に入れ学んだものが、実際は、堺で日々入手できた可能性は決して低くないのです。

●三線《さんしん》ではない楽器からの三味線創作説

実は三味線はすでに存在していた!?

ここで改めて、なぜ三線以外の沖縄楽器からの三味線創作説が語られ、必要だったのかを検証しなければなりません。なぜならば、そんな信憑性の薄い話をわざわざするには、何らかの理由があると思われるからです。

前述のように、『糸竹初心集《しちくしょしんしゅう》』では、石村検校《いしむらけんぎょう》が琉球へ留学し、「三線」ではなく「三弦の胡弓《こきゅう》」を学び、それから三味線を創作したとあります（→P35）。『琉球年代記《りゅうきゅうねんだいき》』では、石村検校の父親が、「月琴《げっきん》（二弦系）」とその楽曲を学び、石村検校がそれを学び三味線と『琉球組《りゅうきゅうぐみ》』を創作した、とあります（→P33）。

実は、「石村検校創作説」と対峙する「中小路《なかしょうじ》創作説」にも、同じような話が登場します。前述の『色道大鏡《しきどうおおかがみ》』では、堺《さかい》に伝わっていた楽器（A）から、下級琵琶法師の中小路が三味線を創作したと、当時としては最も自然であり得る話を述べています。しかし、その楽器（A）は、三線ではなく、「二弦の蛇皮線《じゃびせん》*」だったというのです。しかも、おまけにその逸話が、「その蛇皮線（A）は二弦であったので中小路は上手く使いこなせなかった。そこで観音寺様にお参りして祈願すると、ある日、石段で太さの異なる三本の糸が足にまとわりついて三味線の三弦を思いついた」というのです。このとんちんかんな話のお陰で、江戸時代の段階で、「中小路創作説」は、一気に信憑性を失い、淘汰されてしまいました。月琴で述べたように、そもそも琵琶法師は、「偶数弦楽器」が専門なので、「使いこなせない」ということからしておかしい。むしろ「三弦だったので使いこなせず、二弦（や四絃）に替えた」という方が道理にかなう話です。しかし、このような無理をしてまで「二弦だった」といいたかった理由は何なのでしょうか。

これら「三弦胡弓改造説」「偶数弦月琴改造説」「二弦蛇皮線改造説」（敢えて「説」としましたが）は、いずれも「三線の改造」を避けている点で共通します。著名な文献『世事百談《せじひゃくだん》』に「三線からの改造」が説かれていますが、「父親漂流説（月琴）」からは十年経ち、事実があったとされる文禄《ぶんろく》年間から最短でも二百五十年も後のことです。

まず、沖縄胡弓は、まぎれもなくペルシア・シルクロード起源の楽器で、大陸から伝わったと考えられます。実は、沖縄三線は、琉球王朝宮廷古典音楽では、ほとんど登場しなかった（しても下級楽曲のみ）にもかかわらず、胡弓は、比較的重用されていました。月琴もしかりです。

すると、単純に「三線より格上の楽器からの創作としたかった」という考え方に矛盾しないので

用語解説……蛇皮線●沖縄・奄美諸島方面で使われる三線の俗称。胴の表裏両面に蛇皮を張るため、こう呼ばれる。

す。しかし、胡弓が三線より格上に見られていたことは、近畿の音楽家（雅楽師《ががくし》や平曲家《へいきょくか》）は知らぬ話です。すると残された理由は、本末転倒にも、「三味線はすでに存在していた」ということになってしまうのです。

　つまり、石村であろうと、中小路であろうと、検校であろうと、下級法師であろうと、近畿の「琵琶法師」たちがこぞって、「これと一緒にされてたまるか！」と思った三味線が、すでに町なかに存在しており、「あれとは別な楽器から創作したのが、この三絃（地歌《じうた》三絃）なのだ」としたかった、という理由しか残っていないのです。

「近畿伝来説」が、完全否定できないにしても、滑稽な話が多過ぎる理由として、「地歌・浄瑠璃《じょうるり》界と堺との確執の結果」の可能性を前述しましたが、ここにきて、「三線以外からの創作」の話から推測できることは、「地歌・浄瑠璃界のみならず、堺も含めた琵琶法師・当道座《とうどうざ》側の共通の仇（敵）」の存在が示唆されたわけです。ここに、私が「九州伝来説も否定できない」という最大の根拠があります。この場合、「あれとは別」というからには、見るからに異なる形状の三味線が存在せねばなりませんが、それが実は存在したかもしれないのです。

日本の楽器雑学①

二弦の蛇皮線《じゃびせん》

下の図版は、『声曲類纂《せいきょくるいさん》（斎藤月岑《さいとうげっしん》：1847／弘化《こうか》四年）』に描かれた沢住検《さわずみけん》校《ぎょう》（模写）です。沢住検校は、虎沢《とらざわ》検校（→P34）の弟子で、実質的な「浄瑠璃三味線」の開発者といわれる一方で、「地歌三《じうたさん》絃《げん》創始者」の柳川《やながわ》検校の師ともされます。その人物が、同書の年代においても「二弦の蛇皮線」を奏でて描かれていることには、驚きを禁じ得ません。もちろん、「歴史のねつ造」に過ぎませんが、同検校の師のその師か、またその師かもしれない石村検校が、すでに「三味線」を開発したというのに、（ねつ造された）伝承をさらに面白おかしく描かんとしているとしか思えません。

沢住検校《さわずみけんぎょう》。室町時代末期から江戸時代初期にかけての盲人音楽家。〔筆者模写〕

音楽構造でわかる、「近畿伝来説」の大きな問題点

十七世紀中頃に、石村検校あるいは中小路が作曲したといわれる短編歌曲『琉球組』から、石村検校、もしくはその弟子で浄瑠璃に三味線を導入した虎沢《とらざわ》検校が『本手組《ほんてぐみ》』を著わしました。それを元にして十七世紀末に、虎沢検校、もしくはその弟子の沢住《さわずみ》検校のそのまた弟子とされる京都の柳川《やながわ》検校が新しい曲風の『破手組《はでぐみ》』を発表した流れが今日の「地歌の確立」といわれています。その後、柳川検校の孫弟子の野川《のがわ》検校が大坂で新たな組曲を発表し、地歌は、創始からほどなくして、「京都・柳川流」と「大坂・野川流」に分裂します。この柳川検校以降の系譜は、比較的信憑性が高いと思われます。

その後、三絃（と歌）の音楽であった「地歌」のなかから「俗箏《ぞくそう》」*を用いる動きが現れ、箏のためだけの曲、三絃との合奏のための曲、三絃のためだけの曲など、三絃と箏が、数十年～百年単位でその主流を交代させながら境目が曖昧な「地歌・箏曲」という音楽大系に発展します。そして、江戸中期に興った箏曲の山田流に至るまでたくさんの「流」「筋」が生まれますが、全ての原点に『琉球組』があることは、まぎれもないことなのです。

ところが、『琉球組』には沖縄音楽の要素が全く見られません。歌詞の韻律に沖縄らしさがあるとされますが、いささか苦しまぎれないいわけに聞こえます。また、本土の三味線には、沖縄三線の奏法がほとんど継承されていないのも大きな問題点です。当時の三線の演奏法は厳密には不明ですが、近現代の沖縄三線の奏法では、角撥《つのばち》を用いることや、長音程が多い短い棹《さお》であるのに、小指

は用い薬指は用いないことが特徴です。しかしそれらが本土三味線に全く継承されていないのです。もちろん、三線の技法の方が不自然で、三絃・三味線の方が自然です。強いていえば、三味線調弦法の「本調子《ほんちょうし》」や「二上《にあが》リ」は、いかにも南方系で、長調五音階を好む、大陸南部音楽、沖縄民謡などの明るさとも共通します。江戸時代には、琉球王朝も「江戸《えど》上《のぼ》り」*を強いられていましたから、それを援助した道中で様々な藩が琉球音楽を聴き、学ぶ機会があったと考えられます。事実、「琉球使節江戸上り」の帰路に寄贈された楽器が、浜松や福井に現存します。

ただ十七世紀中頃の段階では、やはり近畿の琵琶法師が、別の何らかの機会に三線を入手し、その音楽も参考程度に聴き得たということは完全には否定できません。

「近畿伝来説」と「九州盲僧琵琶」に見る「当道座」の陰の部分

前述したことと重複しますが、中小路にしても、石村検校にしても、堺で三線を入手し、すでに存在していた「大陸～九州渡来の三味線とその音楽」とは異なるものを創作・創始する何らかの必要と義務があったのではないかと思えます。そこで、様々な偽《にせ》の話を広めると共に、イメージ『琉球組』を作曲した。そこには、実際の琉球音楽の要素も三線の奏法もほとんど見られない、ということなのだろうと思います。

石村検校と地歌界、石村検校の弟子である虎沢検校のそのまた弟子の沢住検校の浄瑠璃界、といった「三味線も併用した琵琶法師」と、堺の下級琵琶法師の中小路、そして、京都か堺の琵琶職

用語解説……**俗箏**●雅楽の楽箏に対し、近世、八橋検校によって始められた箏曲以降の箏および箏曲のこと。

江戸上り●薩摩に破れた琉球は、江戸幕府の制度のもとに組み込まれ、島津氏に従わされることとなった。国王の代替わりごとに、その就任を感謝する使節を江戸幕府へ派遣した。

人のいずれもが共通して、すでに存在していた「大陸～九州渡来の三味線とその音楽」とは異なるものを創作・創始しようとした。もしくは「創作した」と主張した。彼らの共通の姿は、まぎれもなく「当道座」に他なりません。もちろん、堺の下級琵琶法師や、琵琶職人たちは、「当道座」には入りたくても入れず、しばしば悔しい思いを味わっていたかもしれません。しかし同じ近畿では逆らいようがなかった。当然、「三味線創作」「『琉球組』作曲」の功績を盗まれても逆らえなかったと考えられます。

ところが、九州では、かなり状況が異なったようです。詳しくは第二章で述べますが、九州の盲僧琵琶法師たちは、当道座に対し真っ向から対立、反発したとされます。もっとも、九州勢は、（少なくとも初期は）とりたてて組織化されていなかったようで、個々の琵琶法師が頑として当道座に加入せず、独立独歩の活動を続けていた。当道座の近畿本部は何度も勧告をしたり、九州盲僧を束ねる人間を育て上げようとしたけれどかなわなかった、というのが事実のようです。

一般にいわれるその原因は、当道座組織の陰の部分、即ち「権威主義、権力主義、上層部の金権体質、腐敗、同様の感覚の豪商、役人、武士との癒着」などです。実際、「勾当《こうとう》」に上がるにも、その先の「検校」となるにも多額の上納金が必要で、その利権を思うがままにした一部の人間もいたということであり、実力ではなく上納金を積んで位を得たものもいました。

しかしこの理由だけで、九州盲僧琵琶法師たちが、当道座に反発したわけではありません。豊臣秀吉は九州全土の平定を目指しましたが、それでも完全には封じ込めることはできませんでした。

その何らかの力こそが、「三味線九州伝来説」と「俗琵琶九州伝来説」（↓P110）が事実であったことの証明ではないか、と私は考えるに至ったのです。

三味線には、すでに九州どころか近畿の町にも根を生やして存在していた「大陸～九州渡来の三味線とその音楽」があったに違いありません。近畿の当道座にしてみれば、三味線に関しては、ただただ、「目の前の町なかに実際存在する」という事実のみが、問題だったはずです。琵琶は、「地神信《じしん》仰」*と結びついた地神琵琶・荒神《こうじん》琵琶*なども含む、土地に根ざした盲僧琵琶の文化があり、近畿お仕着せの平曲《へいきょく》（↓P27）など不要とする気概が九州にはあったと考えられます。

しかし、逆に考えるとどうでしょうか？　近畿の当道座が、九州を平定し、完全にコントロールできていたとします。そうすれば、近畿同様の階級制度・昇進システム・利権と金権体質が常態化し、盲僧琵琶は、その演目を整理統一し、九州のみならず、町なかの三味線も、全て当道座が管理監督し、おそらく形が異なったその三味線を全て回収して三絃に統一でき、町なか用には粗末な安物を与え、そして、津々浦々まで、「三味線の創作者は石村検校」の逸話で統一されたに違いないのです。しかし、史実は、そうはならなかった。だから、昭和になってもなお、伝来説は決着がつかないままだった、ということなのではないでしょうか。

用語解説……**地神**●土地の神さま。「荒神」は、屋内の神さまで、竈神（かまどがみ）のこと。
地神琵琶・荒神琵琶●盲僧の琵琶法師が家々をまわって、琵琶の伴奏にのせて「地神経」や「荒神経」を唱えて豊作や火伏せの祈願をおこなうこと。

三味線ルーツ探訪に終止符

「三味線九州伝来説」を唱えた何名かの研究者は、戦中までは執筆活動も実に気概あふれるものがありました。ところが、戦後、その当時の「大東亜共栄圏*諸国の音楽研究」の価値を正しく検証もせず、その括り自体が「軍国の象徴」のひとつとして黙殺されました。と同時にアジア諸国の文化水準をきわめて高く評価し、敬意と愛情を持っていた研究者数名がこつ然と姿を消したのです。戦争の犠牲になったということだけでもなさそうです。残念なことに、そのような研究者こそが「九州伝来説」支持者だったのです。

逆に、戦中、軍国の極みのような「優秀な大和民族がアジア諸国を正しく導く」と、音楽論を超えたプロパガンダまで語っていた東洋音楽学会*の戦中戦後の会長は、すっかり軍国色を洗い落として、戦中部下に現地に行かせて取材した研究論文をまとめて出版し、批評を論じて（？）戦後の学会の頂点にしばらく君臨しました。その会長の後任が、日本伝統音楽の美学的研究で知られた吉川《きっかわ》英史《えいし》氏（１９０９～２００６年）です。

吉川氏は、１９７８（昭和53）年にまとめられた学会会報などの論文の選書のなかで、非常に細かく、冷静かつ公平な検証をおこない、沖縄から堺《さかい》伝来の説を支持しつつも、決定的な結論は出さずにいました。興味深いのは、「これ以上の新説を生み得る新たな文献・資料は出てこないであろう」と述べている点です。おそらく邦楽理論家の頂点にいる氏のこのひとことが「三味線ルーツ探訪」に終止符を打ったのでしょう。

いささかうがった見方かもしれませんが、「三味線九州伝来説」が葬られた最大の理由は、「言葉も筆も持たない真実」を代弁しようとした研究者が、戦前にすでに存在した「文献至上主義」に排斥されたことの結果だったのかもしれません。さらに遡るならば、今日のマスコミに相当する当時の文化誌で、利己的に事実を歪曲する力も術もなかった「言葉も筆も持たない真実」が、江戸時代にすでに敗北した結果だったのかもしれません。

「九州伝来説」の根拠

言葉も筆も持たない名もなき人々の功績とは

前述のように、「眉唾話が歴史をつくってしまう」ということは、同時代のインド、アラブ、ペルシア、中国の史誌、文化誌によく見ることができます。その手法の共通のパターンは、「誰かひとりの人物の功績にしたがる」ことです。

しかし実際は、複数の名もなき人々が、何年もかけて成しとげたことが少なくない、否、たいがいその方が真実なのですが、「言葉も筆も持たない真実」ですから、推測の域を出ません。「九州伝来説」は、江戸時代からの説も、戦中のわずかな説もいずれも「大陸から何年もの間に、何人もの放浪芸人が渡来し、琵琶の他に三弦を携えて来た」という程度のものでしかありません。「誰かひとりが三味線を創作した」わけではないので、当然といえば当然のことです。しかし、論理的な類推は、誰が為しても同じように不偏で普遍的な論理を構築するはずです。個人の意見として過小評

用語解説……**大東亜共栄圏**●第二次世界大戦前に日本が構想した、現在のEU（欧州連合）のような東アジア共同体。欧米の植民地支配に代わり、日本中心の東アジア諸民族による共存共栄をかかげた。
東洋音楽学会●日本の伝統音楽を含む東洋諸国の音楽および世界中の民族音楽を研究することを目的に1936（昭和11）年に設立。

価されるべきではないですし、ましてや文献の出典がないからといって「学術的信憑性がない」とすることは、全くおかしなことです。40ページで、「九州伝来説も否定できない」と書いた最大の根拠をこれから見ていきます。「あれとは別」という、見るからに異なる形状の三味線が存在していたことが考えられるのです。

「糸蔵《いとぐら》後退三味線」は存在したのか？

江戸初期に書かれた三味線演奏図『彦根屏風《ひこねびょうぶ》』*には、芸姑衆《げいこしゅう》が昼間、盲僧音楽家の稽古を受けている様子が描かれています。この風習は、インド、アラブ、ペルシア、トルコにもあったことが知られていますから、おそらく東南アジア、東アジアでも同じなのでしょう。芸姑衆は、花柳界で生まれ育まれた音楽の他に、奏法向上のために、地歌《じうた》や浄瑠璃《じょうるり》、長唄《ながうた》*など格上の音楽の基礎を教養として学んでいました。宴席の酔客相手なので、いい加減な低俗な音楽でよいだろう、ではなく、むしろ宮廷古典音楽のレベルを身につけていたということです。

この『彦根屏風』には、今までの研究者のいずれもが語らない重要なポイントがあります。ここに描かれた三味線は、盲僧の師匠が持つものも、芸姑衆が持つものも、上駒《かみごま》から先の糸蔵（↓P90）が微妙に後退している（曲がっている）のです。単に「描写の問題だ」とされればそれまでですが、しかし、『彦根屏風』から百年経った頃、葛飾北斎《かつしかほくさい》の娘の応為《おうい》が、遊女の三曲（三味線、胡《こ》弓《きゅう》、箏）の合奏風景を描いた三味線の糸蔵も、やはり微妙に後退しているのです。もちろん例外もありますが、『彦根屏風』の他の部分の描写の写実性を考えると、単に描写の問題であると決め付けかねるものがあります。

実は、『彦根屏風』に描かれた盲人師匠も同じ三味線を弾いていることから、前述の「地歌界は、すでに存在した町なかの三味線と三絃を、格も形も変えたかった」という私の仮説と矛盾します。しかし、『彦根屏風』では、稽古している芸姑衆の脇で、碁のような遊びに興じる娘衆や、稽古の順番を待ちながら三味線を弾く芸姑に茶を運ぶ侍女が描かれていることから、師匠が置屋に出向いたことがわかります。その場合、師匠が自分の仕事用の三味線を携えてくるよりは、呑気《のんき》に手ぶらでくる方が自然です。

「『糸蔵後退三味線』は存在したか?」の謎は、『彦根屏風』以降の絵画でも尽きません。同時代の『桜狩遊楽図《さくらがりゆうらくず》屏風（個人蔵）』では、花見の野外でその当時の芸姑の構え方である、片膝を立てる構えで三味線を弾いている私服の芸姑が描かれていますが、やはり糸蔵は微妙に後退しているように見えます。また、同時代の寛永年間前半（十七世紀前半）は出雲《いずもの》阿国《おくに》（京都説もあり）が始めたとされる「歌舞伎」の、「娘《むすめ》歌舞伎（遊女歌舞伎）」および

用語解説……**『彦根屏風』**●近世初期、京都六条柳町の遊里の様子が描かれた風俗画。
長唄●江戸で発展した歌舞伎のためにつくられた三味線伴奏による歌曲。はなやかな劇場音楽につくりあげられた。

糸蔵《いとぐら》が後退している不思議な三味線（『彦根屏風《ひこねびょうぶ》』より）。〔筆者模写〕

「若衆歌舞伎《わかしゅ》（遊女同様の少年）」が隆盛でしたが、それらが仮設テントのような舞台で演じられている様子を描いた幾つかの『四条河原遊楽図屏風《しじょうがわら》』の三味線も、やはり糸蔵が後退しているように見えるものが少なくありません。

一方で、インドや東南アジア・タイの絵画でも、しばしばロングネック・リュートの棹《さお》が湾曲して描かれることがあります。実際、弦が張られた棹が湾曲することはあり得ないので、おそらく、絵画としてのバランス上、異様に長く真直ぐな三味線の棹が、絵の柔らかさを損ねてしまうと考えたのでしょう。したがって「その表現の延長で糸蔵が後退しているのだ」という見方もあり得るわけです。

しかし、同時代の『邸内遊楽図《ていないゆうらくず》』（相応寺《そうおうじ》屏風・51ページ右上の図）の三味線は、明らかにそのデザイン的な理由を否定するほど湾曲しています。『邸内遊楽図』は、その他の『遊女遊楽図』同様に、中庭で客も演奏者も一緒になって音曲に合わせて輪舞を繰り広げていますが、前述の「遊女歌舞伎」などの大流行を受けて、無礼講《ぶれいこう》の遊郭内で、頻繁に演じられていたのでしょう。同屏風絵では、遊女の他に哥《うたい》が三味線を弾き、短い尺八（一節切《ひとよぎり》）*が加わり、合奏をしています。ここまで明確に糸蔵が後退しているのに、今までの研究者はなぜ何も語らなかったのでしょうか？　こちらの方も謎です。

また、四、五十年ほど後の元禄《げんろく》年間になると、修行僧や山伏が業の一環としておこなっていた「辻説法《つじせっぽう》」が芸能化した「歌祭文《うたざいもん》」（↓P115）などが流行し、門付け《かどづ》（↓P27）をおこなう「門説教《かどぜっきょう》」

用語解説……一節切●尺八の前身ともいわれる真竹製の縦笛。節が一つだけあるのがその名の由来とされる。（↓P214）

『邸内遊楽図《ていないゆうらくず》』（相応寺《そうおうじ》屏風）。〔筆者模写〕

「骨董集《こっとうしゅう》」より。
〔筆者模写〕

『人倫訓蒙図彙《じんりんきんもうずい》』に描かれた「門説教図《かどぜっきょうず》」。〔筆者模写〕

が流行しました。『人倫訓蒙図彙《じんりんきんもうずい》』に描かれた図（51ページ右下の図）では、三味線の糸蔵は真直ぐに描かれていますが、胡弓の糸蔵は後退しているのです。もはや「描写やデザイン上の問題」ではなくなってきます。

さらに、『彦根屏風』から二百年近く後の、山東京伝《さんとうきょうでん》（岩瀬醒《いわせさむる》）が江戸後期の風物を描いた『骨董集《こっとうしゅう》』の三味線図（51ページ左の図）の糸蔵は、『彦根屏風』や各種遊楽図屏風絵、葛飾応為の描いたものよりもさらに極端に後退しています。その三十四年後、日本音楽研究者の間では、貴重な情報源として定評がある『声曲類纂《せいきょくるいさん》』に描かれている三味線もまた、糸蔵が後退しています。下の右の図は、女性ではなく少年で、前述の『骨董集』のもう一つの三味線図です。下の左の図は『声曲類纂』のもので、『彦根屏風』（↓P49）同様に置屋に教えに来たふだん着の検校でしょうか。この二図にはさらに興味深い共通点があります。それは糸蔵の左右の桁《けた》が湾曲していることです。これは元代の大陸のモンゴル人楽師の楽器に酷似します。

『骨董集《こっとうしゅう》』より。〔筆者模写〕

『声曲類纂《せいきょくるいさん》』より。〔筆者模写〕

『雨夜三盃機嫌《あまよのさんばいきげん》』（木笛庵痩牛《ぼくてきあんそうぎゅう》・作）。〔筆者模写〕

『邸内遊楽図《ていないゆうらくず》』。〔筆者模写〕

糸巻「逆方三味線」の謎

この「糸蔵後退三味線」の謎もさることながら、これらの図に描かれた三味線には、さらに驚異的な特徴があります。それは「糸巻*が逆から刺さっている（逆方）楽器がある」ということです。すでに51ページの『邸内遊楽図』で、芸姑が弾いています。「たいこもち」の楽器は正方です。「門説教図」の三味線は、糸蔵は後退していませんが、糸巻が逆方です。

上の右の図は、同じ時代に多く描かれた『邸内遊楽図』のひとつで、「たばこと塩の博物館」所蔵のものからの模写です。ふたりの遊女が弾いている三味線の糸巻の一方は逆方です。先程の少年が弾く三味線（52ページ下の右の図）は、「後退糸蔵」「糸蔵の桁が湾曲」「糸巻が逆方」の三つの特徴に加え、「異常に大きな海老尾《えびお》*」が描かれています。

この「逆方」は、元禄時代の後半に入っても見られます。

上の左の図『雨夜三盃機嫌《あまよのさんばいきげん》』（木笛庵痩牛《ぼくてきあんそうぎゅう》・作）には、元禄から享保《きょうほう》時代にかけて大人気を博した歌舞伎の女形スター芳澤《よしざわ》あやめが三味線を奏でる姿が描かれています（模写）。この絵

用語解説……**糸巻**●弦が巻かれているもの。糸を締めたり緩めたりして、音の高さを調節する。
海老尾●棹のてっぺんの、のけぞっている部分。海老の尾っぽのように見えるので、そう呼ばれる。

の糸蔵は後退していませんが糸巻は逆方です。今日でこそ、地歌・箏曲演奏家よりも、「お家芸継承」が厳しく、敷居も高い歌舞伎・長唄ですが、当時は、やっと「半大道芸」から小屋上演に出世した程度だったのでしょうか。

地歌三絃の古楽器「柳川（京）三絃*」が現存するのに対し、長唄でさえも用いられていた「もう一つの三味線」は、現物はおろか、それについて語った記述も見当たりません。

「正方・逆方」のペア合奏

さらに、これらの「謎のもう一つの三味線」では、頻繁に「逆方」が「正方三味線」と共に合奏して描かれていることに着目したいと思います。『邸内遊楽図』（→P51）でもしかり、「たばこと塩の博物館」蔵の屏風絵（→P53）でもしかり。二挺《ちょう》しか描かれていない場合の一方が「逆方」という例が少なくないのです。もっとも、より古い『彦根屏風』（→P49）では、「正方」だけが描かれていました。時代の問題も否定できませんが、後に消滅するものが後発とは考えにくいので、『彦根屏風』は、稽古図であり、「正逆合奏」は、本番での姿であることに理由があると考えたいところです。

そんななか、この謎に大きなヒントを与えてくれたの

中国南宋《なんそう》墓石彫。〔筆者模写〕

が、右ページ左下の中国南宋墓《なんそう》石彫の合奏図です。

これは十二世紀後半、南宋の富裕層の墓に描かれた石彫で、大陸で最も初期に三弦が描かれたもののひとつとされています。大陸では、漢代からすでに、円形琵琶で、「正逆ペア」が描かれていますが、この石彫には、左側の逆方が、西域渡来の「胡琵琶」の調弦と奏法を担当し、右側の正方が、漢民族固有の「偶数弦指向」に準じ、第一弦が「復弦」の2コースになっていると考えられます。復弦は叙情的な旋律に適していますから、逆方の3コースは、伴奏を務めたとも考えられます。似たようなペアは、ロシアにおけるバラライカ（伴奏）とドムラ（旋律）、キューバにおけるティプレ（旋律）とトレース（伴奏）にも見られます。しかし、日本において、そのような「音楽的な分担」があったかどうか。あったとしたら、楽器の謎どころではすまされません。よって、穏便に考えれば、単に「大陸の習慣を踏襲した」だけか、まだ地歌系三味線が「サワリ」*を多く用いなかった段階であって、「逆方」やそれに象徴されるその他の「糸蔵後退」および「糸蔵の桁湾曲」の三味線は「サワリがキツかった」などの楽器的な特徴が考えられます。それでも、十分に今までの音楽史学を揺るがすテーマではあります。

総括すると、地歌三絃が「近畿伝来説（石村検校創作説）」を携えて確立する以前に、すでに町なかに存在した「九州伝来の花柳界の三味線」は、「糸蔵が後退していた可能性が高く」「しばしば糸巻が逆方で刺さっていた」。また「しばしば糸蔵の桁が湾曲していて」「おそらくサワリが当初から十分に施されていた」。そしてそれらは江戸中期以降まで存在していた、というのが私の考えです。

用語解説……**柳川三絃**●小振りで華奢、撥も薄くて小さく、祖型に近い三味線。「柳川流」は、地歌のなかでも最古の流派で、現在は京都でしか伝承されていないという。「これが初期の地歌三絃の形」ともいわれる。

サワリ●三味線や琵琶などの音色の特徴で、音がビーンと響く余韻のこと。中国の横笛にもサワリによる微妙な音色がある。（→P216）

調弦法に残された揺るぎない真実

三味線の調弦法には、「本調子《ほんちょうし》」「二上《にあが》リ」「三下《さんさが》リ」の主要調弦があり、その他に特別な曲のための特殊な調弦法がいくつかあります。しかし、大雑把にいえば、地歌は、「本調子」「二上リ」が八割以上で、「三下リ」は、江戸中期に流行した地歌系の「端歌《はうた》*」（江戸後期の花柳界の端唄とは一応別もの）でもてはやされる以外は、ほとんど用いられません。

浄瑠璃（→P29）でも、温雅で叙情的な表現を目指した一中節《いっちゅうぶし》*では、「三下リ」が多くなります。常磐津《ときわず》*の古い曲では、やはり「本調子」「二上リ」が多くなります。長唄（→P49）は、「本調子」「二上リ」が六割から七割、残りが「三下リ」で、「地歌」と花柳界系の「端唄／小唄《こうた》」の中間に位置する感じです。「端唄／小唄」では、もっぱら「三下リ」が主流です。もっとも、「端唄」は、各時代の流行歌を多く取り入れた芸能で、お座敷の哀歌、叙情歌のみならず、「お伊勢詣《いせもう》で」から、放浪芸修行僧が流行らせた民衆歌謡、寄席出囃子《でばやし》とも関わる曲から、木遣《きや》り、吉原《よしわら》までの道中歌など、様々な生活歌、仕事歌なども取り入れて編曲して包括した芸能ですから、総じれば「三下リ」が主流とはいえません。一方の「小唄」は、圧倒的に「三下リ」が主流で、その曲のほとんどは「端唄」に共通します。

これらのことから、明白にいえることとは、「本調子」「二上リ」は、格式高い曲に用いられ、「三下リ」は主に花柳界で好まれると共に、叙情的で艶《つや》っぽい曲には欠かせないということです。つまり、それぞれ別な楽器を用いていたかどうかは確定できませんが、戦国末期から江戸初期の「三味線と三絃」には、「本調子／二上リ」の派と、「三下リ」の派との二大分別が確かに存在したのです。前者は「三絃」と呼ぶのがふさわしいですから、必然的に後者は「三味線」ということになります。ならば、楽器も別であった、少なくとも特化したものもあったと考えるのが自然です。

地歌の三味線がなぜ「サワリ音」を持ったのか

私は三味線も琵琶も、「近畿伝来説」を否定する必要はないと考えます。しかし、「近畿伝来説」が「九州伝来説」を駆逐したり、論理的であるべき研究者がそれを擁護したり、文献の証言がないからと否定したりするのは大間違いだと考えます。

その根拠のひとつは、「楽《がく》琵琶、平家《へいけ》琵琶」には、「サワリ音」がないのに（平家琵琶は後世、上駒《かみごま》にのみつけるようにもなりましたが）、九州盲僧琵琶の多くと、薩摩《さつま》琵琶、筑前《ちくぜん》琵琶には「サワリ音」が欠かせないからです（↓P110）。

「サワリ」は、構造であり、現象でもあります。その言葉どおりに、弦に何かが触れることで振動の波形が複雑になり、多くの倍音を含む結果、独特の音色と驚異的な余韻（音の長さ）が得られます。この仕組みは古代からインド弦楽器には、不可欠のものでしたが、それを日本に伝えた中国では、継承されま

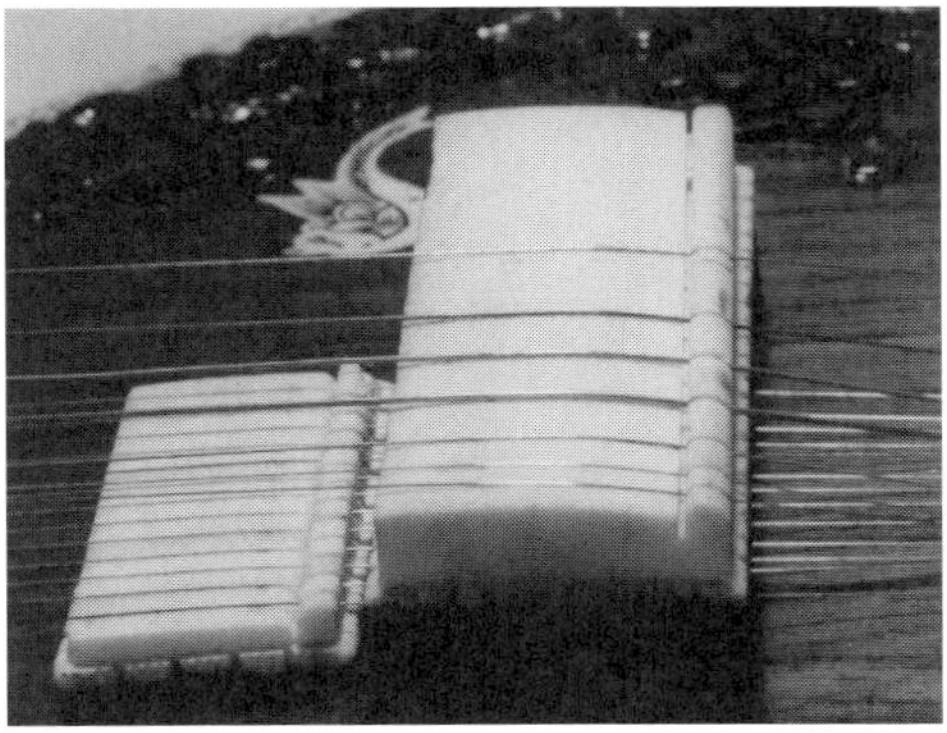

インド弦楽器の「サワリ」は駒の構造にある。大きい方が旋律・伴奏弦駒で、下段の「サワリ駒」は共鳴弦用。[W]

用語解説……**端歌**●江戸中期・末期に江戸市中で大流行した通俗的な小歌曲のこと。
一中節●浄瑠璃の一種。京都の初代都《みやこ》太夫一中《だゆういっちゅう》（1650～1724年）が創始した。上方生まれの柔らかい味わいが持ち味。
常磐津●浄瑠璃の一派。江戸で歌舞伎舞踊の伴奏音楽として発展した。

せんでした。ところが、盲僧琵琶、薩摩および筑前琵琶では「サワリ」は不可欠で、「サワリ取り十年」という言葉が言い伝えられています。琵琶奏者は、「サワリ」を日々自分で調整しなければならないからです。「近畿伝来（楽琵琶大元）説」の人々は、薩摩、筑前の「サワリ」は、「三味線にならった」とか、「薩摩琵琶が独力で思いついた」とかいいますが、「サワリ付きの琵琶は、何百年もの間、継続して大陸から九州に渡来していた」ならば何の矛盾もないわけで、これが最も自然な話です。もちろん、そのためには、「サワリ付きの琵琶」が、平安時代以降も中国に存在していなければなりません。しかし、ここで重要なことは、沖縄三線にも、その前身である大陸三味線にも、「サワリ」がないことです。このこと自体、九州盲僧琵琶が三味線にならって「サワリ」を付けたという話を消してしまいます。そして、しばらくは「サワリ」がなかった地歌の三味線（三絃）が、「いつ、なぜ、サワリを持ったのか?」という新たな疑問を生じさせてしまいます。したがって、「琵琶も三味線も、サワリ付きのものが大陸・半島から継続的に九州北部に渡来していた」ということが、最も自然な話となるのです。

　この「サワリ音」と、「三下リの調弦」、そして、もしかしたら「糸蔵が後退している」かもしれないと前述した三味線の形を組み合わせると、「九州伝来三味線」の姿がかなりくっきりと現れてきます。

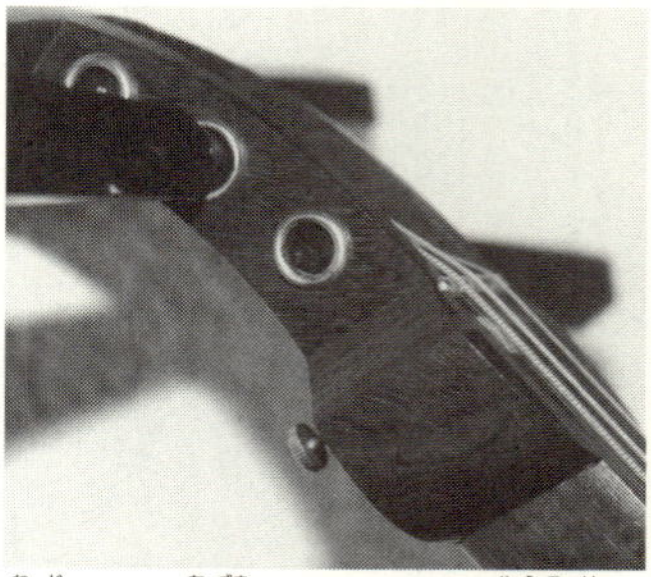

螺子《ねじ》式の「吾妻《あづま》サワリ」を持つ浄瑠璃《じょうるり》三味線。螺子で上下させ加減を調節する小片が第三弦（最も太く、演奏者に近い）にサワる様子がわかる。[W]

大陸に見られる三味線の前身楽器

●大陸以前（中国以西）の三味線は？

現存する三味線の前身楽器

大陸に現存する三味線の前身楽器としては、中国全土に広がる「三弦《サンシエン》」があります。それは、沖縄三線《さんしん》の棹《さお》を長くしたような形で、江戸時代に伝来したものとほとんど形を変えていないと考えられます。朝鮮半島とヴェトナムにも伝わり、ヴェトナムにはわずかに現存しますが、朝鮮半島では李《り》王朝《おうちょう》の頃（1392～1910年）にすでに見られなくなったようです。

詳しくは、「楽器の構造」（↓P89）で述べますが、ここで、三味線の構造と、当該の大陸楽器を検証しておきましょう。

60ページの下の表のように、近畿・地歌《じうた》三味線と、沖縄三線は、明らかに中国漢民

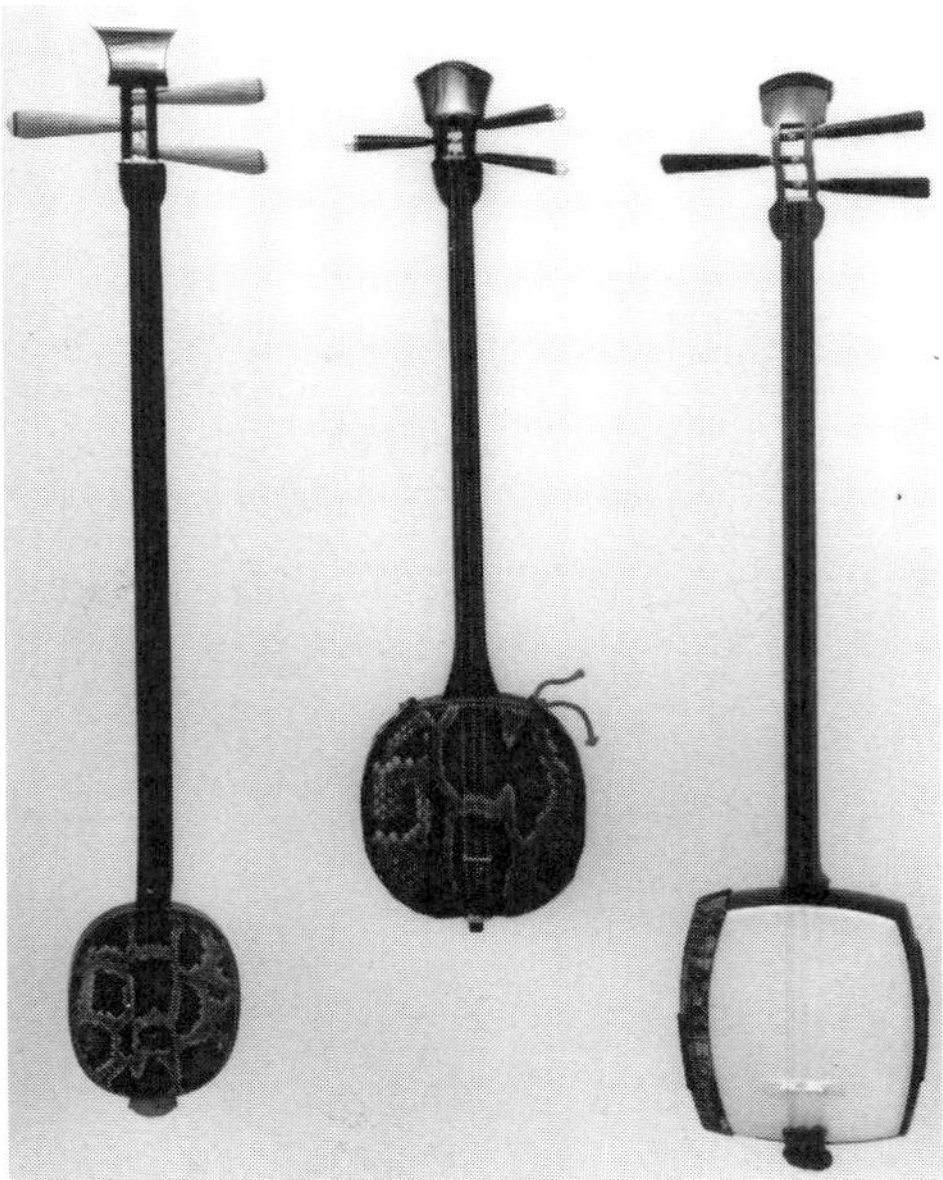

左から「三弦《サンシエン》」「沖縄三線《さんしん》」「近畿・地歌《じうた》三味線」。［W］

族の三弦の形を踏襲しています。漢民族三弦のそのまた前身は二つあり、そのひとつ、音楽史で確認される三弦は、中国北部の楽器が中原《ちゅうげん》（中東部の中心地）に伝わったものであり、南部の楽器に先行して活用されたとされます。もう一つは、今日も雲南《うんなん》山岳地方の諸民族の間で多く見られる、様々な微妙な違いのある海老尾を持った三弦属です。それらには、日本の三味線によく似たものもあれば、尾がより大きく巻かれ、完全に螺旋《らせん》になったものなどがあります。

一方、私が補足した「九州伝来説」の形状を持つ三弦は、現存していません。ですが、前項で述べたように、元代のモンゴル人楽師合奏図では、円形胴や昆虫の「カメムシ」に似た、いびつな箱型胴の三味線など、様々なものが描かれており、清《しん》代では「糸蔵《いとぐら》後退・糸巻逆方」の三弦も描かれています。また、唐《とう》代の細身の琵琶型胴に蛇皮を張った「忽雷《こつらい》（フーレイ／稲妻）」は、着目すべき楽器です。この楽器は故宮《こきゅう》博物院などに現存してい

	地歌三味線（三絃）	沖縄三線《さんしん》	中国三弦《サンシエン》	大陸の関連三本弦楽器
1	ロングネックで フレットレス	同左（三絃）	同左	フレット付き、フレットレス 双方在り、後者が多勢
2	四角胴で表裏に 獣皮	同左（三絃） 但し蛇皮	丸みの四角 同左	四角の他、円形、菱形etc 裏面板張りが多勢
3	糸蔵《いとぐら》に底蓋なく、 糸巻は長い	同左（三絃）	同左	雲南《うんなん》地方の三弦類は極似 他関連楽器には見られない
4	糸蔵の先端に反り 返った海老尾《えびお》	同左（三絃）	同左	同上
5	サワリを装備	サワリは無い	同左	同左
6	糸巻は、正面から見 た楽器の右に二本	同左（三絃）	主流は同左 稀に逆方	主流は同左 逆方も少なくない

ます。琵琶型で、表面に蛇皮を張る二弦ですが、その竹製の四角い駒はインド式の「サワリ」が得られるようになっています。したがって、私の仮説の「糸蔵後退、サワリ付きの三弦系撥弦《はつげん》楽器」もあった可能性はきわめて高いのです。

遂に見付けた「九州伝来三弦」の前身楽器

そして遂に、北京で入手した、中国でも最高権威の『音楽史図鑑』にある「明《みん》代の大道芸人演奏図」に「後退糸蔵三味線」を発見したのです。図版の大きさは1センチメートル程度で、糸蔵もパッと見ただけではわかりませんが、スキャンして拡大してみると、福建《ふっけん》、雲南、沖縄、本土の三味線同様の「天神《てんじん》・海老尾《えびお》構造」でありながら、はっきりと糸蔵が後退しています。作図は一五八五年のものですから、地歌三絃（石村検校《いしむらけんぎょう》創作）の文禄《ぶんろく》年間の十年以上前のものです。

この楽器の駒の形状は、演奏者の手に隠れて見えませんが、前述の「忽雷のサワリ」を合わせて考えると、「サワリ付き」は十分考えられますし、日本の三味線のよ

「明《みん》代の大道芸人図」の後退糸蔵《いとぐら》三味線。〔筆者模写〕

うに上駒《かみごま》にあったかもしれません。そして、中国研究者の解説に、「唐代の一時期非常に流行した」とあるにもかかわらず、現物が大小一挺ずつ故宮博物院にあるだけの「忽雷」のことを考えれば、その他の同系統の楽器が完全に消えてしまったことも当然あり得るわけです。そして、「大流行」したのであるならば、同じように辻芸人が弾いた「三弦」との融合楽器もあったかもしれませんし、そもそも「琵琶型に木材を仕立て上げる」ことの苦労を割愛して、「木箱に棹《さお》を突き刺した」アイデアで、「三弦」が生まれたのかもしれません。もちろんそれは、前項で紹介した「南宋墓石彫の正逆ペアの三弦」（↓P54）の十二世紀後半の話です。事実、清代のものには楕円形の器型胴である三弦も現存しており（しかも逆方）、私自身も、糸巻は正方ですが、裏板を持つ小三弦を所有しています。

さらに、なんとインターネット上の情報にも、「糸巻が逆方」で、「糸蔵が微妙に後退している」清代の三弦の図（上の図がその模写）があったのです。もちろんこれも「描写の問題」といわれればそれまでですが、「糸巻の逆方」は誤りようがない話です。これらのことを総合して考えれば、「琵琶型胴の長棹三味線ルーツ楽器」および「糸蔵逆方も少なくない糸蔵後退の三味線ルーツ弦楽器」の存在は、私の思い込みとはいい切れないものがあるはずです。

三弦《サンシエン》の図。〔筆者模写〕

日本の楽器雑学②

漢民族の三弦《サンシエン》

現存する中国領内の「三味線前身楽器」の筆頭には、何度も述べたように「三弦」があげられます。三弦には大中小があり、名称はそのまま「大三弦《ターサンシエン》」「中三弦《チュンサンシエン》」「小三弦《シャオサンシエン》」です。それぞれ元《げん》代、清《しん》代に大流行した地域（北部から都に上った芸能が大三弦を多用し、中南部の芸能は中三弦、南部では小三弦と、南下するに従って小振りになった）と大道芸能の演目が異なります。いいかえれば、共産党政権による漢民族美化の一環ともいえる「民族楽器オーケストラ」で新たにつくられた合奏用の、ソプラノ（プリモ）、アルト、テナーに相当する「大○○」「中○○」「小○○」とは別ものということです。さらにいえば、「民族楽器オーケストラ」でも三弦は合奏楽器として重用されませんでした。そもそも「民族楽器オーケストラ」に加えられることさえ滅多にありません。

かと思うと、北京の裏道を、貧しい身なりの盲目の楽師が三弦だけを携えて歩いていたりします。「平等と福祉」の充実を売り物にしている社会主義でありながら、ある種の「不可触民」的に今の時代でも存在し続けている「放浪（門付け）芸人」。盲人楽師は、中国では日本とは比べ物にならないほど最下層に追いやられていました。その意味では、日本の「当道座《とうどうざ》」は、いくら陰の部分があろうとも、障害者支援と日本伝統文化発展の重要な役割を担い、世界に誇る成果を記した、素晴らしいシステムであると、北京の辻芸人の後ろ姿を見つめながら改めて思ったものです。

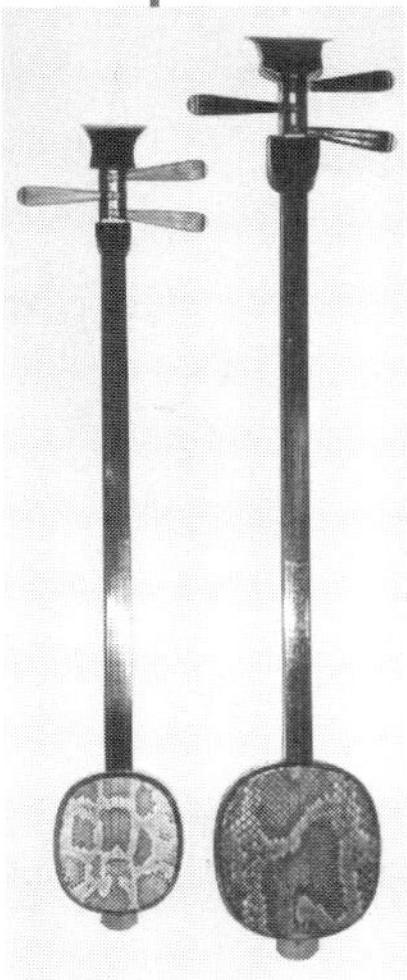

中三弦《チュンサンシエン》（左）と大三弦《ターサンシエン》（右）。[W]

雲南《うんなん》少数民族三弦に見る「天神構造」の意味深さ

三味線の「天神・海老尾構造」の原点は、隋《ずい》王朝（6世紀前後）時代の中国西部の敦煌《とんこう》からスペインに至る広大な西域全土に分布する、西域琵琶の糸蔵《いとぐら》に求めることができます。その一方で、中国南西部の雲南省と、国境を越えたタイ、ラオス、ミャンマーの北部山岳地帯には、様々な民族が、様々な形状と名前を持つ三弦の伝統を継承しています。いずれも「海老尾もしくは渦巻き状」の先端を持ち、裏板のない糸蔵は、三味線と同じです。しかし、胴はほぼすべて円形です。このように装飾的で規則的な構造を持っていることは、何らかの儀礼的な意味も含めて重要なものとして伝承され、漢民族三弦より古いことを意味しますが、これも大きな謎です。

「漢民族の三弦を真似てつくった」とはいまひとつ考えられませんが、前述の「西域琵琶」にならうべき何らかの理由があったのかもしれません。

中国雲南省《うんなんしょう》とタイ北部の三弦《サンシエン》類。[W]

チベット三弦

雲南地方よりさらに西、中国南西部でヒマラヤの北の麓《ふもと》に位置するチベット。ここでは、古代に分裂したであろう琵琶と三弦が、再び合流しました。

極彩色の曼荼羅図《まんだらず》で知られるチベット仏教の宗教画「タンカ」では、琵琶を持つサラスワティー（↓P108、日本の弁天様）や三弦を持つ持国天《じこくてん》*が描かれています。

チベットの琵琶は「ピワン（Piwang）」と呼ばれていましたので、おそらく中国の「ピーパ（Pipa琵琶）」が伝わったものと思われます。もちろん逆の可能性も皆無ではありません。ところが、その時点で、チベットのピワンには皮が張られていたのです。

これはチベット仏教が、より古い仏教、および仏教の前身であるヴェーダ教の三弦が宗教音楽に重用されていたことを示唆しています。そのことは、なぜ釈迦《しゃか》が偶数弦楽器の琵琶ではなく、三本弦の楽器を比喩に用い「三弦の教え」を説いたかにつながります（↓P19）。同時に、チベットでは古来の「弦楽器には皮を張る」という基本が生き続けていて、琵琶にも皮を張ったと考え

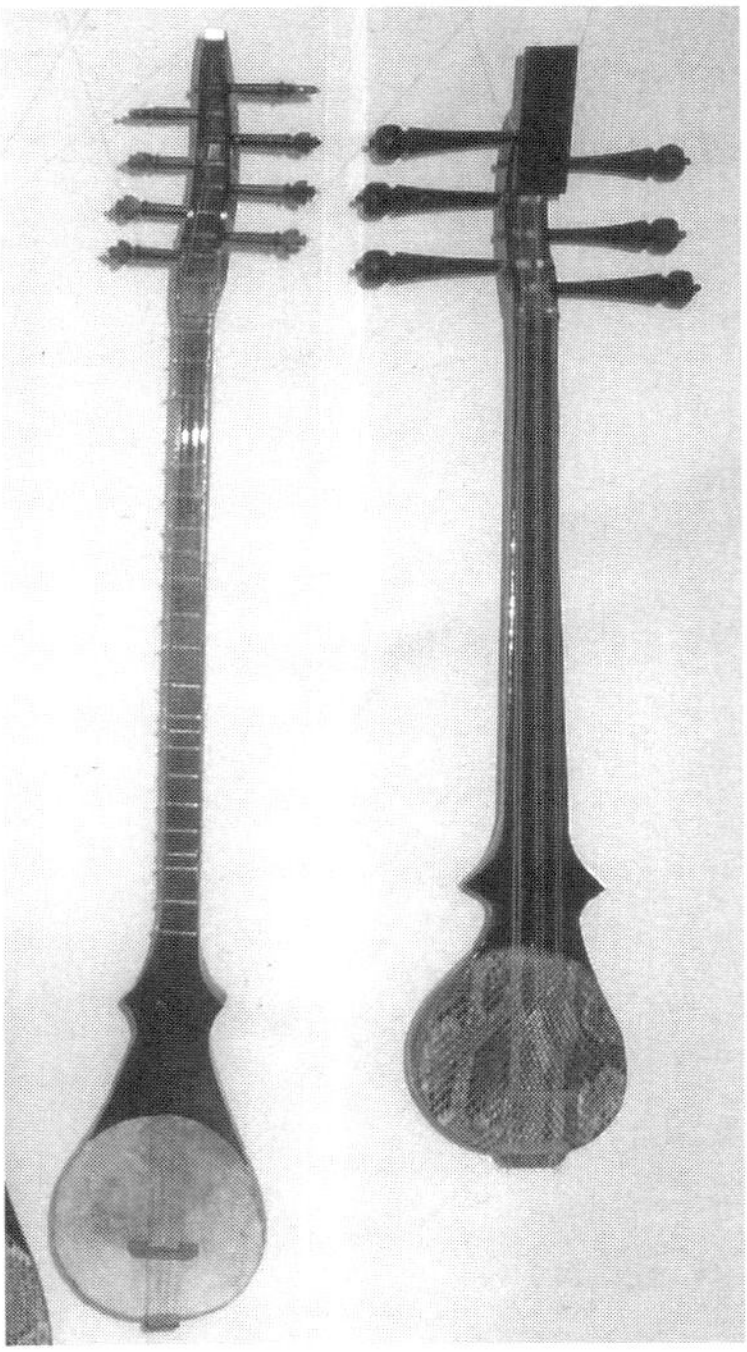

右から「ダムニャン」「中世ペルシアのルバーブ」。

[W]

用語解説……持国天●仏教における四天王のひとつ。須弥山（↓P24）の第四層に住み、東方を守護する。

られるのです。その後、その「皮張り琵琶」は、年代が下ると共に、なぜか棹《さお》が長くなっていきました。そして、中世以降はもっぱら三味線ほど長い棹になりました。しかし、弦の数は通常は六本でしたが棹が伸びると共に増え、最多で十二本となりました。六本は復弦3コースの三弦構造ですが、十二本は四復弦の3コースと考えるよりは、共鳴弦を持っていた、と考える方が現実的・実用的です。今日、その多弦三弦の「ピワン」は、復弦3コースに収まり、「ダムニャン（Dranyen）」（→P65写真）と呼ばれ、チベット民謡の主要な楽器となっています。しかし、今日のダムニャンがタンカに描かれることはありません。

多弦三弦のピワンの大きな特徴は、「三味線系の天神・海老尾糸蔵」ではなく、「半円に近く湾曲した糸蔵（半円糸蔵）」にあります。この半円糸蔵は、多弦三弦のピワンが同時代のペルシアの三味線「ルバーブ（Rubab）」（→P65写真）の強い影響を受けたことを示しています。

ウイグル族とウズベク族の三弦

中国最西部のウイグル自治区のウイグル族と、パミール高原を挟んだ西に住むウズベク族とは、イスラム教を信仰するトルコ系遊牧民族として元々は兄弟でした。ところが、中世にウイグルは、モンゴルの強い影響を受け、ウズベクは、ペルシア系のタジク族とユダヤ人音楽家の活躍によって、両者の音楽性はだいぶ個性が異なって感じられるようになりました。

両民族に共通する「三味線ルーツ弦楽器」も基本を共有しつつ、微妙な差異があります。いずれ

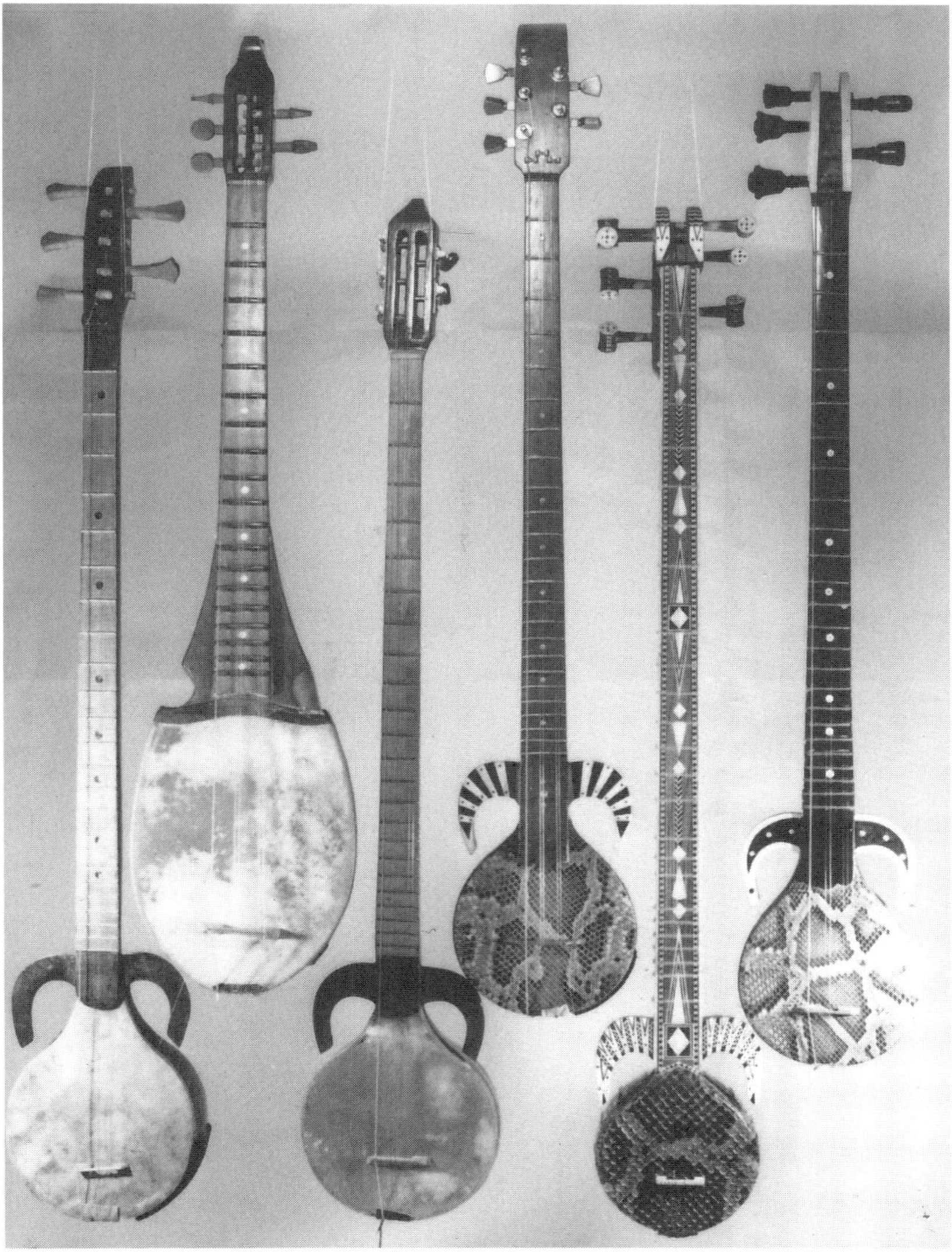

右からトルファン・ラワープ、カシュカル・ラワープ、ウルムチ・ラワープ、ウズベキ・カシュカルチャイ・ルボッブ、ウズベキ・アフガンチャイ・ルボッブ、カシュカルチャイ・ルボッブ（トラッド糸巻）。[W]

も中世前期のペルシア三味線「ルバーブ（Rubab）」の派生型で、ウズベク訛《なま》りで「ルボップ（Rubob）」、ウイグル訛りで「ラワープ（Rawap）」と呼びます。面白いことに、ウイグル族は一部のラワープを「ウズベキ・ラワープ（ウズベク）型」と呼び、ウズベク族は、主要なルボップを「カシュカル（ウイグル）型」と呼び、互いに「相手からの移入」としていることが見受けられるのです。

67ページの写真は、様々な文化的な変遷があった後の、現存するシルクロード中東部の三味線ルーツ弦楽器です。ウイグルのラワープ、ウズベクのルボップ、タジクのルボップは、さらにそれぞれいくつかの種類に分類されます。

ウイグルのラワープ

ウズベキ・ラワープ	復弦3コース5本（低音弦は単弦）、棹の付け根に翼状の飾り
カシュカル・ラワープ	単弦2コース2本の旋律弦に4～5本の共鳴弦、翼あり
ドゥラン・ラワープ	復弦2コース4本の旋律弦に14本前後の共鳴弦、直型翼あり
ブランズィクム	タジク・ルボップに同じ、現代型は多数の共鳴弦

ウズベクのルボッブ

カシュカルチャイ・ルボッブ	復弦3コース5本（低音弦は単弦）、棹の付け根に翼状の飾り
アフガンチャイ・ルボッブ	単弦4コース4本の旋律弦に10数本の共鳴弦とリズム弦、現代型は復弦3コース5本（低音弦は単弦）、括れあり

タジクのルボッブ

タジク・ルボッブ	復弦2コース2本に5本の共鳴弦、棹の付け根に膨らみ
パミール・タンブール	タジク・ルボッブに同じ、リズム弦も持つ
シュグナン・ルボッブ	タジク・ルボッブにほぼ同じ、棹の付け根に二段の膨らみ

モンゴル族三弦・元《げん》代三弦

中国北西部のモンゴル自治区（内蒙古）とモンゴル共和国（外蒙古）の近現代の三味線系弦楽器は、中国漢民族の「三弦」を「シュドラガ（Shudraga）」と呼んでいます。楽器自体は、中国とほぼ同じです。内蒙古は、漢語の「シャンズ（Shanz＝三弦）」がかなり浸透しているようです。その結果、モンゴル系民族にとって「三弦」は、南方からの移入楽器と考える現地演奏家および研究者が多いようなのです。ところが、元代の中国のモンゴル楽師演奏図では、円形や昆虫のカメムシのような形の幾つかの種類のユニークな三味線系弦楽器が描かれています。ですから、必ずしも三弦が漢民族先行とは限らないわけです。そもそも、中国中原《ちゅうげん》における三弦の流行は大道芸と共に隆盛したのですが、まず北部で北方の民族の芸人によってもたらされたといわれます。それがモンゴル民族ではなかったとしても、漢民族先行ではないことがわかります。

また、岸辺成雄《きしべしげお》氏（東洋音楽学会 元会長）が「三味線ルーツ」としてあげている「ホブス（Khobus）」は、清《しん》王朝の宮廷備品一覧である『皇朝礼器図式』にも「火不思《ホブス》」として描かれている他、「取り残されたモンゴルの末裔」とも「モンゴルの優秀な部下」ともいわれる、モンゴルからはかなり離れた中国の反対側南西部雲南省の「納西《ナシ》族」もごく近年まで重用していました。

この楽器の最大の特徴は、糸巻が糸蔵の一方側（演奏者に近い側）からのみ刺さっている点です。糸蔵も表面に蓋があり、「天神・海老尾構造」とは全く異なりますし、そもそも四弦系です。したがって「三味線ルーツ」というよりは、「ルーツからの亜流の一種」と考えるべきでしょう。

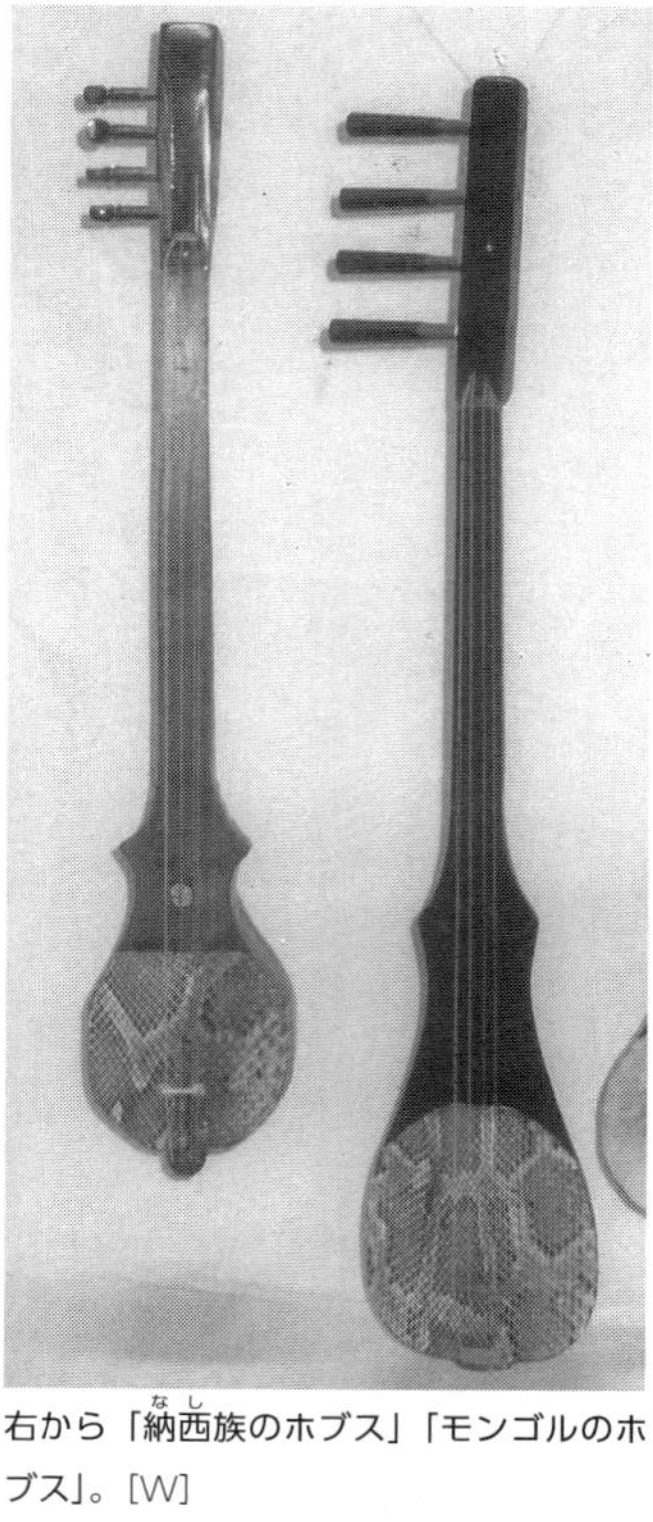

右から「納西《なし》族のホブス」「モンゴルのホブス」。[W]

日本の三味線音楽

●「語り物」と「唄い物」

旋律的・器楽的弦楽器が登場したわけは？

日本の三味線音楽は、72ページの図に示すように石村検校《いしむらけんぎょう》を三味線とその音楽の創始者とし、弟子の虎沢《とらざわ》検校門下の三人の弟子から本格的に始動したとされています。箏曲の創始者である八橋《やつはし》検校が、石村検校の弟子として早々に登場することにはいささかの驚きを禁じ得ませんが、そのことについては、詳しくは、第三章で述べます。

ここで特筆したいことがあります。それはなぜ、日本の音楽には「弦楽器の器楽」、即ち、旋律的な弦楽器音楽がなかったのかということです。飛鳥・平安の時代に中国雅楽が移入され、弦楽器は「楽琵琶《がくびわ》」（→P124）と、「楽箏《がくそう》」（→P183）が活躍します。「箏」は、それ以前に日本固有の「和《わ》琴《ごん》」*があったとされます。

楽琵琶も楽箏も、ある程度の「旋律的・器楽的な演奏」はおこない、そのような「秘曲」も伝えられています。しかし、それらが三味線音楽の発展以前であるという確固たる根拠は見当たりません。また、平家《へいけ》琵琶も「語りの伴奏（効果音）」の域を出ず、旋律的な要素が見られたとしても、やはり三味線以降の可能性が否めません。つまり、十六世紀後半、日本の由緒ある音楽家たちは、

用語解説……**和琴**●日本最古の楽器。大和琴《やまとごと》、東琴《あずまごと》ともいわれる。雅楽の日本古来の歌舞に用いられる六弦の琴。柱《じ》を立て、「琴軋《ことさぎ》」というピックで掻き鳴らすように弦を弾く。

三味線を得た途端に、旋律的・器楽的な音楽に目覚め、さらには箏と共に切磋琢磨し、きわめて複雑で高度な音楽をつくりあげたといえるのです。

例えば、「九州伝来三味線」（→P45）で述べているように、「石村検校創始説」以前に、三味線とその音楽が花柳界などに存在し、すでに旋律的・器楽的な音楽が発展していたということが事実であったならばどうでしょうか。全てのつじつまが合うのではないかと思います。

当道座《とうどうざ》が、放浪琵琶法師の現場のみならず、花柳界よりは一段格上の富裕層相手のお座敷音楽を確立せんと願った頃、お座敷から花柳界に至るまで席巻していた「大陸渡来の放浪芸上がりの音楽」があふれていたとしたら、しかもその音楽は大道でも人気を博していたとしたら、琵琶法師達は危機感を感じて、何らかの立場を得ると共に芸能の水準を高めようと懸命になったはずです。当然、当道座もそれまで以上に組織化されたのかもしれません。

結果として、その流れが、数百年後の今日も世界に誇れる高水準の音楽文化を育て上げることとなった可能性が高いのではないかと考えています。一方の大道芸能と花柳界の芸能は、組織もなければ文献にも記されないままですが、常にサブカルチャーとしてメインカルチャーを刺激し続けてきたたくましさがあったということです。

なぜ「唄い物」と「語り物」に分裂したのか？

第二の疑問が、なぜ同じ盲僧琵琶法師・当道座の音楽家が「地歌・箏曲＝唄い物」と「浄瑠璃《じょうるり》＝

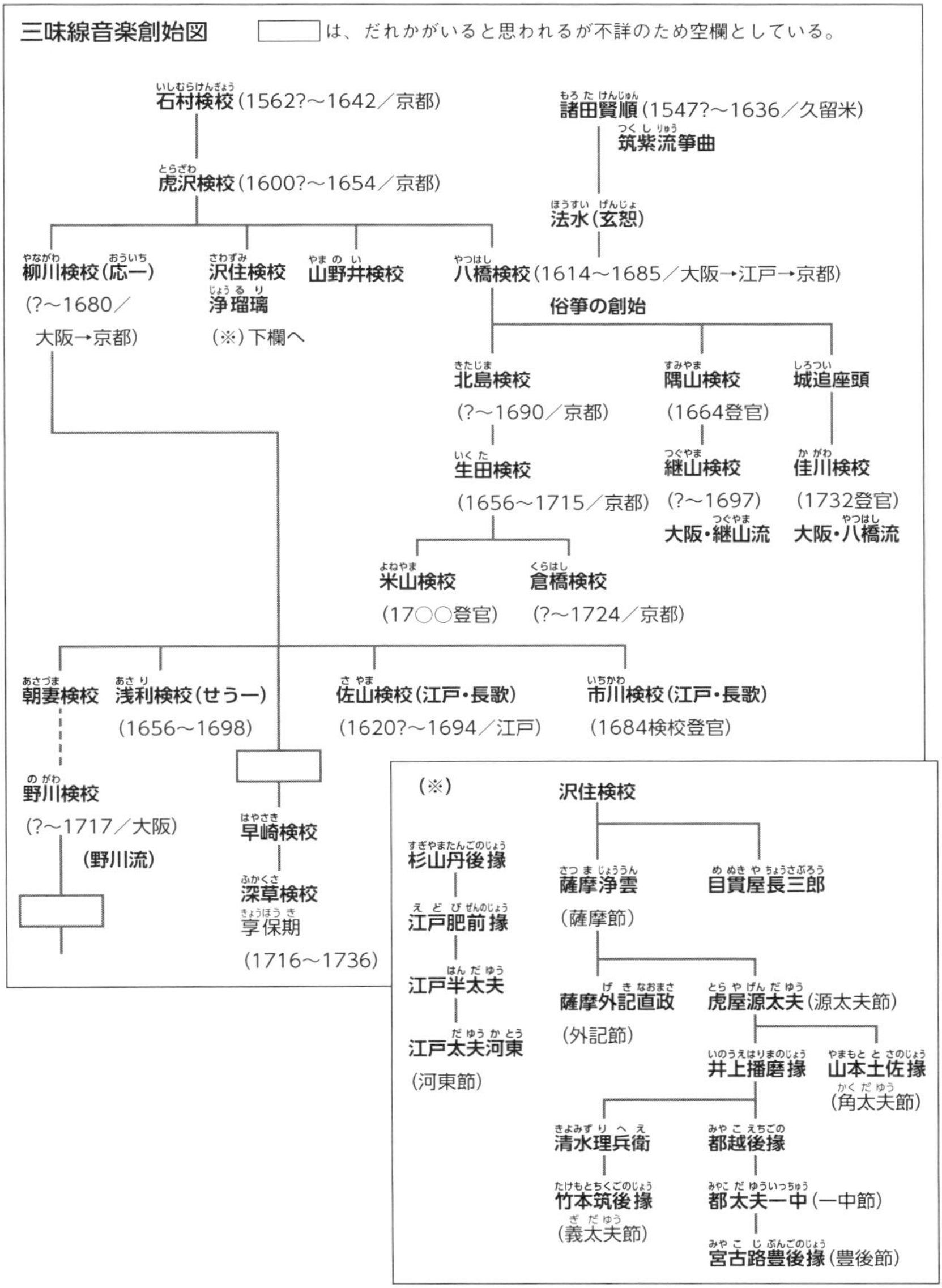
三味線音楽創始図
□は、だれかがいると思われるが不詳のため空欄としている。
石村検校《いしむらけんぎょう》(1562?～1642／京都)
虎沢《とらざわ》検校(1600?～1654／京都)
柳川《やながわ》検校(応一《おういち》)
(?～1680／
大阪→京都)
沢住《さわずみ》検校
浄瑠璃《じょうるり》
(※)下欄へ
山野井《やまのい》検校
八橋《やつはし》検校(1614～1685／大阪→江戸→京都)
俗箏の創始
諸田賢順《もろたけんじゅん》(1547?～1636／久留米)
筑紫流《つくしりゅう》箏曲
法水《ほうすい》(玄恕《げんじょ》)
北島《きたじま》検校
(?～1690／京都)
生田《いくた》検校
(1656～1715／京都)
隅山《すみやま》検校
(1664登官)
継山《つぐやま》検校
(?～1697)
大阪・継山《つぐやま》流
城追座頭《しろついざとう》
佳川《かがわ》検校
(1732登官)
大阪・八橋《やつはし》流
米山《よねやま》検校
(17○○登官)
倉橋《くらはし》検校
(?～1724／京都)
朝妻《あさづま》検校
浅利《あさり》検校(せうー)
(1656～1698)
佐山《さやま》検校(江戸・長歌)
(1620?～1694／江戸)
市川《いちかわ》検校(江戸・長歌)
(1684検校登官)
野川《のがわ》検校
(?～1717／大阪)
(野川流)
早崎《はやさき》検校
深草《ふかくさ》検校
享保期《きょうほうき》
(1716～1736)
(※)
沢住検校
杉山丹後掾《すぎやまたんごのじょう》
江戸肥前掾《えどひぜんのじょう》
江戸半太夫《はんだゆう》
江戸太夫河東《だゆうかとう》
(河東節)
薩摩浄雲《さつまじょううん》
(薩摩節)
目貫屋長三郎《めぬきやちょうさぶろう》
薩摩外記直政《げきなおまさ》
(外記節)
虎屋源太夫《とらやげんだゆう》(源太夫節)
井上播磨掾《いのうえはりまのじょう》
山本土佐掾《やまもとさのじょう》
(角太夫《かくだゆう》節)
清水理兵衛《きよみずりへえ》
竹本筑後掾《たけもとちくごのじょう》
(義太夫《ぎだゆう》節)
都越後掾《みやこえちごのじょう》
都太夫一中《みやこだゆういっちゅう》(一中節)
宮古路豊後掾《みやこじぶんごのじょう》(豊後節)

語り物」に分裂したのかということです。逆の状況を想定するならば、琵琶、三味線（三絃）、箏の三種（もしくは胡弓《こきゅう》や尺八も加え）全てを、それぞれの当道座の盲人楽師が担い、巷の大道芸能・花柳界のお座敷芸能と一線を画し、「芸術室内楽」を発展させたとなっていたら、琵琶からも旋律的・器楽的な奏法と楽曲が生まれ、三味線・箏との合奏もあったかもしれません。楽琵琶の四柱が、後の平家琵琶で五柱に発展したように、琵琶は次々に改造・改良を重ねたに違いないのです。しかし、現実はそうなりませんでした。なぜでしょうか。

まず考え得ることは、そもそも大陸の時点で、「旋律的・器楽的琵琶三味線（私が仮説を立てる琵琶と三味線の間のような幻の楽器）」と、「非旋律的・語り伴奏弦楽器」が、似つつも異なる二大派閥に分裂していたのであるならば、おそらくこれを習合させてまで日本帰化音楽を統制する理由も、力も、誰も持ってはいなかったのではないかということです。

大陸・朝鮮半島の「放浪大道芸」は、同じグループが曲芸から人形劇、語り物まで何でもこなしていたのでしょう。そして、古くは飛鳥時代以前から、「猿楽《さるがく》（および散楽《さんがく》*）」の名で日本各地の地域に展開していました。他方「花柳界芸能」の方は、体質的にも性質的にも前者とほとんど区別がつかないけれど、もっぱら日中に大道で披露し、夜はお座敷にも呼ばれる派と、もっぱら夜のお座敷専門で、曲芸などはしない派に分かれたことは想像がつきます。

地歌を創成した当道座の一派は、まず花柳界芸能と対峙し、それ以上の格と実力を得ようと政治的画策のみならず、実力も研鑽したことでしょう。一方、別の一派は、「曲芸・人形劇・語り物」

が混在した放浪大道芸と対峙しました。数百年前、「猿楽」の一派が「固定の小屋＝座」を確立し、能狂言の粋に昇華したことと同じようなことが求められました。ただ、ここに両派の間に大きな差異が感じられます。前者「地歌（後に箏曲が加わる）」は、圧倒的な当道座の権利の管理下に置かれているのに対し、後者「浄瑠璃」は、いつしか当道座の管轄から外れてしまった感が否めないのです。

それまで「拍子木、ササラ、ホトギ」程度の打楽器伴奏しかなかった大道芸の語り物と人形遣いに、旋律楽器の三味線が加わった途端、派手さ豪華さはもちろんのこと、様々な喜怒哀楽の表情が表現できるようになりました。前節で紹介した「遊女歌舞伎、若衆歌舞伎」（→P49）などは、屏風絵に描かれているように熱狂的な大ブームに至り、本来修行僧の門付《かどづ》け芸能同様のものだったものに、三味線や胡弓が加わることにより、一躍大衆芸能の様相に発展し、人気を博しました。

「三味線も弾くようになった琵琶法師」から学んだ新たなスターたちや、滝野《たきの》検校の弟子から出た浄瑠璃太夫《たゆう》の杉山丹後掾《すぎやまたんごのじょう》、沢住《さわずみ》検校からは、一層有名な薩摩浄雲《さつまじょううん》が現れ、一世を風靡します。杉山丹後の「掾号《じょうごう》*」は、当時権力が衰退し始めた公家の貴重な収入源でもあった、いわば「お墨付き」です。両名からは、様々な芸人を通して「江戸節、半太夫節、河東節《かとうぶし》」「外記節《げきぶし》、播磨節《はりまぶし》」などが現れ、雨後の筍のように新たな浄瑠璃誕生ブームが湧きます。

「河東節」は戦後風前の灯になりながらも現存しますが、義太夫節《ぎだゆうぶし》、嘉太夫節《かだゆうぶし》などの新興勢力に押され衰退します。播磨節門下の「一中節《いっちゅうぶし》」から、世紀の大ヒット芸能である「豊後節《ぶんごぶし》」が現れる

用語解説……**散楽**●一般には軽業や幻術、奇術、相撲、物真似など、娯楽的要素の強い芸能のこと。後に田楽・猿楽などに受けつがれる。（→P161）
掾号●その技芸の素晴らしさゆえに与えられる称号。掾号を受領することは最高の名誉とされた。

頃には「豊後系浄瑠璃（豊後三兄弟）」などが今日に続く浄瑠璃の主流となり、それ以前のものは「古浄瑠璃」と呼ばれるようになりました。

芝居や舞踊の要素、および活動の場所で見るべき

このような百～二百年の大きな時代の流れのなかで、結果的には、浄瑠璃系は地歌・箏曲系のテリトリーを侵害することになり、自ら劇場というテリトリーをつくった義太夫と長唄は、ある意味その争いから逸脱していたといえます。もちろん大衆芸能というフィールドの上では、常に競い合っていたに違いありません。実際、巷で他流派の作品が話題になれば、お客の求めに応じて否応なしにレパートリーに（それらしいものを）取り入れざるを得なかった例は多くあります。難し気に「移入曲」と呼ぶもののなかに、それらがありますが、結局は、今でいうカバー曲*なわけです。もちろん、流儀や著作を高額で売り買いした場合もあります。

三味線を中心とした従来（定説）の邦楽二大分類図

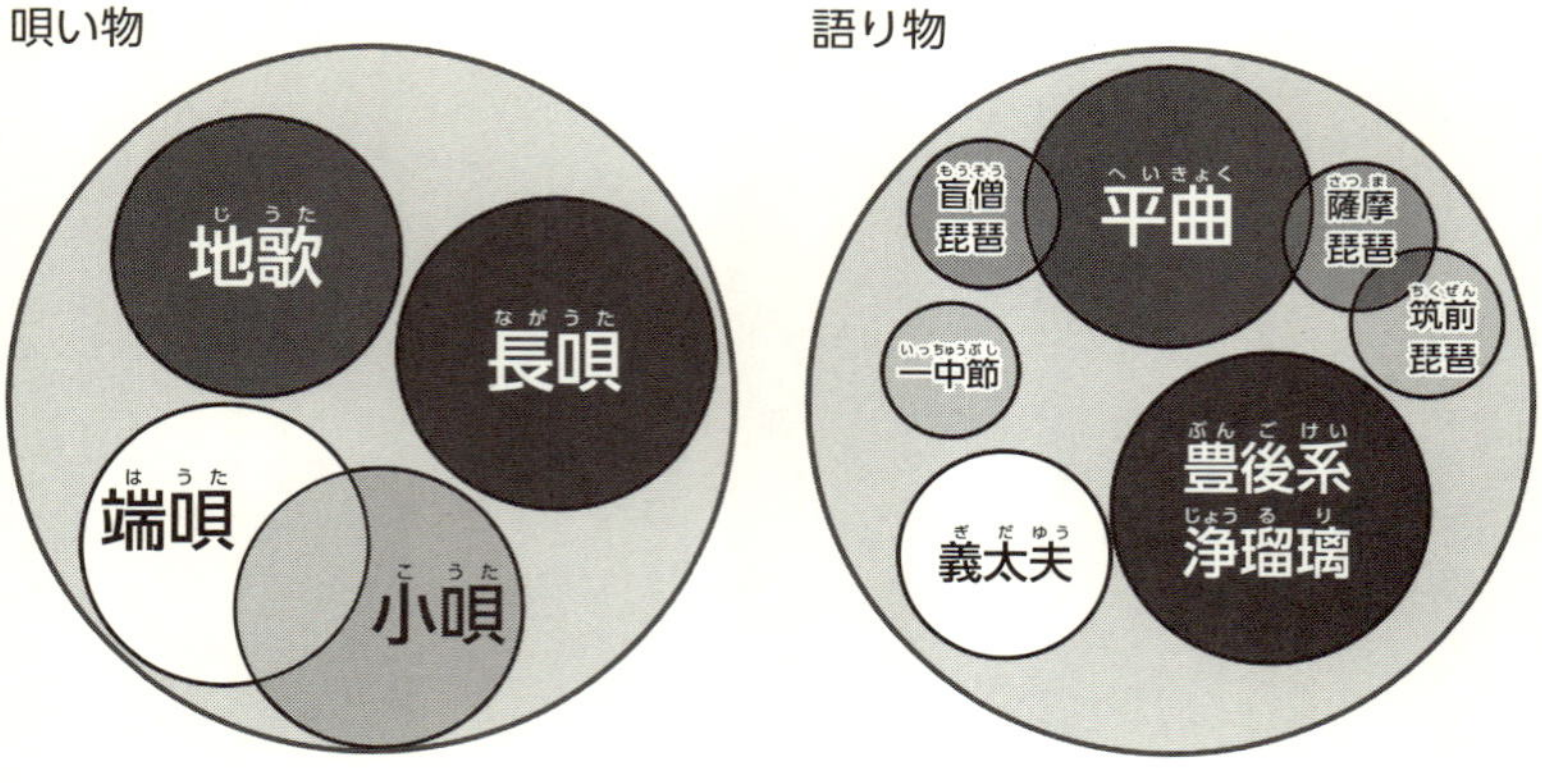

従来の方法で「唄い物と語り物」を「二大分類」すると右ページ下の図のようになります。

例えば歌舞伎伴奏に、長唄ばかりでなく、語り物（浄瑠璃）の常磐津《ときわず》、清《きよ》元《もと》（稀に義太夫も）などが参加することは二大分類の何処に位置するのでしょう。コラボ？* と困惑してしまうわけです。この点を整理するために私がまとめた下の分布図では、浄瑠璃も長唄も、義太夫さえも「★印の歌舞伎」近辺に位置付けています。

この分布図には、「語り・芝居」「歌・器楽性」「舞踊」という三大ジャンルがあり、いずれも重なり合うところに浄瑠璃があります。義太夫は、人形が舞うこともありますから、舞踊と縁がないわけではありません。長唄も同じようなところに位置しながら、「語り・芝居」にかかりません。「台詞」は、歌

様々な要素による邦楽分布図

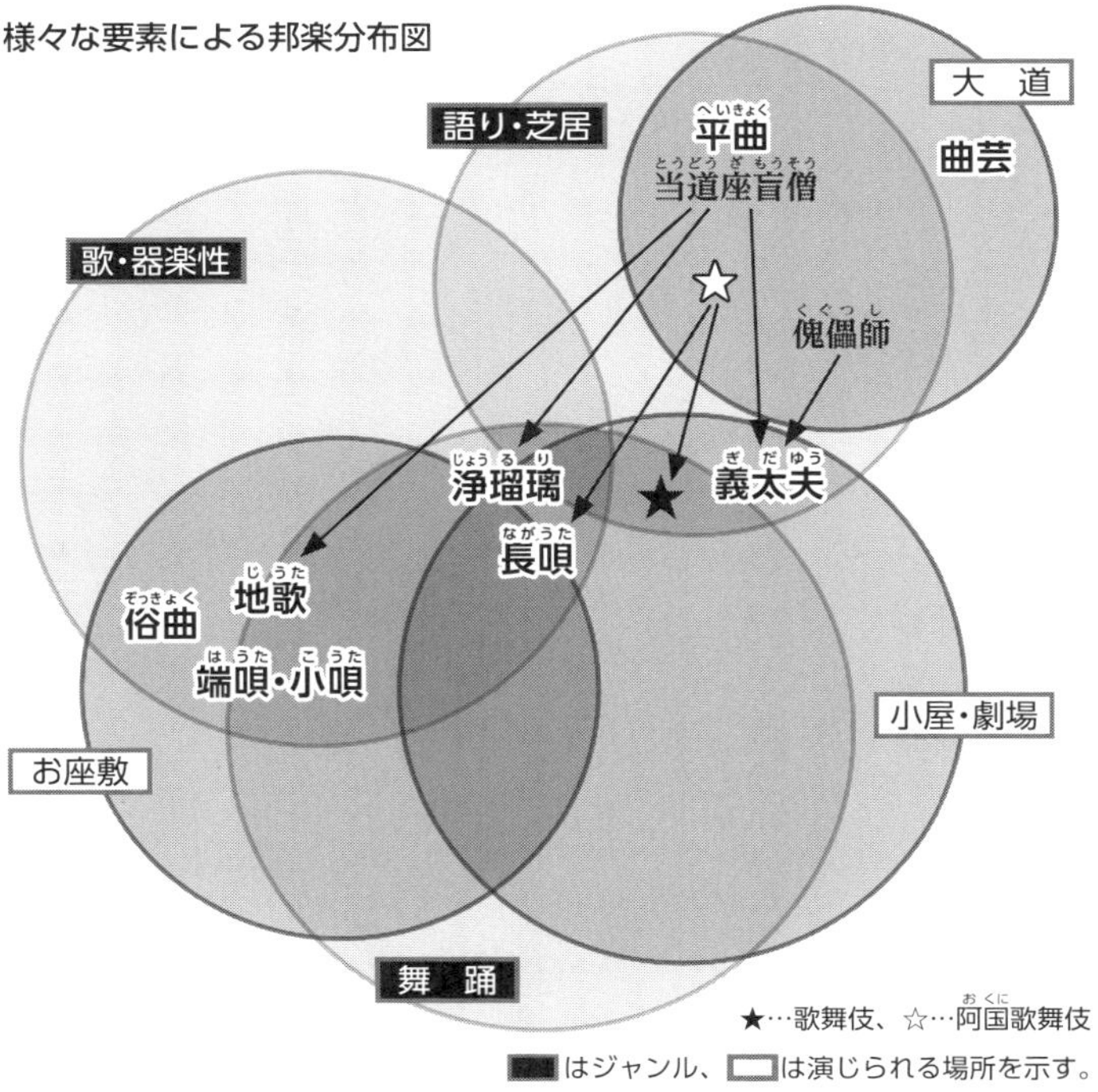

用語解説……**カバー曲**●過去の他のアーティストが発表した曲を歌い、演奏して発表すること。
コラボ●コラボレーションのこと。音楽の場合、主にミュージシャンやアーティストなどが共同で曲をつくったり、異分野で共同制作をしたりすること。

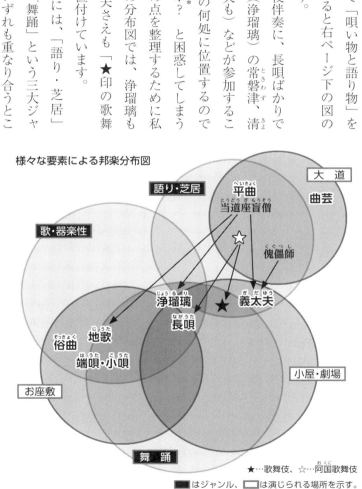

舞伎役者が語るので長唄の歌い手は語らない、つまり「唄い物」に入れられる根拠はその程度のことなのです。しかし浄瑠璃も長唄も、「歌・器楽性」「舞踊の伴奏」共に重要ですが、76ページの二大分類では見えてきません。

●浄瑠璃《じょうるり》の興り　淘汰《とうた》された様々な流儀

流行芸能だった浄瑠璃

73ページの「三味線音楽創始図」の下部にいくつか記した、江戸節、半太夫節、外記節《げきぶし》、虎屋源《とらやげん》太夫節《だゆうぶし》などは、同時代に井上播磨掾《いのうえはりまのじょう》が興した「播磨節」の大盛況によってかすんでしまった芸系です。もちろん、その後、何らかの芸系に引き継がれたり、影響を与えたりしましたが、当時は、数十年単位で「生まれては消える」、いわば現代の「流行芸能」のようなものだったわけです。播磨節の門下からは、今日もわずかに継承されている「一中節《いっちゅうぶし》」、途絶えた「角太夫節《かくだゆうぶし》」などがあります。その後も、「繁太郎節《しげたろうぶし》」、近年継承が危ぶまれている「富士本節《ふじもとぶし》」などがあります。これらはいずれも弟子・アマチュア門下生の人口減により後継者に恵まれないこと、舞台の機会が少ないことなどが共通しています。

宮古路豊後掾《みやこじぶんごのじょう》（1660～1740年）は豊後節の始祖といわれますが、上方から江戸に上って空前絶後の人気を博したことが理由で、お上からいわば「騒乱罪」「治安維持法違反」の処罰が下がり、廃絶させられました。日本音楽史に刻まれた、国家の芸術弾圧の最たるものとしても記憶されるべきものといえます。宮古路豊後掾は、後に「宮園節《みやぞのぶし》」「常磐津節《ときわずぶし》」「富士松節《ふじまつぶし》」を経た「新内節《しんないぶし》」、「富本節《とみもとぶし》」を経た「清元節《きよもとぶし》」といった、現行浄瑠璃のほぼ全ての弟子・孫弟子・曾孫弟子《ひまごでし》を芸系に抱えることになります。

●長唄《ながうた》と歌舞伎

長唄の役割

長唄は歌舞伎の伴奏音楽として発生しました。ただ、歌舞伎は役者が主役ですが、歌舞伎の音における長唄表現の役割は大きいのです。

長唄は舞台上では、唄い方が格上で、三味線はその下に控えます。唄い方も三味線も、最高位の「タテ」から順に「ワキ」、「三枚目」……と下がります。唄い方から最後尾の三味線まではかなりの距離があり、舞台上の温度差のようなものを感じることも面白いです。「タテ」が役者に合わせて曲の一部分をループしているのを末尾の奏者が気付かなかった舞台もありました。そのため、四人以上の大編成の場合、タテの隣に、補佐官的な「ワキ」が位置し、その下（タテの左側）には何人（何挺《なんちょう》）かの「ツレ」が「三枚目、四枚目」と続きます。四挺以上になると、最後尾（最も左端）には「タテ」「ワキ」格の上級者が「トメ（巻軸《まきじく》とも）」と称してしんがりを務め、アンサンブルを守ります。

長唄の起源は？

長唄の起源は、現在もよくわかってはいないようです。歌舞伎の始祖といわれる、初代の中村勘《なかむらかん》三郎《ざぶろう》の伴奏を、長唄の始祖である初代杵屋《きねや》勘五郎《かんごろう》が務めたのが最初といわれ、勘五郎は、勘三郎の実弟といわれています。長唄は、当初から歌舞伎と共に発展してきたことは確かなようで、いいかえれば、浄瑠璃《じょうるり》、傀儡師《くぐつし》（人形遣い）などの放浪大道芸のなかにあって、踊りや芝居を見せる芸能の伴奏として存在していたものが長唄の原点ということです。やはり「唄い物」「語り物」という線引きはあまり重要ではなかったようです。したがって、用いた三味線は、地歌界の盲僧楽師が開発したものではなく、それ以前からあった「糸蔵《いとぐら》が後退したり、糸巻が逆方だったりを含む九州系の三下《さんさが》り三味線」であったのでしょう。前節で紹介した人気女形の芳澤《よしざわ》あやめの三味線図（→P53）でもそのことがわかります。もっとも、前述のように地歌《じうた》の「柳川《やながわ》（京）三味線」も小振りで細棹《ほそざお》であったわけですから、当然浄瑠璃も同様で、後にいわれる「地歌、浄瑠璃＝中棹」「長唄＝細棹」という違いはかなり後世からのものと考えられます。

下の写真は歌舞伎踊りを創始したことで知られる阿《お》国《くに》の墓です。とはいっても墓を撮影することは、はばかられましたので、これは墓地に至る入り口にある案内碑です。「歌舞伎発祥と阿国の碑」は京都東山にも

阿国《おくに》の墓の案内碑（出雲《いずも》）。[W]

あり、ここ出雲の墓もその信憑性を疑問視する声もあります。

歌舞伎は、よく知られているように、出雲出身とも京都出身ともいわれる「阿国」とその仲間が始めた、歌と芝居と舞を織り込んだ大道芸「阿国歌舞伎」として十七世紀初頭に現れ、後に花柳界や遊郭で大流行しました。しかし、お上が取り締まるあたりが創始期といえます。「遊女歌舞伎」を真っ昼間天下の往来でおこなったのですから、致し方がありません。ところが、その後「遊女じゃなければいいだろう」と、少年を用いた「若衆歌舞伎《わかしゅ》」が流行します。不思議なことに、これから二百年近く後に同じことがオスマン・トルコ帝国の都会の下町で繰り広げられます。女性を見せることがイスラムの習慣に反したため、大道では少年が踊りました。その芸能「キュチェック」が今日日本でかなり流行している「オリエンタル・ダンス」のルーツといわれます。結局、「若衆歌舞伎」も支障があるとされ、1652（承応元《じょうおう》）年、取り締まりを受けます。それでもファン同士のもめごとは絶えず、さらには傷害事件まで起きたともいわれ、その後、いかつい男衆に踊らせる「野郎《やろう》歌舞伎」に替え、その滑稽さがウケてまた流行し、小屋上演に移り変わっていきます。

長唄の音楽的な起源については幾つかの仮説があり、大道芸の「投げ節」や「狂言小歌《きょうげんこうた》」などをアレンジしたり、その場の即興で創作していたといわれます。

「若衆歌舞伎」の頃から三味線が重要な楽器となり、「野郎歌舞伎」の頃には、おおよその「小歌」というスタイルができ上がりました。唄い方の宗家である杵屋勘五郎時代に続き、松島家《まつしまけ》、坂《さか》田家《たけ》、吉住家《よしずみけ》などの唄い方も現れ、十七世紀後半、歌舞伎と長唄は一気に隆盛します。

それでも、音楽面の固定化はされていなかったようで、その当時の長唄を何と呼んだかは不確かです。この当時に佐山検校《さやまけんぎょう》、浅利検校《あさり》によって大流行した「長歌」（↓195）が「長唄」の起源というのがほぼ定説になっています。

花柳界が仲介する大流行

ここで重要なことは、「巷で大流行」ということの意味とその形態です。すでに紹介した「遊女歌舞伎、若衆歌舞伎」（↓P81）の他にも、「門説教《かどぜっきょう》」（↓P50）および「諸国巡礼の修行僧の芸能」などが源流の、江戸時代中期から明治維新期に大道芸で異常な流行となった、「デロレン祭文《さいもん》*」「ちょぼくれ」「ちょんがれ」「浮かれ節」などがあります。江戸末期のある種の市民運動やデモのような「ええじゃないか」のように、いわば自然発生的に庶民の間に流行した社会現象的なものもありますが、それがまた花柳界・お座敷でも流行し、浄瑠璃や歌舞伎・長唄も似たようなことをせざるを得なくなったものが少なくないのです。「お伊勢詣《いせまい》り」「かっぽれ」「奴《やっこ》さん」などは、庶民の間から自然発生したものですが、異常に盛り上がる以前に、プロが芸能に昇華させたものが数多く知られています。

「長歌」もしかりで、江戸に上った検校たちが、小屋や郭《くるわ》で演奏し流行させたのではなく、上方同様、富裕層の高級なお座敷で演奏している間にお客の評判を得て、花柳界でも長歌をリクエストしたわけです。そもそも芸姑《げいこ》たちは、昼間に検校の師匠から音曲を学んでいるので、リクエストに応じることは容易でした。検校の方も、弟子の芸姑たちの存在を営業に利用することもあったでしょう。

●端唄《はうた》と小唄《こうた》、俗曲《ぞっきょく》

花柳界の音楽

歌舞伎・長唄から、浄瑠璃《じょうるり》、地歌《じうた》に至るまで、常に最先端の流行を仲介し、触媒の役目を果たした花柳界の音楽は、主に「端唄」「小唄」「俗曲」に分けられます。

「端唄」は大きなお座敷で数名の芸姑さんと踊りを数名の客が楽しむ感じのもので、締《し》め太鼓や笛、お箏や胡弓《こきゅう》との合奏もあり、三味線の撥《ばち》も大きなものです。

ところが「小唄」は、小さな座敷でお客と芸姑《げいこ》一対一で、ひとりの弾き語りが主です。撥を持たず、右手人差し指で爪弾《つまび》くのですが、爪弾くといっても「深爪《ふかづめ》」ほども爪を切り、指先の肉で弾くので、かなり小さな音量です。

逆に「俗曲」は、郭《くるわ》や安めの料亭の「幇間《ほうかん》（太鼓持ち／男芸者）」がロビーで来客を盛り上げたり、滑稽な芸と共に演奏したり、郭までの道すがらや舟の上で演奏したりする、より猥雑な「宴会三味線」「お囃子三味線」ということができます。しかし、実際に学んでみれば、江戸の有名な「さわぎ」の手などは、変拍子的な複雑なリズムと撥さばきが要求されるかなり高度で音楽的にも美しいものが少なくありません。「お伊勢詣り」や「かっぽれ」なども含むかと思えば、「木遣《きや》りくどき」

用語解説……デロレン祭文●門付け芸・大道芸のひとつ。法螺貝を吹きながら説教祭文を語る芸能。「ちょぼくれ」「ちょんがれ」「浮かれ節」なども同類の語り芸能。

ずし」*、能狂言から地歌、長唄、浄瑠璃に移入された格式高い「三番叟《さんばそう》」なども軽妙なアレンジに替えて演奏されます。吉永小百合《よしながさゆり》さん主演で映画化された『長崎ぶらぶら節』などもこの類いで、音楽ジャンルとして音楽構造が同定できるような概念はありません。ありとあらゆる音楽素材を、音楽業界でいち早く取り入れ、ポップにアレンジして流行を加速させるようなもので、今日的には「CMソング」のような役割を果たしていたものです。

したがって、「端唄」「小唄」「俗曲」の境目はきわめて曖昧ですが、大まかに下の図のようなことはいえると思います。

地歌《じうた》、浄瑠璃《じょうるり》、民謡以外の三味線音楽関係図

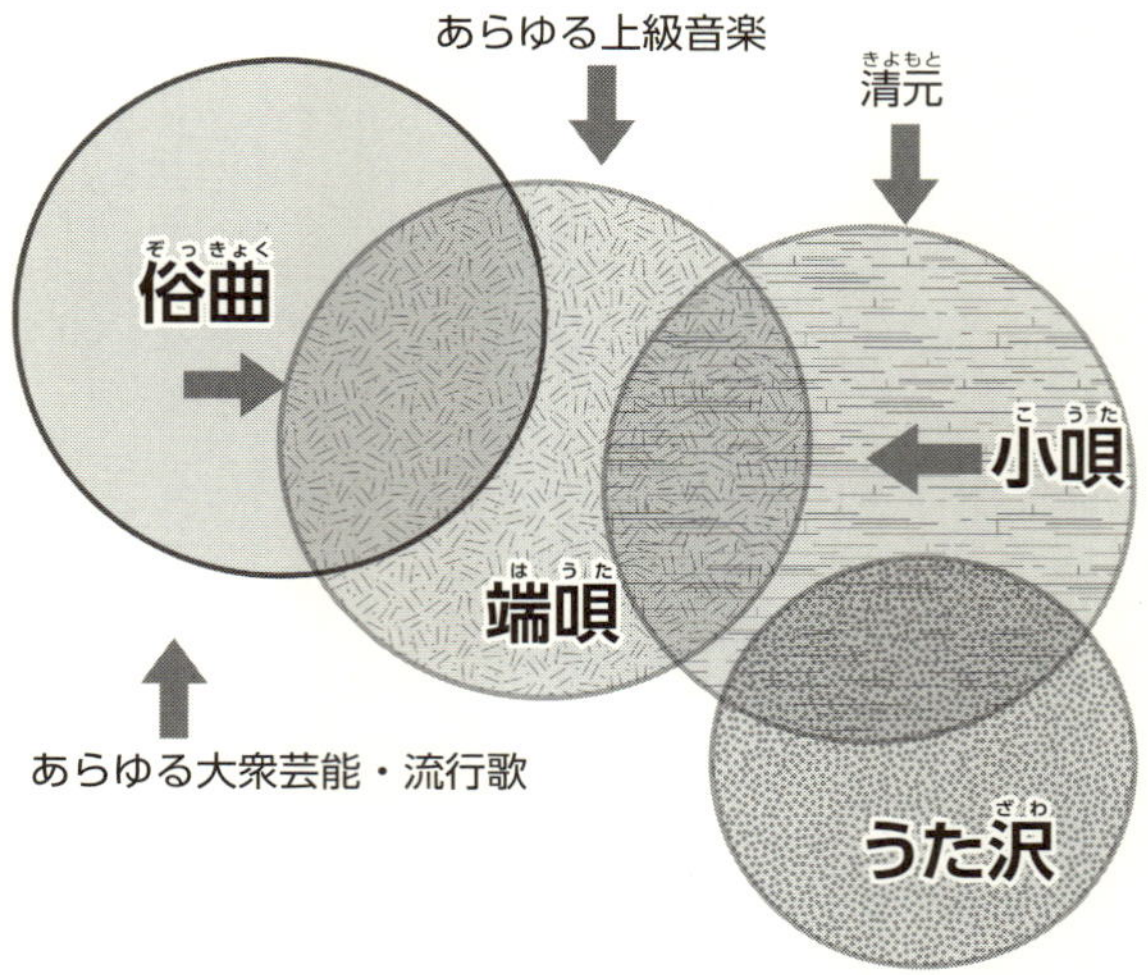

お座敷音楽の三姉妹

「うた沢」*は、端唄を学んだ旗本の長男が、歌沢大和大掾《うたざわやまとのだいじょう》の掾号を賜って1857（安政四）年に興したもので、「端唄」「小唄」と共に「お座敷三姉妹」ともいわれます。お座敷音楽のなかで

は、唯一発祥と成立年代が明らかなもので、後に「寅派《とらは》の歌沢」「芝派《しばは》の哥沢《うたざわ》」に分裂しました。他の流儀は図を見てわかるように、全国で様々な発展を遂げ、流行すればまた全国に広がるという種のものでした。その成立年代は飛鳥・平安は優に遡れるともいわれますが、不明です。

「うた沢」は、基本的には端唄ですが、創始者自ら武家の血の自尊もあれば、大店《おおだな》の御曹司などを集めて高尚な歌と、洗練された三味線を披露していたことから、音楽的結果論はむしろ「小唄」の質の高いものになると思われます。「小唄」は、中興期に清元《きよもと》の女流奏者が直接的に関与したことでその音楽性が豊かになり、質が上がりました。

それぞれの特徴を捉えて「明るく元気でいささか破天荒な長女：端唄」「引っ込み思案で物思いに耽りがちの次女：小唄」「博学で気位が高く勝ち気ながらも容姿に神経を使う三女：うた沢」と三姉妹にたとえられます。

また、「端唄の源泉」を語る際に、十九世紀に地歌で流行した「端歌」を上げる人が未だにいますが、とんでもない話です。例えば、平安末期の後白河法皇《ごしらかわほうおう》が熱中したことで有名な「今様《いまよう》」*なども、当時の主流歌謡の感覚からすれば、かなりアバンギャルドだったわけで、そのサブカルチャー的立場と精神性からすれば、十分「端唄」といえるはずです。むしろ地歌において流行した「端歌」は、前述したように当道座《とうどうざ》が対峙し、確執の念を強く抱いた花柳界の音楽を、三百年近い年月を経て解禁した途端に地歌・箏曲界で大流行してしまった、と見るべきではないでしょうか。もちろん、端唄がそれを巧みに逆輸入したことは当然です。

用語解説……**木遣りくずし**●江戸末期に木遣り歌を三味線用に編曲した俗曲。木遣り歌は、大木や岩を大勢で運ぶときに歌う仕事歌。
うた沢●幕末の頃、端唄から派生した短い歌。端唄に比べ、テンポが緩やかで、品位を重んじる。
今様●日本の歌曲の一形式。「現代風、現代的」という意味で、当時の現代流行歌という意味。

世界に稀に見る弦楽器、日本の三味線

三味線の各部名称の由来

三味線の各部名称のことでしたら、既刊の書籍でもネットでも直ぐにわかります。しかし、その名前の由来ともなると、演奏家の方々でも明確に返答できないことが多いようです。まずは、図にしたがって順に見ていきます。

① 中木先《なかごさき》／音緒掛《ねおがけ》

三味線の棹《さお》は、古い唄い物の楽器や、戦中の物資不足の楽器では「二本継ぎ」もありますが、棹の上部から糸蔵《いとぐら》にかけての「上棹《かみざお》」、棹の中程の「中棹《なかざお》」、棹の根元前後から胴のなかを貫通する「中木《なかご》」を含む「下棹《しもざお》」の「三本継ぎ」になっているのが標準です。「中木先」は、胴を貫通した棹の末端が円柱状になっている部分で、絹の組糸でつくった各弦の末端を縛り付ける「音緒」を掛ける部分で

三味線の各部名称

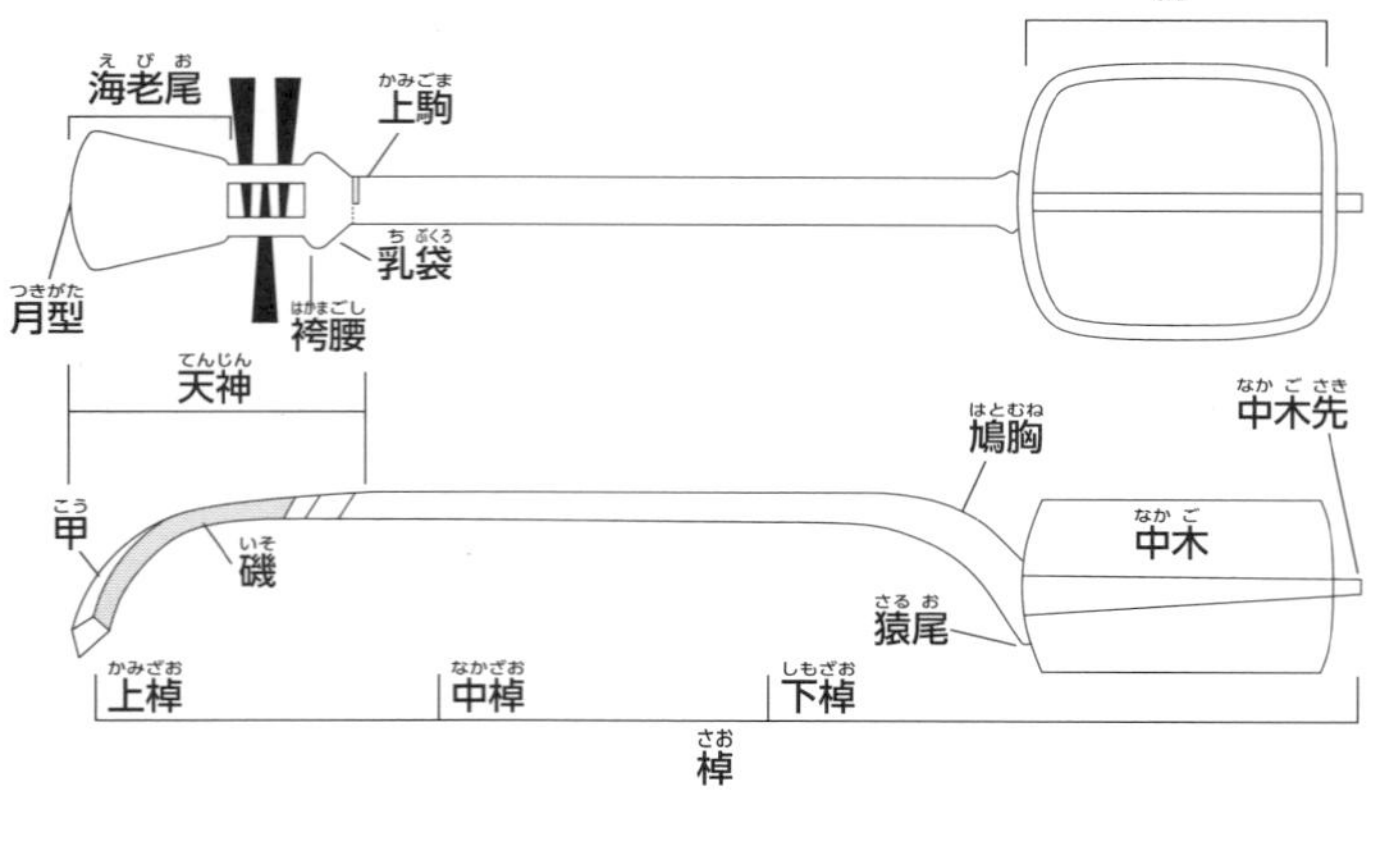

す。三味線職人の技術をもってすれば、コンマ数ミリ単位の正確さで四角柱の中木先もできるはずですが、音緒を傷めないためにわざわざ円柱に仕上げてあります。弓奏《きゅうそう》楽器*の胡弓は、この中木先の部分が胴の長さほど長く、胴本体を回して弓に弦を選ばせる「ステッキ・フィドゥル」のステッキ部分になっています。「中木」は、棹の末端部分と一刀彫になっているものと、接着のものがあります。

② 胴

胴は、四枚の堅木《かたぎ》でつくられます。棹より柔らかい木材を用いるのは、柔らかい音色、中音域の豊かさを狙ったものです。棹は、硬質の方が音の透明感と余韻が豊かなので、紫檀《したん》、紅木《こうき》が最適とされ、花梨《かりん》は稽古用が多いですが、胴は高級器でも花梨を用います。

また、高級器では、胴の内側に「固有振動数押さえ」と「豊かな倍音」を狙った（といっても素人ではその違いがわからないほどの）きわめて精巧で微細な「綾杉彫《あやすぎぼ》り」*を

用語解説……**弓奏楽器**●弓で弦をこすって音を出す楽器。胡弓は日本でほとんど唯一の弓奏弦楽器。

綾杉彫り●胴のなかで音の反響を複雑にするために、彫りが施される。この彫り細工のこと。

中木先《なかごさき》と音緒《ねお》。[W]

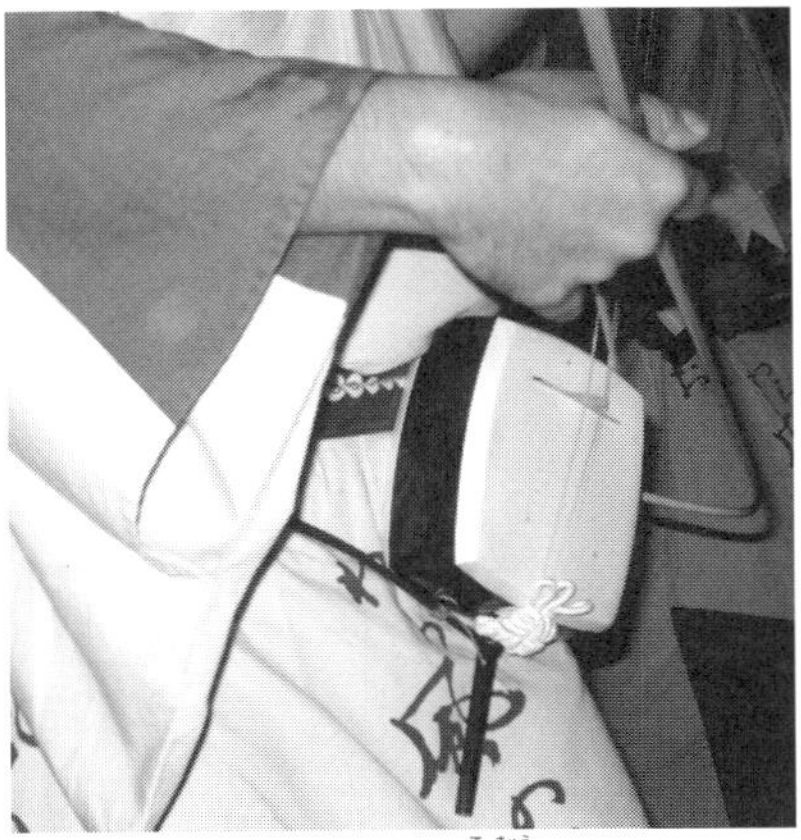

「おわら風の盆」の町流しで胡弓《こきゅう》を演奏する演者。中木先の部分が長いのがわかる。

施します（下の写真）。さらに高級器になると、この綾杉が二重（二段）になっていて「子持ち綾」と呼ばれます。

胴の四枚の板は接着され、表裏に皮を張りますが、その四角の筒の木口《こぐち》（木材の年輪が見える切り口）は、「経口《きょうぐち》」と呼ばれます。大きく先端が鋭く尖った撥《ばち》で皮を突かないように、棹に近い部分に「撥皮」と呼ばれる半円形の端切れを張ります。

楽器ができ上がって演奏者の手元に届いた後は、演奏者自身が、胴の上部、演奏者の腕が置かれるところに、厚紙を飾り布で覆った「胴掛け」と呼ばれるカバーをはめ込みます。これは沖縄の三線にもあり、伝統的な刺繍が施され「手掛《ティーガー》／手皮」と呼ばれます。沖縄では下側にも巻かれます。

③ 棹

前述のように、棹は三つの部分に分かれていて、継ぎ手部分がホゾ（突起）になっています。0・01ミリ単位の正確さなので、組み立てるとぴったり合わさり、簡単には抜き差しできません。しかし稽古場では、美しい所作で、もちろん楽器を傷めない正しい方法

三味線の胴の内側の「綾杉《あやすぎ》彫《ぼ》り」（一段）。[W]

「手掛《ティーガー》」が巻かれた沖縄の三線《さんしん》。

で、抜き差しできなくてはなりません。

棹の「中木」につながる、棹の末端の太くなった部分は、「猿尾《さるお》」と呼ばれ、指板側は、古い三味線の場合、なだらかなカーブになっていて、「鳩胸《はとむね》」と呼ばれます（→P86の図参照）。近年の地歌三絃では、ハイポジションを弾くために、かなり胴に近いところまで指板を延長して角張っています。沖縄三線では「猿尾《サールージュー》（糸掛《チルドゥ》）」は「中木先」のことをいいます。

三本継ぎの棹の継ぎ目は、日本人の繊細さと器用さと正確さ、それを追求する探究心と本物志向が現れている部分です。0・01ミリ単位の正確さで、空気さえ入る隙間もなく、全くガタ付くことなく継がれます。しかもその継ぎは「二段三段構造」になっていて、高級品は、接点に金を仕込んだりもします。古道具屋で、物のない戦中時代につくられた細めの安物を見たことがありますが、それでさえ、継いだ棹がぐらつかないことに驚かされます。

棹の上端には「上駒《かみごま》」と呼ばれる竹（金属）型の駒があり「三の糸＊と二の糸」の通るところにはその駒があり、糸を掛けると駒に乗ります。しかし、一の糸が通るところには極小さい切り込みが入れられ、一の糸だけが棹に直接触れることになります。一の糸は上駒には乗らず、微妙なカーブでへこみと尖ったサワリ山と呼ばれる部分に載せられるのです。その山が微妙に弦に触れて「サワリ音」（→P55）が出ます。

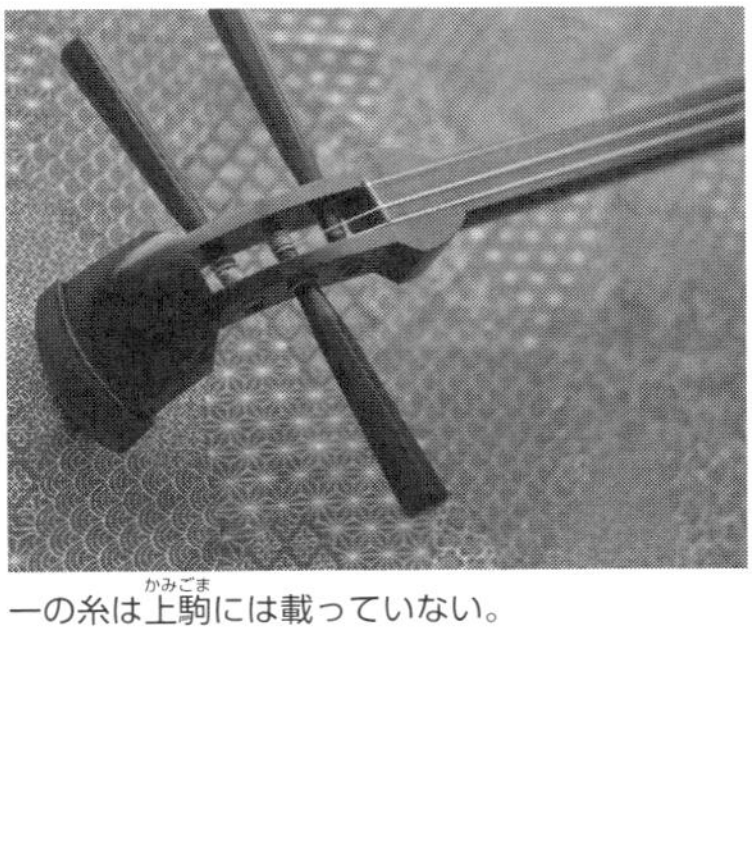
一の糸は上駒《かみごま》には載っていない。

用語解説……**三の糸**●三味線の三本の弦は、太い方から一の糸、二の糸、三の糸と呼ぶ。基音は一の糸にとる。一、二、三の糸の音の高さの関係を調子という。

④ 糸蔵

糸蔵全体は、「天神《てんじん》」と呼ばれますが、薩摩琵琶の古い流派などでは「転軫」の字をあてることから、本来は「糸巻」をさした言葉かもしれません。現代中国用語では「弦軸」と呼びます。糸蔵は、音が発生する「胴」から最も遠いにもかかわらず、全ての弦楽器に共通して重要な部分です。日本の三味線製作者と演奏者は、いみじくもそのことに気付いていて、古くから細部に名称が付けられています。

糸蔵《いとぐら》周辺の拡大図

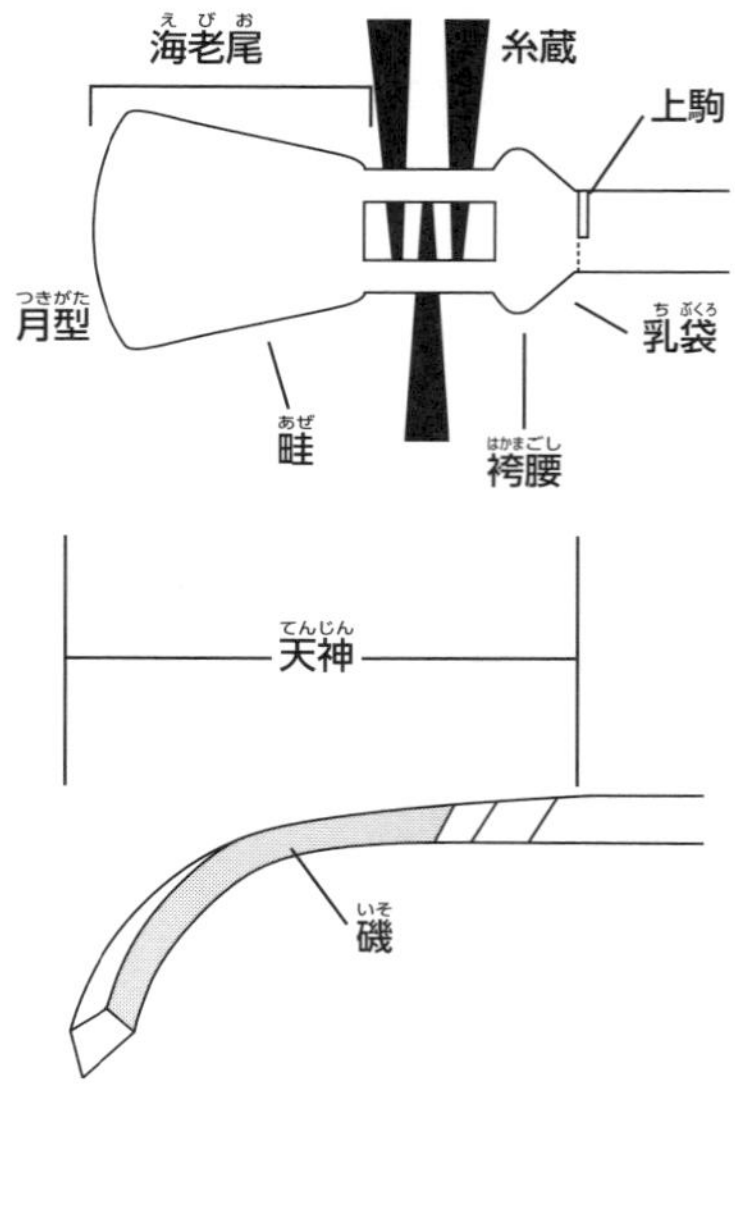

まず、「上駒」から先の円弧を描く部分は「乳袋《ちぶくろ》」と呼ばれ（いわない演奏者も多い）、その先端の角から直角に糸蔵の二本の桁《けた》に向かう直線は「袴腰《はかまごし》」と呼ばれます。その先の二本の桁は、左右とも三つの糸巻の穴が開けられますから最も割れやすいにもかかわらず、なぜか名称がありません。

桁の先には大きく後ろに湾曲しながら末広がりになる「海老尾《えびお》」があり、これは琵琶とも関係し、三味線のルーツと考えられる楽器の多くに共通します。海老尾の表は「甲《こう》」と呼ばれますが、裏の名称は見当たりません。しかし、両側面は、琵琶の胴の両側と同じように「磯《いそ》」もしくは琵琶の構造の共通点で、西方の遠縁、アラブ弦楽器ウードなどとの違いを決定付けています。
の他にも、この桁に囲まれた長方形のスペースの底（裏側）に板が張られないことが、三味線と琵
狭義で「糸蔵」といった場合は、二本の桁《けた》のなかをいい、そこで糸巻に弦が結ばれます。海老尾
護のため、厚紙のカバーをはめておきます。もちろん舞台に上がるときはカバーを外します。
「畦《あぜ》」と呼ばれます。「海老尾」の先端はゆるい円弧になっているので「月型《つきがた》」と呼ばれ、通常は保

⑤ 糸巻

糸巻は六角形の棒で、根本から握る部分に向けて太くなっています。断面が正六角形の最も簡素なものを「素六《すろく》」と呼び、最も太い元の部分（糸巻の先端は糸蔵に刺される方です）に二段の削りを入れた上等なものを「面取《めんとり》」と呼びます。「素六」の六枚の面を「V字型」に彫り込むと「宇柄《おがら》」と呼ばれ、断面は、正六角形からつくられた星型になります。その「V字型」を、浅めの「U字型」に替えると断面は、六つの円弧が一周する、おせちの人参の飾り切りのようなものになります。その円弧の頂点は一筋の溝が彫られ、全体で「宇柄面取」と呼ばれます。

糸巻が糸蔵の二本（二枚）の桁の三つ（両桁で六つ）の穴に刺さ

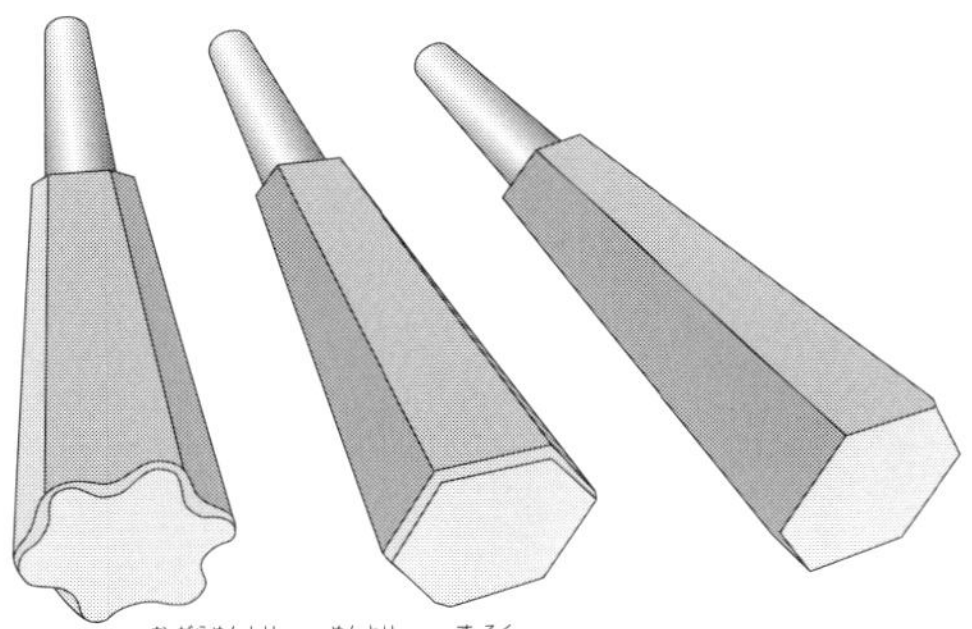

左から「宇柄面取《おがらめんとり》」「面取《めんとり》」「素六《すろく》」。

る際、穴からヒビ割れることを防ぐために、穴に鳩目輪《はとめわ》をはめます。上級品は、細かく刻みが施されています。

材質と工程

① 材質

木部：一般に「花梨《かりん》（花林）材」「紫檀《したん》材」「紅木《こうき》材」が多く使われ、上から順に堅くなると共に、希少で高価になります。

いずれの材も絶滅の危機にさらされていて、材によっては輸出禁止措置の出ている国もあります。邦楽家のなかには、「製作職人後継者問題」以上に、材料の問題を危惧する人が少なくありません。

「紅木」「紫檀」は、いずれもその生木の鮮やかな色を示していますが、数年に及ぶ自然乾燥によって表面は酸化し黒ずむので、一見して楽器に使われてい

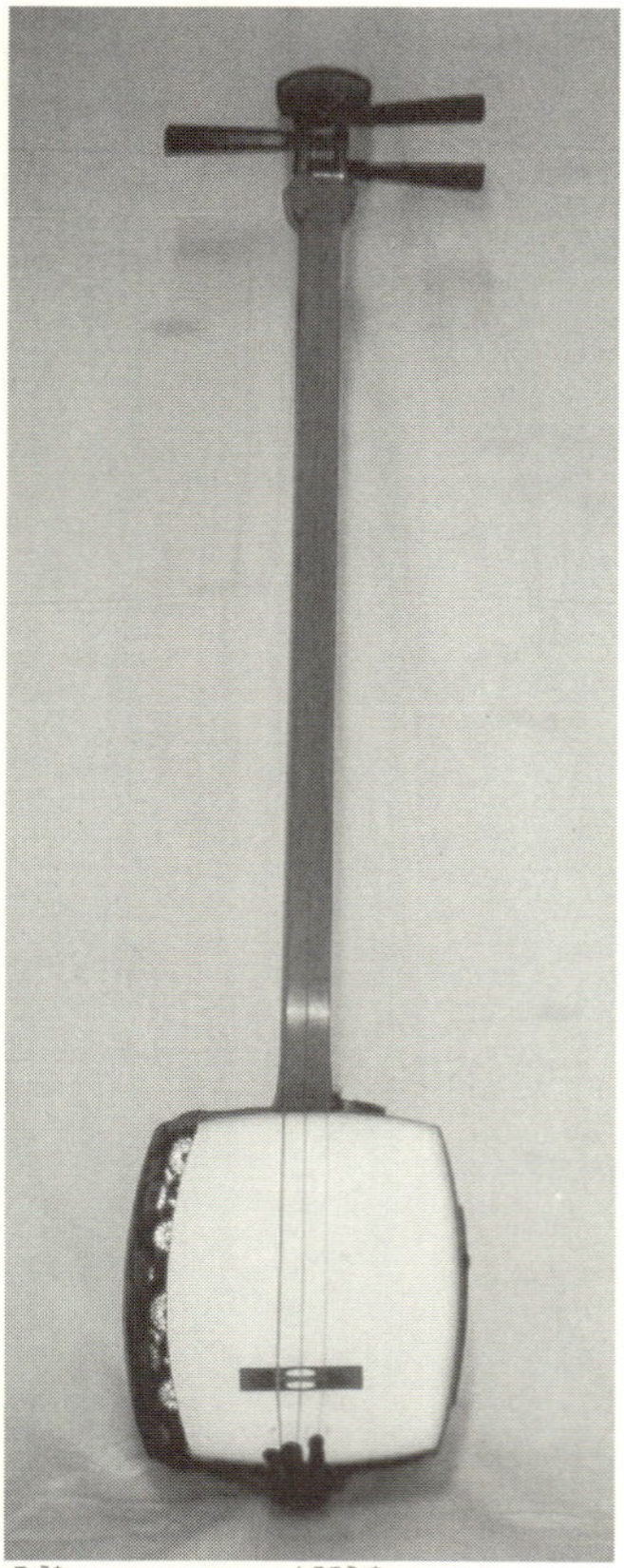
小唄《こうた》で用いられた「白紅木《しろこうき》」。[W]

る木材を見極めることは容易ではありません。

92ページの写真は、「白紅木《しろこうき》」の三味線です。白紅木は、昔の小唄・端唄三味線によく用いられた白木の堅木で、紅木の仲間ではないようです。

皮革：津軽三味線と義太夫三味線は、稽古用・本番用ともに「犬皮」を用いますが、他の場合は、稽古用で「犬皮」、本番用で「猫皮」を用います。動物愛護の問題を抜きにしても、やはり猫皮の三味線は希少になっています。昔気質の職人は、多少喧嘩傷などがあっても「よくなるはずだ」という皮は、傷を修復し破けにくくして用います。私は愛猫家なので、「猫皮」は持っていませんが、ある意味偽善的でもあり、三味線を弾く人間の永遠のテーマのような気もします。中央アジアの三味線のルーツとなる楽器のなかには、「仔牛の皮」「牛の胎児の皮」なども用いますので、家畜といえども難しいテーマです。

その他：駒には、木材の他に「象牙《ぞうげ》」「水牛の角」「舎利《しゃり》（鯨の骨）」があり、流儀によって異なります。地歌では、なかに鉛を入れて音を重たくしています。

糸巻には、稽古用では「黒檀《こくたん》」の「黒螺子《くろねじ》」を用い、本番では「象牙」の「白螺子」を用います。本来民謡や端唄《はうた》・小唄《こうた》では、本番も黒螺子でしたが、一九七〇年代の民謡・邦楽ブームがバブル期と重なって、高級器が幅を利かせた結果、今日でもその名残が消えず、絶滅危惧の希少材を贅沢に使う風潮が続いています。

②工程

日本本土の三味線と中国三弦《サンシエン》とを比べると、中国の三弦は全体的に平坦で薄く直線的です。特に最近の三弦は、最後に材の上に分厚くニスを塗るので、どのような材を用いているか全くわかりません。その意味では沖縄三線《さんしん》も漆《うるし》を分厚く塗るので、材がわからないことは同じです。ただ、いずれも楽器はとても重いので、堅木を使っているのには違いないと思われます。沖縄ではかつて、数十年も寝かした材を用いていました。漆でわからなくなるとはいえ、本物にこだわっているのです。

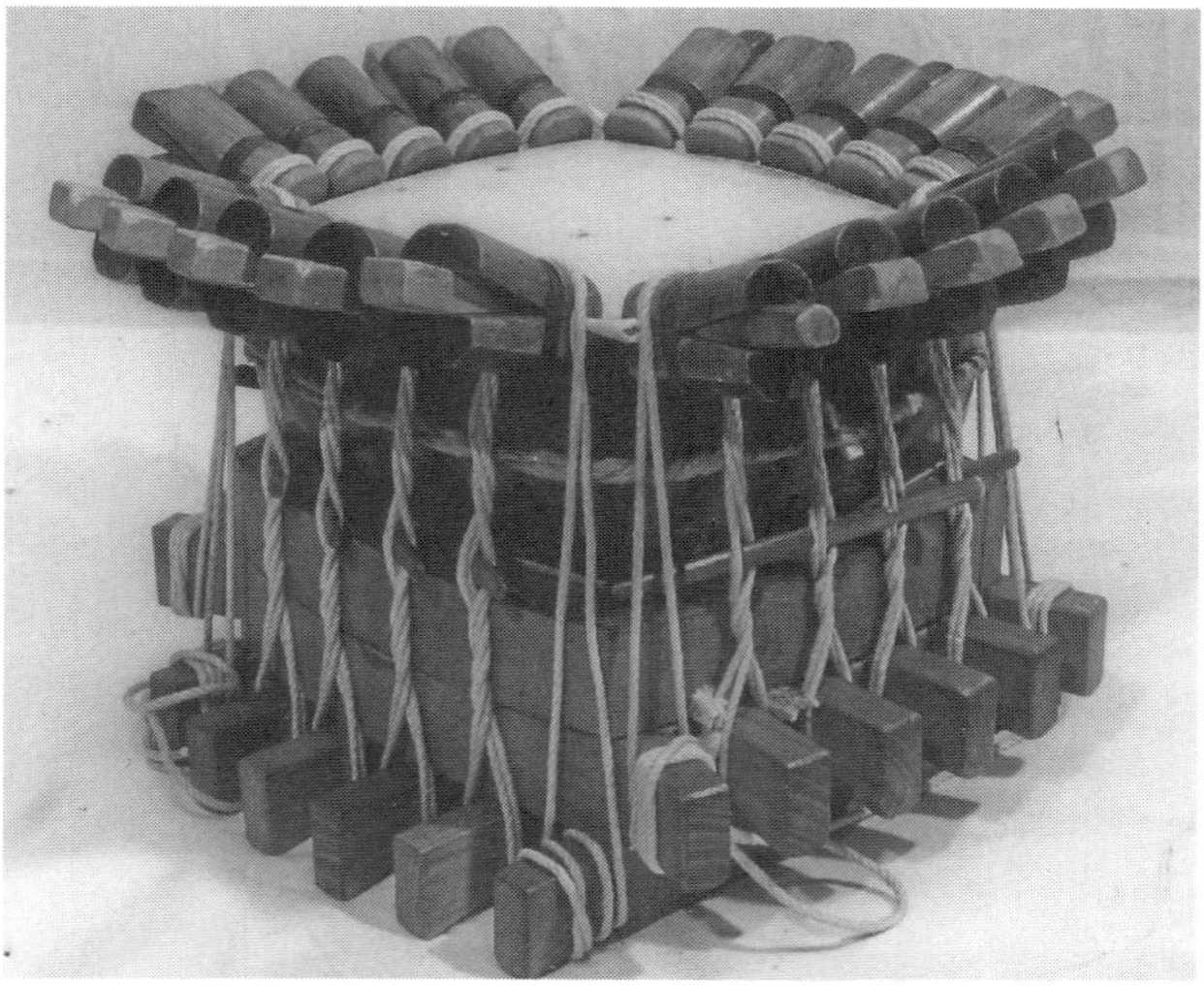

三味線の皮張り作業。木製のクリップの間の他、胴の下の台座にも楔《くさび》を打ち、締め上げていく。[W]

三味線の棹《さお》工程。手前から奥に向かっていくほど削られていく工程となっているが、いずれも「荒削り」に過ぎない。[W]

沖縄三線が漆を塗ることから、中国三弦も、古くは漆を塗ったのであろうと思われます。長い棹《さお》を湿気から守り、曲がりを防ぐためには不可欠なことに違いありません。三線の場合は、高温多湿の地域にあって、べたついて手がつっかかることを防いでいます。

一方、日本本土の三味線の場合、「四季の変化（湿度変化）が大きい」という条件に合わせるために、「三本継ぎ」（↓P86）の技巧を考案しました。木目とそれぞれの材の性質を見極め、最良の部分だけを取るため、でき上がりの棹は、一本の棹のために仮取りした材の四分の一に近いほど細くなります。

皮張りは、94ページの写真のようなきわめて精巧な手作業の道具を用いておこないます。均等に張るために、四方から皮をピンと伸ばします。今日ではコンピューター制御の機械でもできそうですが、微妙な調整は、長年の修業で培った勘がものをいうのでしょう。

●三味線の繊細さ

棹《さお》の太さの分類は本当か？

「三味線の棹の太さと流儀の関係」に関して、「太棹《ふとざお》*＝義太夫《ぎだゆう》、中棹《ちゅうざお》＝地歌《じうた》と浄瑠璃《じょうるり》、細棹《ほそざお》＝長唄《ながうた》、端唄《はうた》、小唄《こうた》」といわれてきました。しかし、戦後、この常識はかなり変化してきました。

現代ではまず、三味線全体が太くなっているともいえます。長唄の三味線と比較すれば、端唄、小唄は、昔と比べれば一回り近く太いです。そのことからいえば、「細棹属」の名前は返上すべき

用語解説……**太棹**●三味線の種類のひとつ。棹の太さによって3種類に分けたうちの最も太いもの。次に太いのを中棹、いちばん細いものを細棹という。

ですが、これは、荒削りの作業が機械化で大幅に改善されたことも関係していると思われます。また伝統芸能に携わる人口が減り、需要が少なくなったため、昔のように薄利多売は望めないために、高品質で高価格が主流となったという流れも考えられます。

地歌用の三味線の棹も太くなりました。つまり「お稽古事系」のものが太くなったことは事実のようです。長唄がさほど変わらないのは、やはりプロ中心の世界なので、「楽器ばかり太くて立派なのは逆にみっともない」という昔ながらの感覚があるのかもしれません。もちろん棹が太くなれば、音も堅く重くなります。

そもそも、「棹の太さ」については、「胴の大きさ」との関係で語らなければ意味がありません。そして、最も重要なことは、棹の太さは「指板の幅」ではなく、「重ね＝棹の厚み」であることです。短く切ったとはいえ、爪と共に勘処《かんどころ》（↓P22）を押さえることでつぼの部分が削れていき、音色に影響してしまい、棹全体を削り直すこととなります。ですから、新品の重ねは厚めになっていて、数十年使い続ければ、舞台では使用できなくなってしまいます。それでもお箏に比べて古道具屋に現れないのは、不思議なことです。

よろず「世界一」の三味線

世界に向けて三味線を語るならば、「三味線は、世界一破けやすい皮を、ギリギリまで強く張り、世界一大きく重く先端が鋭く尖った撥《ばち》で、世界一切れやすい弦を弾く、類を見ない楽器」ということができます。

沖縄の三線《さんしん》は、人差し指にあてがった水牛の角《つの》の義爪《ぎそう》（ピック）で弾きます。水牛の角のピックは太くて重いですが、親指を添えることによりコントロールしやすく、先端も比較的円やかで、緩く張った弦を撫《な》でるように弾きます。中国三弦《サンシエン》のピックは、水牛の角からつくった箆《へら》状のもので、アイスキャンディーの木の取手（軸）のような形状です。しかし、現代では金属弦ですから、比較対象になりません。

「継ぎ棹」の精巧なつくり（→P86）や胴内壁の「綾杉彫《あやすぎぼ》り」（→P87）などの超絶技巧は、外国人音楽家には、なかなか理解してもらえないかもしれません。「なぜそこまでやるのか」と問われたときには、日本人の精神性から語らなければなりません。日本人の「こだわりや探究心、質実剛健、侘び寂びの感性」などです。しかし、十分語れたところで、「今の日本人聴衆がその意識やレベルを享受できているのか」と問われたらおしまいですが……。

いずれにせよ最も重要なテーマは、「繊細さは繊細さを具現する」ということです。

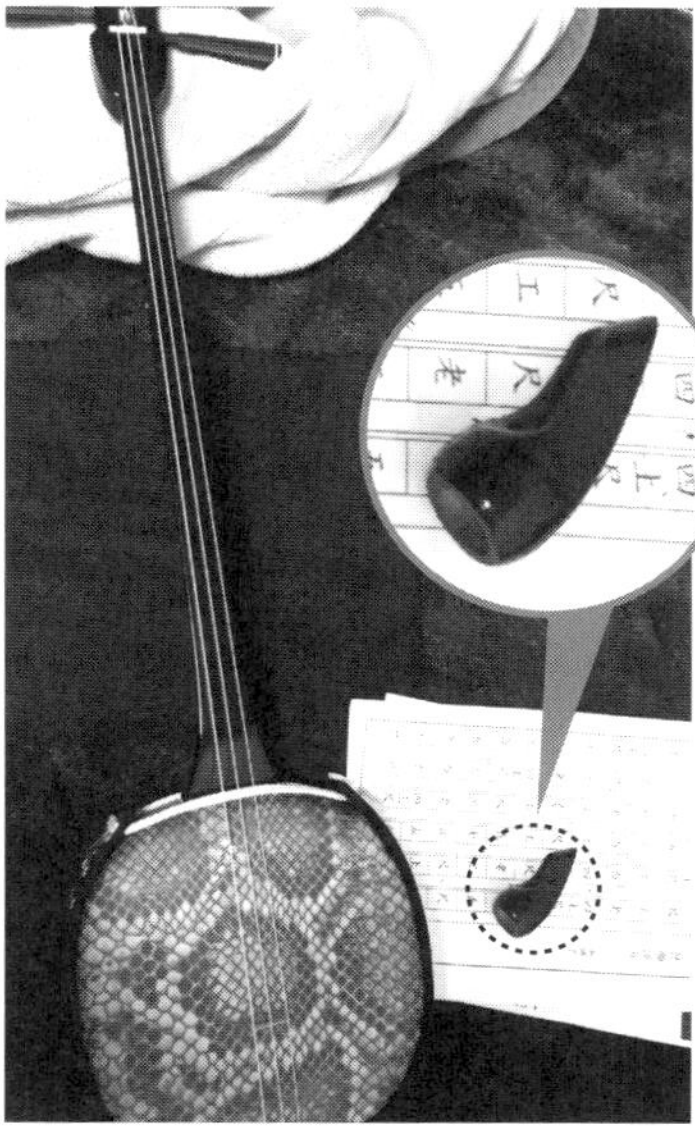

◌で囲われているのが、沖縄の三線《さんしん》で使う専用の撥（爪《つめ》）。素材には、牛や山羊《やぎ》の角、象牙《ぞうげ》などを用いる。

つまり、繊細に精巧につくり上げた三味線には、微細な力加減どころか、息遣い、さらには「気の流れ」さえも表現されてきます。そこまでの繊細さがなくつくられた楽器では、それが現れないばかりか、良い面も悪い面も隠れてしまうということです。

2 荘厳な琵琶

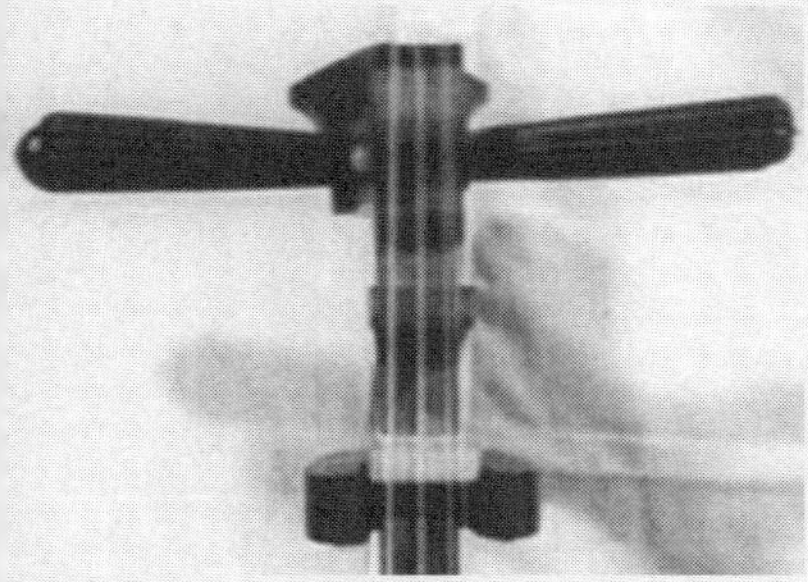

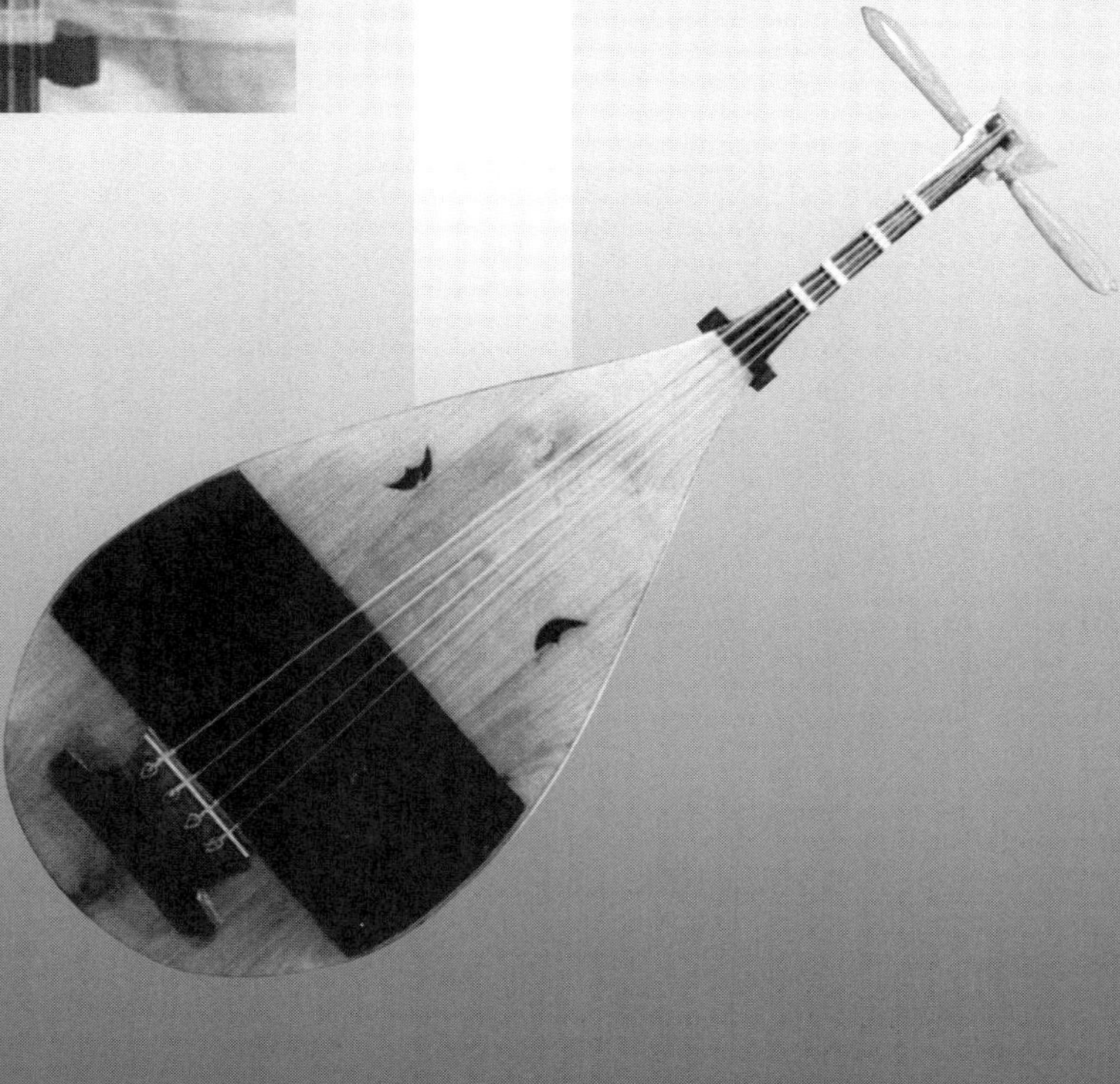

琵琶とは？

「琵琶」の楽器分類上における位置づけ

琵琶の形状と名称

「琵琶」を語る場合、日本の「枇杷《びわ》型（茄子《なす》型）の短い棹《さお》の偶数弦の楽器」および、その前身の中国楽器、さらにそのルーツの楽器群とするか、または中国におけるその長い歴史を俯瞰して考えるかによって、その意味は大きく異なります。

結論からいえば、「枇杷型の楽器とそのルーツ楽器」は、西の果てはスペインにまで至る広大な地域において、きわめて重要で格が高い楽器であったことがわかりました。しかし、この点については、まだ研究者のほとんどがはっきりとは説いていません。中国における琵琶は、その歴史を二千二百年とした場合、はじめの八百年、琵琶は「円形胴」だったのです。即ち「楽器としての全体像」は、共通の呼称がない前者について学ばねばならず、名前の持つ意味をわかるためには、その名が固有の形状を意味しないことと、その理由を理解せねばならないのです。

そもそも古代日本人の唯一の弦楽器だった（祈祷《きとう》用には楽弓《がっきゅう》もありましたが）「和琴《わごん》」を「こと」と呼び、後に「弦楽器の総称」となったことが混乱の原因でもありますが、世界規模で考えると普遍的なことでもあるのです。ただ、日本でも中国でも、「琵琶」には、当初から「○○琴」という別称がありません。琵琶という名前がいかに格別であったかの象徴と考えられます。それを裏付けるのが、古代中国の琵琶である円形楽器の末裔が、唐《とう》代に宮廷から排除され野に下った後、そのルーツを示す「秦《しん》」だけが残され「秦琵琶」などとは呼ばれず「秦琴」と呼ばれた事実です。

円形の皮張り琵琶

中国琵琶が、古くは円形胴だったことは、多くの研究者が語らず、ごく稀に語ったかと思うと、「正倉院*に間違った名で伝わった円形琵琶」と混同するという残念な話に終始するばかりです。魏《ぎ》・西晋《せいしん》の学者、傅玄《ふげん》（217～278年）による「琵琶賦」伝説では、中国最初の統一王朝である秦の始皇帝（紀元前259～紀元前210年）が万里の長城を大増築した頃に労働者が演奏したともいわれています。しかし、同様に、「三弦《サンシエン》の祖」でもあり、「二胡《アールフー》の祖」でもあると説くので、いささか眉唾ものでもあります。大切なことは、「原初の琵琶」は、円形胴で、皮張りだったということです。

その後、前漢（紀元前206～8年）第七代皇帝の武帝《ぶてい》が、ある必要から「板張りで棹《さお》をやや短く改造した」という逸話があります。しかし、後漢（25～220年）の頃にもなると、西域から様々な琵琶が放浪芸人によってもたらされます。総称して「胡《こ》琵琶*」ということになりますが、むしろ円形は少なく、多くが「イチジク型」でした。しかしそれらは、宮廷音楽に取り込まれたとしても最下格の「宴楽《えんがく》*」においてであり、最上格の儀礼音楽では、秦代からの円形琵琶「秦琵琶」

用語解説……**正倉院**●正倉院は奈良時代の寺院や官庁の主要な倉庫。現存する世界唯一の五弦琵琶をはじめ、古代楽器の宝庫でもある。
胡琵琶●「胡」は中国人が北方や西域の諸民族をいうときに使う言葉。胡琵琶は西域渡来の異民族由来のものであることを示す。
宴楽●中国で宮廷の酒宴の席で奏された音楽。儀礼の場に奏される雅楽と対比的な意味合いで「俗楽」とも呼ばれた。

が王座を占めていました。

目まぐるしい新旧琵琶交代劇

古今東西に共通する性質ですが、時代が下るにつれ、より古く格式のある形式は廃れる方向に向かい、次々に新しい音楽様式が新しい楽器を伴って生まれ、かつてその位置にあった音楽と楽器が昇格するという普遍的な流れがあります。

三国時代（220～280年）には、さらに儒教が道教勢力をほぼ完全に押さえ込むという宗教・政治闘争もありました。それらがやや複雑に絡んで、前述の「秦琵琶」は、かなり廃れてしまいましたが、「竹林七賢人《ちくりんしちけんじん》」＊のひとりとして著名な阮咸《げんかん》は、その古い楽器をこよなく愛奏していました。

三国時代から南北朝時代（439～589年）に至る三百年にも及ぶ戦乱の時代では、宮廷音楽はその価値をより高く評価してくれる宮廷へと放浪することになります。これによって、旧来の「秦琵琶」に「胡琵琶」が習合したり、「胡琵琶」が昇格した後漢時代の中格の琵琶「漢琵琶（秦漢、秦漢子）」や、その「亜流琵琶」が多数生まれます。

見逃された亀茲《きじ》の重要な役割

この時代の前半、三～四世紀頃、今日のウイグル自治区から西にかけて存在した仏教王国「亀茲《きじ》

（キジル）」は、シルクロード東西文化交流と西域琵琶の淵源に大きく関与しています。今日残された洞窟壁画でわかる限りでも、中心的なインド系琵琶、ペルシア系琵琶の他に、両者が融合した様子が見て取れます。しかし、当時の中国には、放浪大道芸人「胡人《こじん》*」の楽器として浸透する以外、宮廷音楽には直接の移入は見られないようです。

「亀茲王国」の後継であり、中国の中心地「中原《ちゅうげん》」に近い「敦煌《とんこう》の王国」は、中原から見れば「胡人・西域的」ですが、シルクロード諸地域から見れば多分に中国的でもある仏教大国でした。前期においても、流刑地として漢民族もかなり送り込まれたようですが、後期は、もっぱら中原の唐《とう》王朝（６１８〜９０７年）との関係が深まります。したがって、「敦煌起源で唐に移入したのか」あるいは「唐起源で敦煌が影響を受けたのか」という判断が重要となります。もちろん、中国人研究者は、後者を主張しています。

「敦煌」の壁画には、「亀茲」以上に西域や北方の様々な琵琶が多数混用されていた様子が描かれています。漢民族の影響を受けたとも思える円形琵琶、亀茲の「細長い茄子型（インド系）」の系列の楽器、正倉院の三種の琵琶に通じる楽器、今日の琵琶がすでに完成型であったことを証明する楽器までほぼ全てを見ることができます。これらのことから、敦煌の多様な琵琶の多くとその基本は、西域琵琶の集大成であり、唐の漢民族から得たものではないことは明らかです。もちろんいくつかは唐からの移入もあったでしょうが、大切なことは、それらが唐で重用されなくとも敦煌では活き活きとしていたことです。

用語解説……**竹林七賢人**●三世紀の中国、魏（三国時代）の末期に、俗世から離れた竹林の下に集まり、酒を飲んだり清談をおこなった七人の賢人たちのこと。

胡人●中国で、西（稀に北も）に住んでいた異民族のこと。中国文化に大きな影響を与えた。

おそらく、唐代は、西域・南蛮との政治的駆け引き、交易、多くの移民などでかなり混乱し、唐王朝は混沌とした文化の整理と漢民族のアイデンティティー確立に必死だったと考えられます。その辺りも加味して考察せず、楽器の形で似ている似ていないのレベルで論じていては、唐王朝の音楽・楽器も、敦煌のそれも、ひいては日本の雅楽も正しい検証に至らないことはいうまでもありません。

いずれにしても、この「敦煌琵琶群」を詳しく検証すれば、今日私たちが知る琵琶「中国北部琵琶、日本の明清楽《みんしんがく》*の唐琵琶、正倉院の三種の琵琶」は、「琵琶らしい形の琵琶」のなかのほんの一部であることを知らされるのです。

葬られた秦琵琶

「敦煌王国」が栄えた同時代の隋《ずい》代・唐代前半の漢民族宮廷音楽は、敦煌から新しい形の琵琶を何種類か移入し、その際に巧みな逸話をつくりだして「秦琵琶」を葬りました。そのために、後漢時代と戦国時代に確立した「漢琵琶（秦漢、秦漢子）」の説明が必要になり、世界の多くの研究者が、「重要な文献」としている『通典《つてん》』*にて、あきれるほどでたらめなつくり話を書き連ねて、ある意味「唐代文化大革命」を乗り切るのです。

日本の宮廷雅楽に持ち込まれた音楽と楽器は、この時代とその少し後のものです。音楽様式は門外不出の儀礼音楽ではなく、主に「宴楽」（→P101）でしたが、楽器は、「装飾の価値」も加味されました。つまり、後の「日本の雅楽（演奏家や研究者）が陥った落とし穴」のひとつが、「宝物として寄贈されたり価値あるものとして収集し持ち帰った楽器」と「伝わった音楽」が単純に合致すると思い込んだことにあります。

●曲頸《きょくけい》か？　直頸《ちょっけい》か？　四弦か？　五弦か？

曲頸琵琶と直頸琵琶

今日、正倉院の研究者、伝統邦楽関係者のほぼ全てが、聖《しょう》武《む》天皇（在位724～749年）が中国から献上され、正倉院に収められた様々な中国撥弦《はつげん》楽器は「直頸五弦琵琶」「曲頸四弦琵琶」「阮咸《げんかん》」の三種に大別されると、疑いもなく信じていると思われます。少なくとも今まで、これに物言いを付けた記述は見当たりません。「頸」とは、「糸蔵《いとぐら》（絃蔵）」（↓P145）の部分を意味し、「直頸」は糸蔵が棹《さお》の延長線上真っ直ぐであり、「曲頸」は後ろに折れ曲がっていることを意味します。

そして「直頸五弦琵琶は古代インド系」「曲頸四弦琵琶は古代ペルシア系」といい、やや詳しい研究者は、「阮咸《げんかん》という円形胴の琵琶の名は、この楽器の名手であった戦国時代の竹林七賢人のひとりの名に因んだものである（↓P102）」といいます。これは、中国学研究者にとって重要文献とされている（私にとっては最大最悪の偽書である）『通典《つてん》』の記述によるものでしょう。

私も五十年弱にわたる民族音楽研究の大半は、この通説を信じてきました。しかし、世界に散在する様々な琵琶系弦楽器の壁画や石彫を改めて検証すれば、そこには、遥かに壮大な「琵琶の世界」があり、正倉院の三種は、そのほんの一部に過ぎなかったことがわかったのです。

まず、古代インド系の「直頸琵琶」ですが、確かに古代インドの琵琶は、ほぼ全て「直頸」で

用語解説……**明清楽**●江戸末期～明治後期まで、日本の知識人の間で大流行した芸能。漢詩吟詠の伴奏に中国楽器と音楽を用いる。伝承された古曲の大半は清代音楽。日清戦争で「敵性」とされ一気に衰退。ごく数名が長崎で伝承していて、今日「保存会」が全国にある。

通典●唐の杜佑《とゆう》が書いた、中国の歴代の法律や制度の沿革を詳細に論述した政書。

す。しかし、そこには五弦の他、四弦も六弦も存在します。また、三蔵法師《さんぞうほうし》も通った、アフガニスタン東部からパキスタン北部にかけてのガンダーラ地方には、明らかな曲頸であったり微妙に曲頸であったりする楽器の他に直頸もあります。アフガニスタン西部は古代からペルシア文化圏でもありましたから、曲頸はペルシアからの移入で直頸はインドから、で話は落ち着きそうですが、ガンダーラの直頸がインドより古い可能性は皆無ではありません。

他方、アフガニスタン以西、果てはスペインに至るまで存在する西域琵琶は、ほとんど曲頸です。そしてその伝播の出発点は、定説どおり古代ペルシアであろうと思われます。東西に広がる以前、直頸の楽器が多く存在していた各地にとって、「曲頸」のアイデア（同じ張力でも弦の余韻と立ち上がりが顕著に向上する）は古代ペルシアの大発明ともいえます。しかし、西域の曲頸琵琶には、四弦の他、五弦、六弦、七弦、八弦もあり、北アフリカでは、四弦がむしろ少数派の時代もありました。

したがって「直頸＝インド系＝ほぼ正解」「曲頸＝ペルシア系＝正解」ですが、「五弦＝直頸」「四弦＝曲頸」「五弦＝インド系」「四弦＝ペルシア系」ということではないのです。正倉院の琵琶の「捍撥《かんばち》（撥から表面板を守るための絵画で装飾した皮や布の帯）」には、「直頸四弦琵琶」もしっかり描かれています。

『竹林七賢人図《ちくりんしちけんじんず》』に描かれた阮咸《げんかん》。

日本の楽器雑学 ③

「阮咸《げんかん》」の謎

唐代《とう》から今日に至るまで、嘘で塗り固められた楽器名が「阮咸」です。「阮咸」とされている楽器は、「阮咸」が弾いた楽器とは別系統の「円形琵琶」で、むしろそれは阮咸が愛奏した楽器を滅ぼした楽器です。

右のページの図は、阮咸没後、比較的近い（数十年か？）時期に描かれた『竹林七賢人図《ちくりんしちけんじんず》』のなかの阮咸（人名）とその愛器です。

下の写真（上）は、正倉院に収められた「阮咸」と称される楽器とほぼ同形のもの（筆者復原）です。棹の長さ、柱の数と位置などが、前ページの図と全く違います。

その下の写真は「阮咸が愛奏した秦琵琶《しん》」を筆者が復原したものです。「三色の短冊布飾り《たんざくぬのかざ》」「表面板の五枚剥ぎ」「四つの響き穴」の全てが意味を持ちます。柱の数と位置も、正倉院楽器とは全く異なります。「短冊布」は、東晋《とうしん》代の墓から出土した「秦琵琶」をかたどった煉瓦《れんが》にも描かれています。

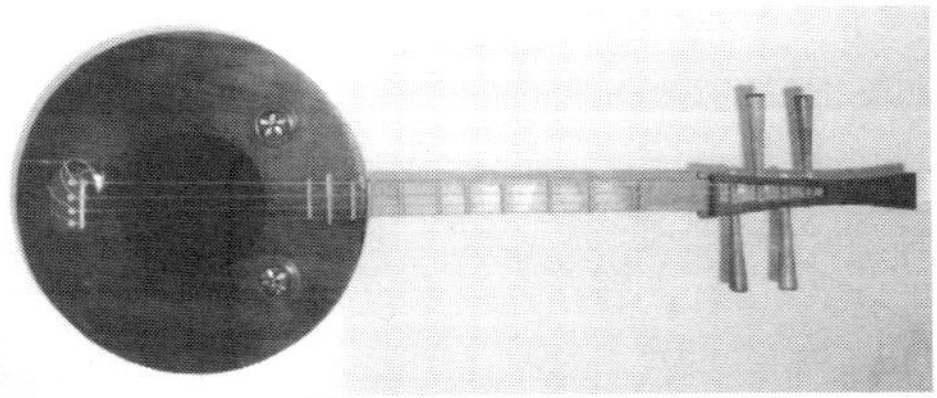

正倉院に収められた阮咸《げんかん》。〔筆者復原〕

阮咸が愛奏した秦《しん》琵琶。〔筆者復原〕

●「琵琶」という名称が意味することを深く考える

日本の常識における琵琶は唐代後半以降

今日までに語られてきた「琵琶の語源」に関する説には、「中国語の弦の弾き方をさす言葉（ヒ・ハ）」を圧倒的な主説として、稀に「古代インドで弦楽器を意味する『Vina《ヴィーナ》』の音訳」というものがあります。後者は、元祖インド・ヒンドゥー教の「弁財天《べんざいてん》（元来は弁才天）」である、「芸術学問の女神：サラスワティー」がヴィーナ（Vina）を構え、中国、チベット、モンゴル、日本でも弁財天が琵琶を奏でることもあって、あながち否定できないという見方もあります。

しかし、楽器の系譜を見ても直ぐにわかる形状からは、「ヴィーナ」と「琵琶」は明らかに異なる弦楽器です。前者は「ロングネック・リュート属」（→P10）であり、後者は「ショートネック・リュート属」（→P12）です。もちろん、その地域独自の呼称と風貌の弁天様が、その地域における最も格上の楽器を構えるというのがおかしなこととはいえません。しかしながら、中国楽器史における「琵琶《ビーバ》」が、日本の常識における琵琶とほぼ同じになったのは、唐《とう》代後半以降であることは忘れてはならないことであろうと思います。

琵琶を奏でる弁財天（左）とヴィーナを構えるサラスワティー（右）。

常に格上の楽器だった琵琶

琵琶について、ひとつはっきりいえることがあります。それは、秦漢《しんかん》代以降ほぼ一貫して「琵琶」と名づけられた楽器は、他の楽器、例えば今日の中国音楽の代表格である「二胡《アールフー》」の原点「胡琴《フーチン》」や「三弦《サンシエン》（シャンズ）」などよりは、常に格上の楽器であったということです。それ故の道理でもあるのですが、日本のみならず中国でも、この二千余年の間、琵琶と三味線（三絃）が共演することはまずあり得ませんでした。日本の場合は、「琵琶は旋律楽器ではないから」と思われがちですが、日本の琵琶がその千数百年の間になぜ旋律楽器に発展しなかったのか、江戸時代、琵琶法師から地歌《じうた》三絃・箏曲を演奏するようになった盲人楽師は、なぜ琵琶を地歌音楽に持ち込まなかったのか？　を考えると、琵琶とその他の楽器には、深い溝があることがわかってくると思います。

ちなみに、西洋における「ハープ（Harp）」は、「ハープ属の弦楽器」だけを意味せず、しばしばある程度格上の弦楽器の総称のような性格もあります。同じく、古代インドにおける「ヴィーナ（Vina）」も、「琵琶」同様に、ある程度格上の様々な楽器の総称であり、「○○-Vina」という楽器がたくさんあります。「Vinaの総称性」は、「琵琶」以上かもしれません。中国の楽器名で、それに相当するのは「琴《チン》」といえます。

また、繰り返しますが、前述したように、唐代に巧みに葬り去られた「秦琵琶」は、野に下って様々な民間楽器に姿を変えました。それらの一部は後に「秦琴」と呼ばれますが、「秦琵琶」とは呼ばれませんでした。

琵琶のルーツと日本伝来説

●無理がある「楽《がく》琵琶」大元説

実は曖昧な「楽琵琶」原点説

日本の琵琶には、「雅楽で用いる楽琵琶」「平曲で用いる平家《へいけ》琵琶」「九州盲僧が用いた盲僧琵琶」「薩摩《さつま》藩が文武両道の象徴として奨励した薩摩琵琶」「明治～昭和、アイドル並の人気だった筑《ちく》前《ぜん》琵琶」などの種類があることが、一般にも広く知られています。

さらには、筑前琵琶の創成期からほどなく、薩摩琵琶の要素をも取り入れ第五弦を足した「筑前五弦琵琶」、薩摩琵琶から分かれた「錦《にしき》琵琶」（五弦も創作された）、戦後さらに発展し旋律的な技巧をも多く取り入れ、他のジャンルとも共演した（現代音楽作曲家の武満徹《たけみつとおる》氏の作品など）鶴田錦《つるたきん》史《し》氏（１９１１～１９９５年・女性）の「錦史琵琶」（薩摩系で五弦、柱《じ》が洋楽とも合うように工夫）などがあります。

平家琵琶の元は、明らかに楽琵琶であり、比較的小さいことから「楽琵琶の小琵琶」ともいわれます。放浪大道芸に適したサイズであったのでしょう。ただ、左ページの下の写真からわかるように楽琵琶（写真①）が四柱（フレット）なのに対し、平家琵琶（写真②）では五柱もあります。また、後世、九州盲僧琵琶にならって（一般には三味線にならったとされる）上駒《かみごま》（歌口）にのみ

「サワリ」を付けるようになりました。

そして、薩摩琵琶（写真③）と筑前琵琶（写真④）は、江戸時代初期にすでに存在した九州北部の筑前盲僧琵琶、九州南部の薩摩盲僧琵琶からそれぞれ生じたとされます。つまり、ここまでの話だと、私が支持する「俗琵琶九州伝来説」であるわけです。大陸から九州に伝来した（おそらく北部に伝来し、南部にも伝播した）盲僧琵琶が起源ということです。ところが、研究者のほとんどは、九州盲僧琵琶さえも含む、「楽琵琶から派生した平家琵琶が盲僧琵琶の原点である」と考えているか、よく理解しないまま曖昧にしています。しかも、近年、確固たる文献の新発見もなければ、楽器の復原もしない学者諸氏が、ほとんど「素人印象論」のレベルで、改めて「楽琵琶原点説」を唱えています。それがあたかも学説のように評価され、日本琵琶楽協会までもが承認しているのです。

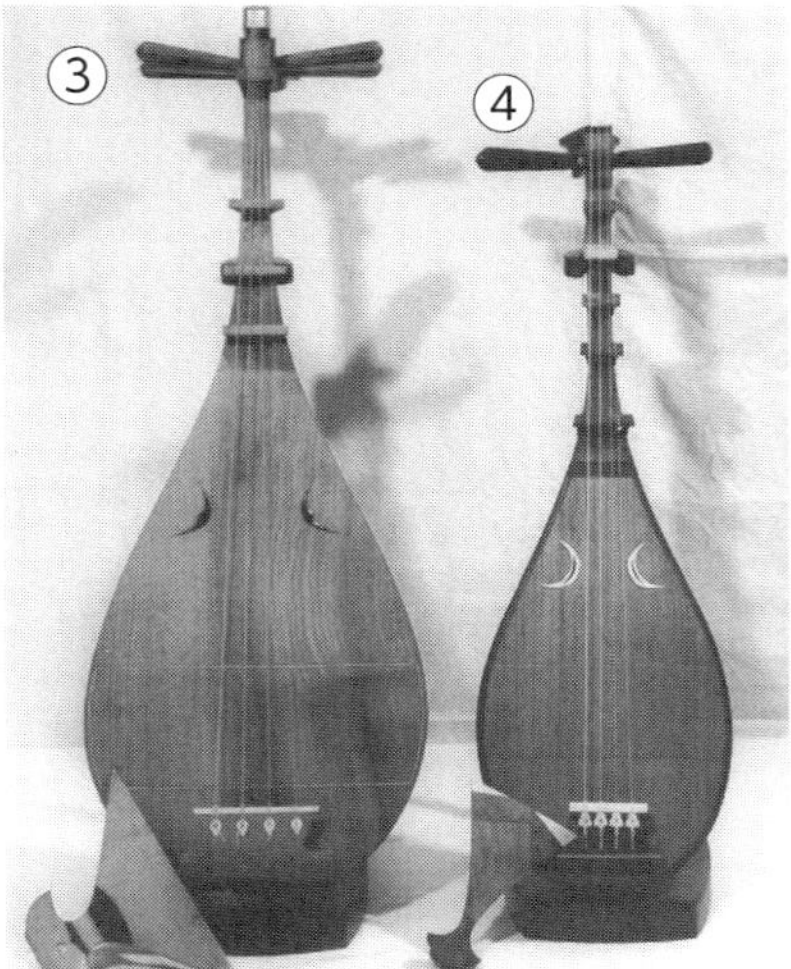

薩摩《さつま》琵琶（左）と小ぶりの筑前《ちくぜん》琵琶（右）。[W]

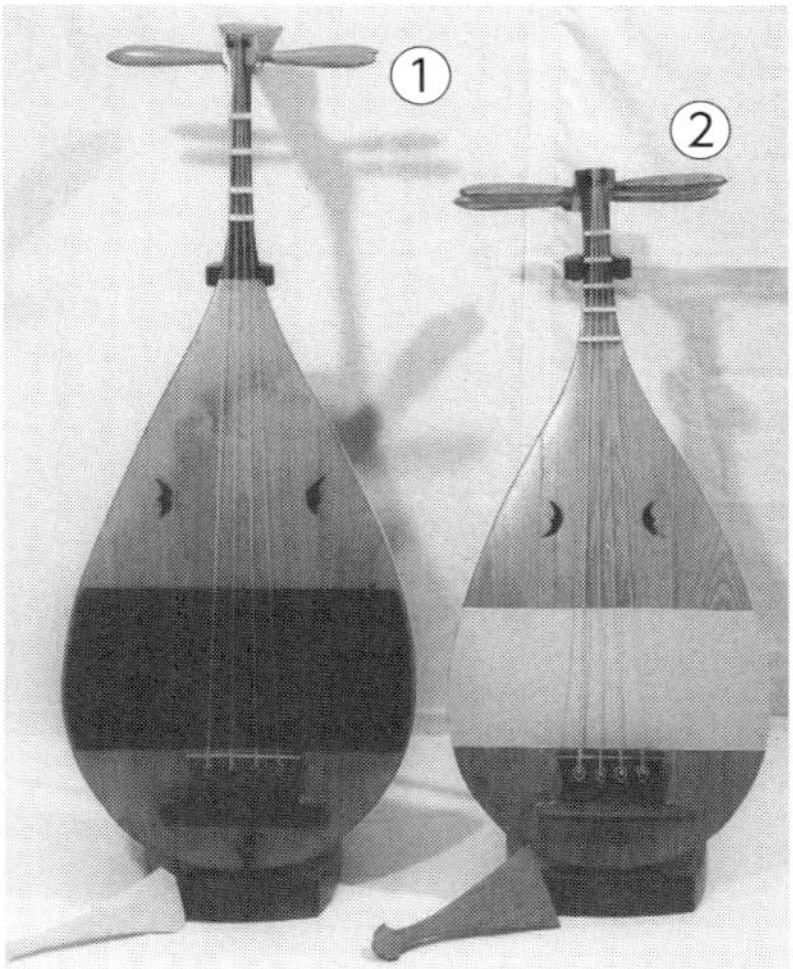

楽《がく》琵琶（左）と平家《へいけ》琵琶（右）。[W]

起源もあり方も異なる九州盲僧琵琶

三味線伝来説で前述しましたが、九州の盲僧琵琶法師たちは、ことごとく近畿の当道座《とうどうざ》（↓P26）と対立し、幾度か紛争まがいにも発展しています。それは、そもそも発祥も組織の有無も全く異なったからに他なりません。対立の渦中、やむなく九州盲僧が結束する場面もありましたが、基本的に個々の九州盲僧は、組織化を意図しなかったと思われます。というのも、九州盲僧は、門付《かどづ》け芸能（↓P50）の他に、地域の寺に保護されながら檀家の法要、地神《じしん》供養、荒神《こうじん》祓いなどの地域に根ざした祈祷《きとう》・説法を吟じていて、当道座とは根本的に有り様が異なっていたからです。

ところが実際は、薩摩琵琶・筑前琵琶の演奏家と研究者さえもが薩摩・筑前琵琶の前身である九州盲僧琵琶と平家琵琶との正しい関係性を何百年もの間、曖昧にしているのです。明治時代に「近畿とのつながりで格式を強調したい」「盲僧琵琶との差別化を図りたい」が故に創作された話を信じ込んでいる人も多いようです。

しかし、筑前・薩摩琵琶には「サワリ」音（↓P55）がありますが、楽琵琶・（元々の）平家琵琶にはありません。九州盲僧琵琶に「サワリ」があることさえも「三味線にならった」という人さえいますが、地歌《じうた》三絃（三味線）が「サワリ」を持つようになった時代より遥か以前に九州盲僧琵琶が存在し、それに「サワリ」がなかったことを証明することは不可能です。そもそも第一章で述べたように、地歌三絃が創始される以前に「サワリ付き大陸～九州伝来の花柳界三味線があった」可能性が高いのです（↓P48）。また、大陸・半島に「サワリ付き琵琶」がなかった根拠を誰も示せないのです。

また、薩摩琵琶は45度よりやや高めに構え、筑前琵琶に至っては、ほぼ垂直で、垂直が基本の盲僧琵琶のスタイルを踏襲しています（肥後《ひご》盲僧琵琶の最後の生き証人ともいわれた山鹿良之《やましかよしゆき》氏などは、水平に近いほど寝かせて弾いていました。個々で独立独歩の風習ですから例外も大いにあり得るということでしょう）。ところが楽琵琶と平家琵琶は、床に平行です。さらに盲僧琵琶は、系列の地神琵琶には楽琵琶ほど大きなものもありますが、通称「笹《ささ》琵琶」といわれるほど細身で、楽琵琶・平家琵琶とは全く異なります。また、胴が長いにもかかわらず棹《さお》も長いので、むしろ「茄子《なす》型胴の板張り三味線」のような楽器です。筑前琵琶は、かなり近い形をしていますが、創始からほどなく創られた五弦は、薩摩琵琶に近づいており、盲僧琵琶の伝統からの離脱が感じられます。

このようなことを総合すると、筑前・薩摩琵琶は、近畿の当道座に反発し独立性を持った「九州盲僧琵琶」に端を発しながらも、その土壌からの離脱、盲僧琵琶との差別化を図って、その舞台を日本全国に求め大流行したということがわかります。いずれにしても、「九州盲僧琵琶と当道座平家琵琶の本当の関係性」が曖昧にされている以上、疑念は果てません。

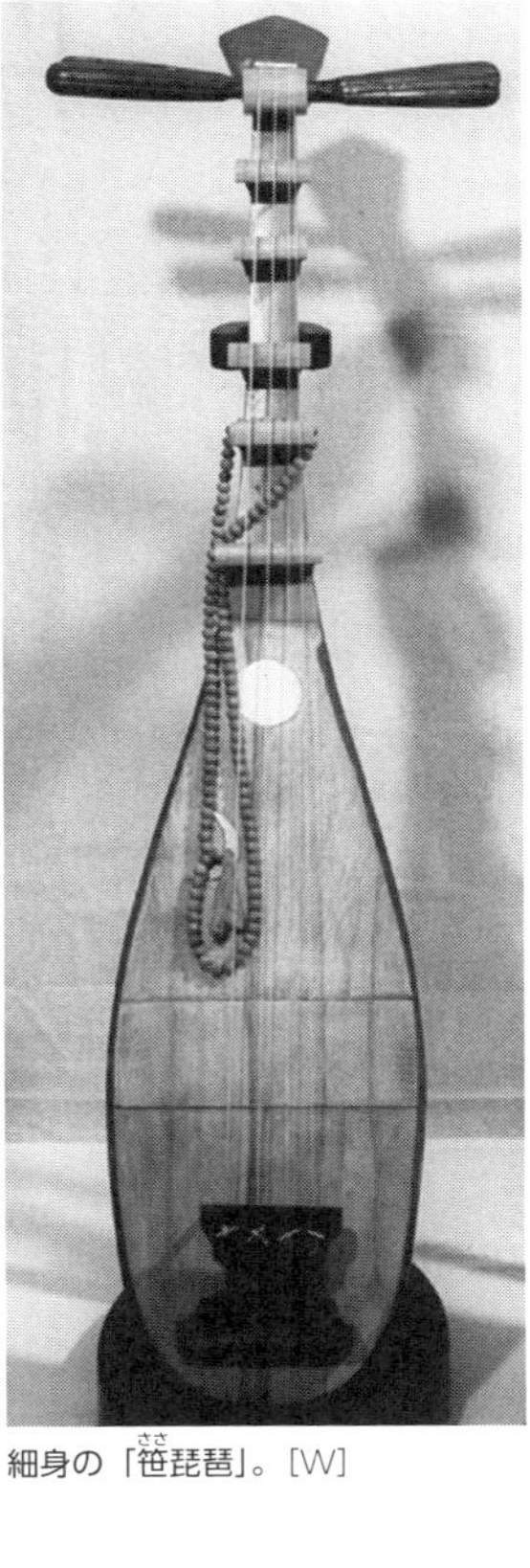

細身の「笹《ささ》琵琶」。[W]

●平家《へいけ》琵琶の源流

平家琵琶の確立と盲僧琵琶

平家琵琶は、十二世紀後半（鎌倉時代）に盲人修行僧が語り始めたのが源流で、日本音楽学会の元会長が説いた「雅楽の大家でもあった藤原行長《ふじわらのゆきなが》、比叡山《ひえいざん》盲僧琵琶法師の生仏《しょうぶつ》、声明《しょうみょう》の大家蓮界坊《れんかいぼう》浄心《じょうしん》の高弟の慈鎮《じちん》の三者の合作」が定説となっています。行長説は、誤解の異説もある吉田兼好《よしだけんこう》の説を踏襲したものですが、同説関連の異説では、行長が法然《ほうねん》およびその周辺の僧侶から知恵を得たともされます。その後、八坂《やさか》流と一方《いちかた》流に分裂し、江戸時代には一方流が江戸の前田《まえだ》流と京都の波《は》多野《たの》流に分裂した後、1776（安永《あんえい》5）年に、平曲《へいきょく》の大家の荻野検校《おぎのけんぎょう》が「平家正節《へいけまぶし》」を集大成し、中興の祖となったとされます。つまり定説も、「歌説法の技法と琵琶奏法との関係性」においては、すでに存在していた「盲僧琵琶」を根幹に据えていたということです。

一方、楽《がく》琵琶が、雅楽の域を越えて貴族や豪族、武家に愛奏されるようになった様子は、すでに平安時代中期に活躍した大家の源博雅《みなもとのひろまさ》（918～980年／下の模写図）によって知られています。源博雅は、篳篥《ひちりき》の名手とも謳《うた》われますが、琵琶も、伝説の名人「蝉丸《せみまる》（生没年不詳／左

源博雅《みなもとのひろまさ》。〔筆者模写〕

ページ上の模写図）」に談判し、秘曲を学んだとされます。

平安後期には、源博雅と並び称される大家の藤原師長《ふじわらのもろなが》（1138～1192年／下の模写図）が現れます。神楽《かぐら》、催馬楽《さいばら》*、朗詠《ろうえい》、声明そして今様《いまよう》、つまりあらゆるジャンルと最先端の音楽・歌謡の名手として知られるようになり、琵琶で弾き語ったとされます。また他方の修行僧の間では、朗詠、声明から発展派生した歌祭文《うたざいもん》*、歌説教も充実していたはずです。しかしそれでもなお、平曲確立には、盲僧琵琶の技量が不可欠であったことを、むしろ「定説」が示しているわけなのです。

他方、当道座とその盲僧琵琶楽の起源については、いささか伝説の域を出ませんが、仁明《にんみょう》天皇（810～850年）の第四皇子で後年に失明し出家した、人康《さねやす》親王（831～872年）は琵琶の演奏に優れたといわれ、京都四《し》の宮《みや》の山寺で雅楽楽器を盲人子女に教えたのが、「当道座の盲人社会支援としての性質の原点」とされています。

蝉丸《せみまる》。〔筆者模写〕

藤原師長《ふじわらのもろなが》。〔筆者模写〕

用語解説……**催馬楽**●平安時代に貴族の間で歌われた声楽曲。管弦に合わせて歌う。以下「朗詠」は漢詩に節を付けて歌うこと。「声明」は仏典に節を付けた仏教音楽のひとつ。「今様」は平安中期から鎌倉時代にかけて流行した、主に七・五調四句からなる新様式の歌のこと。

歌祭文●江戸時代におこなわれた歌謡化した祭文の一種。山伏が錫杖を振り法螺貝を吹きながら唱えた。

そして、前述の「蝉丸」なる盲僧琵琶法師は、出生も年代も不詳のままです。諸説ありながら人康親王と「同一人物」であるという話が通説とされていますが、「源博雅が教えを乞うた」話とは百年ずれてしまいます。別説の光孝《こうこう》天皇（830～887年、人康親王の兄）と同一人物説も同様です。他の説によると敦実《あつみ》親王（893～967年）の部下説は辛うじて時代は合致しますが、いずれも由緒ある人物と関わらせたかった恣意が感じられ、「出生も不明の一介の盲僧琵琶法師」では駄目だったのでしょう。ましてや大陸からの帰化インド系大道芸人や、その弟子は「あり得ない」ということなのでしょう。

この「蝉丸」を含む、平安中期以降の「盲僧琵琶楽」が、雅楽琵琶とは異なる別系統の「大陸渡来芸能」であることは、大方の研究者も認めているところです。しかし、その芸能の内容は全く語られず、声明を吟じたとする一方で、地神経《じしんきょう》、荒神経（→P45）も吟じるとされる以上のことは語られませんし、ましてや、その琵琶の形状について語られることは皆無です。音楽が別系統ならば、当然楽器も別系統であるはずなのに、曖昧にして語らないどころか、平家琵琶のみならず、九州盲僧琵琶も、楽琵琶が原点であるとしてしまうのは矛盾しています。

ここまでのほぼ定説となっている話を自然に解釈すれば、「雅楽とその琵琶」および同系の「貴族・武家の琵琶楽」とは、根本から別系統の「大陸渡来・盲僧芸能琵琶」が九州のみならず全国に展開し、そのひとりに「蝉丸」が居て、人康親王、源博雅、藤原師長いずれの時代でも両琵琶楽は、対峙しつつも、源博雅のように、後者の演奏家が前者に学ぶことなどもあった、ということになります。

当道座と盲僧琵琶法師

「当道座」の創建もまた、かなり伝説的で、南北朝時代に現れた盲僧琵琶法師の明石覚一《あかしかくいち》（1299～1371年）による、とされます。覚一は、「足利尊氏《あしかがたかうじ》の従弟」とされており、ここでも由緒ある出生であることを強調しようとする意図が伺われます。自然に考えれば、一介の盲僧琵琶法師の覚一が、何らかの権力の後ろ盾を得て、全国に展開する盲僧琵琶法師を束ねる意図を持って組織を構築したに過ぎないとも考えられます。

『職人尽歌合《しょくにんづくしうたあわせ》』の琵琶法師。〔筆者模写〕

上の絵は、琵琶法師吟唱図で、『職人尽歌合《しょくにんづくしうたあわせ》』*という江戸時代の様々な職業を描いたいくつかの書のなかに描かれています。私が確認した限りでは、国会図書館蔵の絵と、国立博物館蔵の絵はわずかに差異がある模写のようです。原図では、左に盲人の連れ合いの瞽女《ごぜ》さんが鼓《つづみ》を叩いています。いずれも杖をていねいに下駄《げた》・草履《ぞうり》に通し、琵琶法師は、短い尺八「一節《ひとよ》切《ぎり》」とパンパイプの「排簫《はいしょう》」（竹製縦笛）を置いています。一節切はともかく、鼓と排簫は意外です。右端に見えている籠《かご》は、ふたりで担ぐ大型のもので、夫婦で楽器と生活品を入れて

用語解説……職人尽歌合●「七十一番職人歌合《しちじゅういちばんしょくにんうたあわせ》」とも呼ばれ、142種の職人姿絵と「画中詞」と呼ばれる職人同士の会話や口上が描かれている。

吟遊していたのでしょうか。

当然、九州のみならず全国には当道座に従わなかった琵琶法師も少なくなかったはずです。関東、東北は、禅宗や密教系の寺を後ろ盾にし、越後からは随分と東北に流れたようです。しかし江戸中期にもなると、それらも次第に当道座に組み込まれるか、独自の個性・芸風を保ちながらも管理下に置かれ、統制が取れなかった九州だけが残されたようです。

下の右図の原画は、目白大学図書館蔵の『東北院職人歌合《とうほくいんしょくにんうたあわせ》』（海《かい》北友雪《ほうゆうせつ》、1598～1677年）の琵琶法師と下男の様子です。下男は、座頭《ざとう》などの低級の盲僧なのでしょうか。鼻緒が切れたのか、片下駄で木箱に入れられた師匠の琵琶を担ぎながら必死で追従しています。当道制度に守られながらも、序列やしきたりが厳しく存在したことがうかがえます。もちろん、非当道座の盲僧でも、師弟関係があれば同様だったかもしれません。

個別に単独行動で活動していたと思われる盲僧は、下の左図のような姿が日常だったのかもしれません。この図もまた、国会図書館や西本願寺に模写がある有名な図ですが、二階から鎧《よろい》を半分

『慕帰絵詞《ぼきえことば》』（巻二第二段より）の十巻、西本願寺蔵。
〔筆者模写〕

『東北院職人歌合《とうほくいんしょくにんうたあわせ》』（海北友雪《かいほうゆうせつ》）の琵琶法師と下男。
〔筆者模写〕

脱いだ兵士が関心を寄せているのは、杖を取られてからかわれ、野犬に吠えられるという悲惨な状況の盲僧です。

左の模写図は、絵葉書博物館蔵の戦前の「滑稽《こっけい》新聞社」製作の絵葉書です。本来、琵琶はこのように布袋で担がれていたのでしょう。故に、師匠のハードケースに入れられた重い琵琶を担がされた前図のケースは、かなり厳しいものです。もっとも、夫婦芸人の「担ぎ籠」同様に、東北の盲僧芸人で、棹を胴から引き抜いた琵琶と胡弓《こきゅう》を小さめの葛籠《つづら》に入れて移動していた例もあります。左下の歌川広重《うたがわひろしげ》が描いた旅姿の『瞽女図《ごぜず》』のように、「瞽女座」によって発達していた互助システムは、単独行動よりは無難だったであろうとはいえ、楽器と生活品を担いで山道や雪道を行くことは、楽なことではなかったでしょう。

絵葉書に描かれた琵琶法師。〔筆者模写〕

『瞽女図《ごぜず》』（歌川広重《うたがわひろしげ》）。〔筆者模写〕

日本の楽器雑学④

弁財天《べんざいてん》の謎

　ここで、この先々にも関連するきわめて興味深い事柄に触れます。それは、当道座《とうどうざ》に属しながらも近畿から見て僻地の東北に展開した盲僧琵琶法師や、盲僧の三味線、胡弓《こきゅう》の大道芸人、女性盲人の瞽女《ごぜ》さんなどに広く伝わる伝承および信仰、そして、演目の経典に「妙音菩薩《みょうおんぼさつ》」がきわめて多く登場することです。妙音菩薩、即ち「弁財天」は、インドの「芸術と河の神であるサラスワティー女神」です。インドでもチベット、モンゴル、中国、そして日本でも「弁天様は琵琶を持っている」というだけの単純な関わりではなく、「インド系の盲僧放浪琵琶法師」の伝統が、インドか中国で確立して渡来した可能性が見えてくるのです。その場合、「サワリ」が必携であったことは大いに考えられ、ここでは詳しく語れませんが、「皮張り」であった場合や、「後退糸《いと》蔵《ぐら》、即ち曲頸《きょくけい》」であったり、「石村検校《いしむらけんぎょう》創作三味線（地歌《じうた》三絃）」とは別に「すでに存在していた三味線」の姿および三味線と琵琶の混合楽器の姿も見えてくるわけです。

　そもそも琵琶は、弁財天のみならず、持国天《じこくてん》や摩《ま》睺羅伽《ごらか》（仏法守護：八部衆《はちぶしゅう》の一柱）も奏でます。なぜ弁財天を特筆するのかについて、ここでは十分には語り切れませんが、同じ仏教・ヒンドゥーの神々のなかでも、サラスワティーはヒンドゥー以前のブラフマン教、それ以前の古代ペルシアにまで遡れる神であり、それ故に、ブラフマン・仏教・ヒンドゥーにおいては、本来の意味合いはひた隠しにされ、温和で優しい女神とされています。本懐を知る信徒は、いわばある種の密教にようにその存在を継承していたのです。話も興味も謎も尽きないテーマです。

九州盲僧琵琶の系譜

俗琵琶九州伝来説が淘汰されたわけは？

「三味線九州伝来説」が消えたのは、淘汰ではなく、たまたまの要素も否定できません。しかし、近畿当道座《とうどうざ》が、「すでに町にあったであろう花柳界のサワリ付き三下《さんさが》り三味線」との差別化を図る意図が強かったとしたらどうでしょう。「三味線九州伝来説」の淘汰は、必須の課題・責務であったはずなのです。これと比較して、「俗琵琶九州伝来説」即ち九州盲僧琵琶は、大陸・半島から九州に直接伝来し、薩摩《さつま》・筑前《ちくぜん》琵琶は、その子孫（派生型）であったということは、なぜ曖昧に（ほぼ淘汰と同然に）される必要があったのでしょうか。

そもそも九州盲僧たちは、長い歴史のなかで幾度となく当道座に反発し、実際のところ完全な支配下にあったことはないともいわれます。もちろん異説もありますが、定説が正しいと思われる根拠のひとつは、明治維新で当道座が１８７１（明治４）年に廃止されてから、九州以外では新たな盲僧楽師がほとんど現れなかったのに対し、九州では、今日でさえもごくわずかながら存在するということがあげられます。筑前《ちくぜん》琵琶創始者のように晴眼後継者もいたのは、前述した「地神《じしん》琵琶」および「荒神《こうじん》琵琶」のように、地域の仏教・神道・道教などが習合した地域信仰との結び付きが九州以外の地域よりも強く、当道座のような「視覚障害者救済組織」の性格とは基本的に異なることも大きな理由にあげられます。一説には、当道座と対立する「盲僧座」を組織したともあり、結束しなければならなかった事態は何度かあったようですが、基本的には組織化の意図はなかったと思われます。筑前琵琶、薩摩琵琶が、それぞれ二大寺院に保護管轄されたのは、長い盲僧琵琶の歴史のなかでは、比較的後のことで、それさえも「当道座」的な組織であったかどうかは疑問の残るところです。

また、薩摩琵琶は、戦国時代に薩摩藩士の士気高揚目的で創始され、筑前琵琶は、明治中期に、創始者（自身は筑前盲僧琵琶奏者出身）の頃から舞台芸能としてもスタートしていますから、いずれも九州盲僧琵琶の基本的特徴である、土地に根ざした地域信仰との結び付きから離れたところで発展したといえます。いいかえれば「盲僧琵琶から発しながら、盲僧琵琶と決別することでステイタスを確立した」ともいえます。

例えば、逆の事情や状況を想像してみましょう。九州の盲僧が、当道座並に結束して「盲僧座」組織を築き、共通の理念や沿革を語る必要と意志があり、当道座のそれを凌ぐ格と魅力と力を持っていたとしたら……。事実であろうと虚偽であろうと、彼らがそれを語らないはずはないのです。いいかえれば「語らない」ことや「曖昧にしている」ということ自体が、「真実の証言である」ともいえるのではないでしょうか。これらを総合すれば、そもそも「九州伝来説」即ち、大陸から放浪大道芸人的に盲僧が琵琶を携えて渡来した、という伝統を誇りとステイタスに感じる演奏者も、その伝統を固持する理由も、こぞって謳《うた》い上げる組織もなかったと考えるしかないということなのです。

私からすれば、大陸に存在した「サワリ付き琵琶」即ち、古代インド琵琶と古代亀茲《きじ》琵琶の系譜の貴重な生き残りであるにもかかわらず、その価値を見出さなかったのは、誠に勿体ないことだと思いますが、今となってはしかたがないことです。

九州伝来説の根拠

私が九州伝来説を唱える理由のひとつは、九州盲僧琵琶が、実に多様な土着宗教の風習と密接な関わりがあることです。元来、シルクロードを東西に闊歩した放浪大道芸人は、基本的に「郷に入っては郷に従う」です。逆に、奈良時代に伝えられた唐《とう》代琵琶の形をそのまま現代に伝えているとされる日本の雅楽の楽琵琶の場合は、神道や一部仏教儀礼に特化し、その亜流である当道座の平家琵琶は仏教に特化しているのですから、民間神道・仏教・道教・陰陽道《おんみょうどう》などが入り交じった土着宗教儀礼には関与し難かったはずです。

九州伝来説の最大の根拠は、後世の「地神琵琶」および「うぐいす琵琶」を例外として、いずれも俗称「笹《ささ》琵琶」とも呼ばれるほどの細身で棹《さお》が長く、サワリ音を持つ「盲僧琵琶」の形状が、「本来楽琵琶を真似たつもりだが、ローカルな風土にあり、材木を買うにも貧しく自家製が多かったからだ」とはいい切れない明らかに「異なる系譜の楽器の姿」をしていることです。

筑前琵琶や薩摩錦心流《きんしんりゅう》*が後世に「三味線奏法も加味し」とか、筑前琵琶は元々三味線調弦を取り入れて創始したなどとされますが、元来「基本形」がなかった九州盲僧琵琶は、元から筑前琵琶と

用語解説……薩摩錦心流●薩摩琵琶には、薩摩正派、錦心流琵琶、錦琵琶、鶴田流の四つの流派がある。

同じ「3コース四本弦（1コースが復弦）」で、「三下リ調弦《さんさが》」が主流だったのではないかと私は考えています。即ち、「三味線九州伝来説」で述べた「すでに町なかに存在していたサワリ付き・三下リ三味線」と「板張りか皮張りか」しか違わない、もしかしたらほぼ同一の楽器が、渡来盲僧琵琶だったのかもしれない、ということです。

きわめつけが、「三味線九州伝来説」のところで述べた、中国の『音楽史図鑑』にある「明代《みん》の大道芸人演奏図」の、「琵琶型で皮張りで、後退（曲頸《きょくけい》）している三弦の楽器」です（↓P61）。これこそが、「九州に伝来した幻の三味線前駆型」であると共に、「九州に伝来した盲僧琵琶そのもの」だった可能性はきわめて高いのです。

日本の琵琶楽

●楽《がく》琵琶

中国の琵琶との違い

楽琵琶は、奈良時代に雅楽と共に大陸からもたらされたといわれています。それ以前にも両国の使節が行き来し、音楽をも学んだといわれる飛鳥《あすか》時代の遣隋使《けんずいし》が琵琶も持ち帰ったに違いないのですが、現物はおろか、その記述も見当たりません。もっとも隋代の琵琶でしたら、宮廷音楽の古流にはまだ円形琵琶も残されていたかもしれないので、今日に至るまで「阮咸《げんかん》」と呼ばれてきた円形琵琶とも異なるスタイルの円形琵琶も持ち帰ったかもしれません。

また、日本の雅楽の楽琵琶は、1メートルを優に超え、とても重たい楽器で、胡座《あぐら》をかいた両足の間に胴の膨らみを落とし込むようにして棹《さお》を床に水平に構えます。唐《とう》代の中国で描かれた絵画の多くでは、唐代の中国の「曲頸《きょくけい》四弦琵琶」は一回り二回り小さく、主に女性楽師が弾き、当時の流行である「棹を床方向に落として弾く」ことが立奏のみならず、座奏でもおこなわれています。立奏の像では、45度も下に向けているものもあります。もちろん正倉院には、後の楽琵琶同様の大きな楽器が収められていますから、それら大琵琶は、唐代中国宮廷では、男性用もしくは、高尚な儀礼用なのかもしれません。しかし、その正倉院琵琶の

唐代の中国の琵琶演奏（座奏・右の二人と立奏・左の二人）のようす。唐代李寿墓壁画および発掘土偶より。

［筆者模写］

捍撥画《かんばちが》に描かれている「直頸《ちょっけい》四弦琵琶」では、男性が胡座のなかに胴を置きながら、棹はほぼ水平に構えています。私は、楽師の階級や、芸妓が男性か女性かによって、構え方と楽器の大きさ（重さ）が違ったと考えています。

奏法

日本の楽琵琶では、後の俗琵琶の撥よりはかなり細身で、角も丸みを帯びた「杓《しゃく》」*や「杓文字《しゃもじ》」のような形をした撥で、撫でるように四本の全てや一部を弾きます。腹板（表面板）の手前で、時計の針でいうと9時辺りに並ぶ弦を弾くというような弾き方をします。そのとき、どこかの弦のどこかの柱《じ》を押さえていようと、四本全部を「ばららっ」とダウン・ストロークする「掻洗《かきすかし》」が多く用いられます。次に多い弾き方が、二本ほぼ同時に押さえ付けるかのような「ばらっ」とダウン・ストロークする「割撥《わりばち》」です。稀に、アップ・ストロークの四本「逆のばららっ」では、撥を裏返して撫でるように弾きます。この「押さえ付けるような弾き方」は、明らかに地歌《じうた》三絃に継承されており、地歌三絃独特の「練り撥奏法」といわれます。

左手の指の技法では、左指で弦を引っ掻くように弾く「プリング・オフ（Pulling-Off）」や叩くように鳴らす「ハンマリング・オン（Hummering-On）」もあり、前者は三味線では「ハジク」ですが楽琵琶では「ハナス」、後者は三味線では「打つ」ですが楽琵琶では「叩く」と呼びます。平家琵琶や三味線と比べて、さほど頻繁には登場しない上に、音も控えめで、消え入りそうな余韻のなかで、ささやかに弾かれる感じです。

このように楽琵琶の奏法上の特徴は、きわめて「儀礼的／形を重んじる」感じが強いことと、平家琵琶、俗琵琶、三味線、箏と比較して、きわめてささやかな装飾技法であるといえます。

調弦

また、調弦が、様々な曲の「調」に合わせて数種類あるところも、基本的に伴奏が主な楽琵琶ならではの特殊な要素といえます。例えば「双調《そうじょう》*」における「4弦（一の糸）：ド／3弦（二の糸）：レ／2弦（三の糸）：ソ／1弦（四の糸）：ド」などに見られる、ペルシア系、インド系に共通する「四度調弦」とは掛け離れた五度のみならず二度さえ含む調弦は、管楽器伴奏のための結果か、五度に偏る中国雅楽の特性か、日本に伝来した後の何らかの誤解によるものなのか、いささか特殊な調弦と思えてなりません。（前代未聞の奇想天外な持論もありますが、それはまたいずれ。）

他方、「平調《ひょうじょう》*」の「4弦（一の糸）：ド／3弦（二の糸）：ソ／2弦（三の糸）：ド／1弦（四の糸）：ファ」の基音持続のための基音と完全五度に、旋律的柔軟性の高い四度を加えるというインド調弦の典型も見られます。これは、ペルシア系の旋律弦楽器の基本でもあり、いうまでもなく「三味線の三下リ」の原点でもあります。したがって、「中国雅楽系」というよりは、インド・シルクロード系、即ち「盲僧琵琶系」とさえいいたい調弦です。少なくとも「双調」の「管楽器伴奏の結果」とは次元が異なると考えられます。

用語解説……**杓**●束帯着用の際、右手に持つ細長い板状のもの。聖徳太子が胸の前に持つ。
双調●日本音楽の十二律の六番目の音。現行では西洋音楽の「G」とされる。
平調●日本音楽の十二律のひとつ。現行では西洋音楽の「E」とされる。

また、「平曲《へいきょく》（平家《へいけ》琵琶）の原点にもなった」ともいわれる「黄鐘調《おうしきちょう》」の「4弦（一の糸）：ド／3弦（二の糸）：ミ／2弦（三の糸）：ソ／1弦（四の糸）：ド」は、開放弦で、「三和音*」になってしまうのです。もちろん「単旋律音楽」で「和声*」を持ちませんが、いささか和声感のある調弦も雅楽と楽琵琶ならではのものと思います。

平家琵琶には、「壱越調《いちこつちょう》」の「4弦（一の糸）：ド／3弦（二の糸）：ファ／2弦（三の糸）：ソ／1弦（四の糸）：ド」も移入されたといわれますが、「平調」と並びが異なるため、インド・シルクロード系の機能は果たしませんが、比較的納得できる調弦です。

●平家《へいけ》琵琶
楽《がく》琵琶との比較

平家琵琶は、楽琵琶より一回り二回り小振りな「小琵琶」で、楽琵琶の四柱《じ》に一つ加えた五柱です（→P111写真）。本来、楽琵琶同様に「サワリ音」は持っていなかったと思われますが、後に開放弦の上駒《かみごま》（歌口）のみに「サワリ音」を付けるようになりました。しかも、そのサワリは、俗琵琶が柱の上端に張った竹材を削って付ける方式ではなく、上駒の弦の下に糸を挟み込んで微調節する方式です。前者は、インド弦楽器が駒でおこなうもので、後者は、サワリとその余韻をより大きくするためにインド弦楽器でも声楽伴奏に開放弦で用いる楽器（Tambura《タンブーラ》／Tampura《タンプーラ》）に用いられるものです。ちなみにインドでは、サワリが出る駒とサワリ音を「Jawari《ジャワリ》」と呼び、伴奏楽器で用いる糸を「Jivan」（字義は命）といいます。「サワリとJawari」の音の近似は偶然でしょうが、糸を「命」という感覚は、紛れもなく平家琵琶に伝わっているわけです。

楽琵琶にないこの構造は、同じ当道座《とうどうざ》盲僧が扱った「三味線」にならったとも、「九州盲僧琵琶」にならったとも考えられますが、前者の場合、全国の平曲家に伝わるには時間がかかったでしょうし、後者の場合、九州盲僧が当道座と反目していたことを考えると、意外に近代にサワリを付けるようになったのかもしれません。

江戸時代の絵画では、やや棹《さお》を持ち上げた角度で弾く姿も描かれていますが、もっぱら楽琵琶同様に棹を床に平行にして構えます。下の写真（右）は、「昭和の名検校《めいけんぎょう》」と謳《うた》われた、井野川孝治《いのかわこうじ》（1904〜1985年）、土居崎正富《どいざきまさとみ》（1920〜2000年）、三品正保《みしなまさやす》（1920〜1987年）検校の夢の共演盤（フィリップス・レコード）です。ジャケット写真は井野川検校で、楽器はやや大型で構えは水平です。

もう1枚は高校時代、私が入門を本気で考えた、晴眼の後継者：館山甲午《たてやまこうご》氏（1894〜1989年）のアルバムです。当時、平家琵琶を伝える最後のひとりといわれました。楽器はやはりやや大きく、構えは45度以上あります。

「平曲《へいきょく》 平家琵琶」（フィリップス・レコード）。　2枚ともに［W］

LPレコード「平家《へいけ》琵琶の世界〜祇《ぎ》園精舎《おんしょうじゃ》」（キングレコード／廃盤）。

用語解説……**三和音**●西洋和声学における和音観念の基本。根音（root）に三度と五度を重ねる。例：Cコード＝ドミソ
和声●西洋和声楽における「協和音」を基準にした多声音楽の基本理論。東欧・コーカサス、南太平洋のハーモニー（多声）は、西洋理論と異なる。

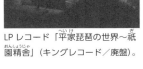

奏法

平家琵琶の撥さばきは、楽琵琶よりは派手で多様で、アップ・ピッキングも、より多く登場します。左手の指の「プリング・オフ Pulling-Off（ハジク）」「ハンマリング・オン Hummering-On（叩く／打つ）」も、より多く登場しますが、三味線よりは遥かにささやかです。また、楽琵琶ではほとんど出てこない、「柱《じ》で押さえた弦を押し込んで音程を上げる」（先に押し込んでおいて弾いた直後に緩める）奏法、いわゆる「押し込み」は、俗琵琶や箏とは比べ物にならないほどささやかですが、しばしば登場します。

平家琵琶が楽琵琶と決定的に異なるコンセプトであることは、その技法に如実に現れています。前述の「ハジク」と「叩く／打つ」の奏法は、楽琵琶や三味線では、必要箇所に一方だけが起用される場合がむしろ主流ですが、平家琵琶の場合、語りの合間や合いの手に使われる「型」がいくつか定まっていて、多くの演奏者が、「ウツ／ハジク」に「撥《ばち》で弾《ひ》く／掬《すく》う」などをセットにした「型」として捉えて伝承しているようです。これは、講談で「張《は》り扇《せん》*」と「扇子《せんす》」（上方では拍子《ひょうし》木《ぎ》）を使い分けたり、釈台《しゃくだい》の叩き方にも語りの場面に応じた「型」があったりすることと同じで、琵琶と講談の源流である「放浪大道芸」の伝統を偲ばせます。

また、「ウツ／ハジク」と「撥で弾く／掬う」がセットになった「型」の感覚は、同じく盲人演奏家が始めた「津軽三味線」でも同じです。誰もが魅了される速弾《はやび》きで、細かく左手の指が絡み、装飾を付ける「掻き回し（かまし）」でも、組み合わせの型が決まっています。

撥と調弦法

平家琵琶では、撥も楽琵琶のものより大きく、筑前《ちくぜん》琵琶の大型の撥（五弦用）ほどの大きさがあります。いいかえれば、地歌《じうた》三絃の撥と、カーブも両端の尖《とが》り具合も同じです。地歌の創始当時、琵琶と三味線を兼業して説いているのですから、当然といえば当然です。しかし、地歌の今日の撥とほぼ同じ大きさという点には疑問が生じます。というのも、地歌創始の「柳川《やながわ》三味線」（↓P54）の撥（京撥）は、十九世紀に津山検校《つやまけんぎょう》が開発したとされる今日の大きな撥である「津山撥*」の半分ほどしかなく、先端の開きの部分も薄く、まるで糊《のり》を捏《こ》ねる篦《へら》のようなものだったはずだからです。

平家琵琶の伝承は、1970年代に一度ほぼ途絶えかけながらも、その危機を知って後継を名乗り出た人々によって絶えずに今日に至ります。よって、当初は柳川三味線同様の撥であったのが、後に津山撥同様のものに替えたのか、それとも、そもそも柳川三味線撥が琵琶の桑材表面板に比べて獣皮が破けやすいからと、琵琶撥より小さいものを三味線に使用したのか……。

また、盲僧琵琶の演奏者の方々の動画を拝見すると、手で床に置いた物を探る動作が欠かせません。琵琶の撥は、駒《こま》（覆手《ふくじゅ》）の内側に挟むとしても、琵琶と三味線の持ち替えの際に異なる大きさの撥を使い分けたりしたでしょうか？

平家琵琶の調弦は、前述した楽琵琶のいくつかの調弦法のなかの「平調《ひょうじょう》」（↓P127）と「黄鐘調《おうしきちょう》」（↓P128）がもっぱら用いられています。

用語解説……**張り扇**●講釈師が釈台を叩いて話の調子を整えるために用いた専用の扇子。
津山撥●三味線の撥の一種。やや大型で撥先が薄くなっている。地歌でよく用いられる。近世に津山検校が開発したとされる。

●薩摩《さつま》琵琶とその亜流

根強い人気

薩摩琵琶の創始に関する伝承では、戦国時代に島津《しまづ》忠良《ただよし》（1492〜1568年）の命で、薩摩盲僧の淵脇了公《ふちわきりょうこう》（生没年不詳）が藩士の士気高揚の目的で「薩摩盲僧琵琶」を元に創作させたといわれますが、明治まではきわめてローカルな芸能でした。江戸後期には、地元で一般文士にも好まれ町人階級に広がり、「町風琵琶」も興りました。いわば愛好会のようなものです。一般聴衆に向けた舞台芸能化とその全国展開は、明治初期の元薩摩藩士の中央政治参加に伴い、東京および全国で人気を得たことが発端といわれます。当然、西南戦争*の敗北によって衰退すべきところですが、最後の決戦の前夜、城山方面から聞こえてくる、誰が弾くともわからない薩摩琵琶の音に政府軍も感じ入り、涙したという逸話などもあり、筑《ちく》前《ぜん》琵琶の大ブームとは比較にならずとも、近現代の平家《へいけ》琵琶的な感覚も加味して根強い人気を誇り

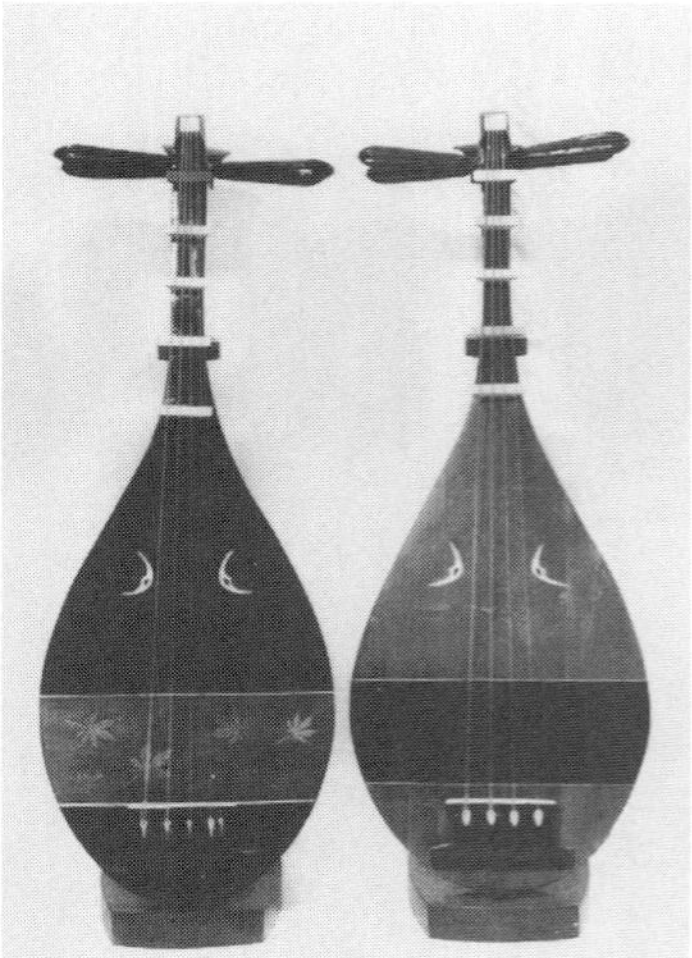

薩摩《さつま》・錦《にしき》五絃琵琶（左）と
薩摩・錦四絃琵琶（右）。

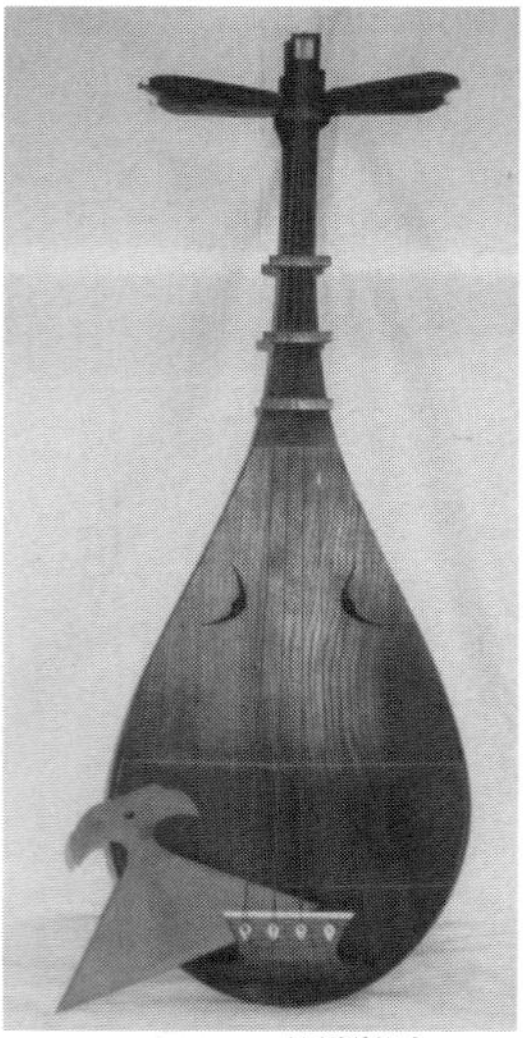

薩摩正派の琵琶。吉村岳城《よしむらがくじょう》自作。

左の写真とともに［W］

ました。薩摩琵琶側は、「明治天皇は薩摩琵琶（の方）をこよなく好んだ」ともいいます。

また大正末期に「錦心《きんしん》流」（→P123）を興した永田錦心《ながたきんしん》（1885〜1927年）は、自身と男性の弟子には、質実剛健を基本に都会的な洗練された芸風を弾かせ、女性の弟子には筑前琵琶に迫る妖艶な芸を指導したということです。大正から昭和時代にかけて活躍した女性琵琶演奏家の水藤《すいとう》錦穣《きんじょう》（1911〜1973年）は、スター並の人気で不動の地位を築いた「錦《にしき》琵琶」（錦穣は後に分裂し『錦びわ』と名乗る）」を発案・指導したといわれます。奇しくも私の錦琵琶の師匠であった故・都錦穂《みやこきんすい》先生は、水藤錦穣の姉弟子で、当時のお話を直接伺うことができました。師匠は、水藤錦穣さんのデビューを助けてほどなく一歩身を引き、サポートに徹したといわれます（お弟子さん談）。

奏法

創始の「士風琵琶」*の時点で、薩摩盲僧琵琶の表面板を、大陸琵琶由来の「桐材」から堅い「桑材」に改め、平家琵琶より開きが狭い撥《ばち》を、地歌《じうた》・平家琵琶撥の倍以上に広げた扇子《せんす》ほどもあるものに替えました（→P132右の写真）。実際、桐材の盲僧琵琶では、たいがいの演奏者の楽器の表面板は、撥に叩かれてボロボロです。撥が巨大なのは、一説には吟じている隙に襲われたとしても、十分武器にできるため、ともいわれます。貴重な柘《つげ》（黄楊）材の撥が桑材の腹板に鋭く当たる音は、現代人の感覚では「甲高《かんだか》くキツい」感じもしますが、講談で張《は》り扇《せん》が釈台《しゃくだい》に当たる音にきわめて近

用語解説……**西南戦争**●1877年、明治政府内の征韓論に破れた西郷隆盛ら鹿児島士族がおこした大規模な反乱。
士風琵琶●江戸時代後期に町人の間にも広まり「町風琵琶」が誕生したことから、それまで武士の間でおこなわれていた剛健な音楽を区別して「士風琵琶」という言葉が生まれた。

いことから、ストレスが少ない時代には、十分緊張と迫力として伝わったと思われます。

より旋律楽器的である筑前琵琶との切磋琢磨もあったのでしょう。平家琵琶や盲僧琵琶とは比較にならないほど、その奏法は技巧的です。特に、同じ柱《じ》で弦を強く押さえ込む「押し込み」では、優に五度は上げてしまいます。私は晩年の弟子入りでしたので、当時89歳だった、故・都錦穂先生は、私が頑張ってもろくに上がらない音を、「あらそう？　そんなに大変？」といいながら、ご高齢の女性のかよわそうな細い指で、「くいっ」と簡単に押し込んでみせました。インド楽器のシタールも同様にフレット上で弦を強く引っ張り五度は十分上げてしまいます。私はその当時シタールを三十年以上やってきて、机を叩けば「コツコツ」と堅い音がするほどに左手指先には分厚いタコができていました。シタールは鉄弦ですが、それより遥かに緩く張った琵琶の絹弦の方がキツく感じました。後に「手首の返し技」がわかっていな

日本音楽史の貴重な生き証人だった錦穂《きんすい》先生のレッスンを受ける筆者。[W]

かったからと納得しましたが、だとしてもなかなかの難儀な技巧ではありります。

調弦

正派（後に亜流が生まれて以降呼ばれるようになった）と錦心流の基本調弦は、「4弦（一の糸）：ド／3弦（二の糸）：ソ／2弦（三の糸）：ド／1弦（四の糸）：レ」で、1弦（四の糸）と2弦（三の糸）を頻繁に行き来する「手」の開発に応じて、「二度」という異例の音程が考案され定着したのであろうと思われます。

錦五弦琵琶では、基本に「1弦（五の糸）：高いソ」を加える場合と、「2弦（四の糸）」「1弦（五の糸）」を復弦の「ソ」にする場合があります。時代的に明治末に「筑前五弦琵琶」が現れていますから、大正期の「錦五弦琵琶」の調弦は、筑前琵琶系からの逆輸入と考えられます。

筑前《ちくぜん》琵琶

その紀元は？

筑前琵琶は、明治中期に、晴眼でありながら、筑前盲僧琵琶の演奏者であった初代の橘旭翁《たちばなきょくおう》（1848～1919年）が薩摩《さつま》琵琶を学び、筑前盲僧琵琶から創作したとされます。創始者自ら明治後半に上京し、舞台芸能人として活躍し、明治天皇御前演奏で一気に格が上がり、流派制度も整えて全国的に流行しました。創始者とその弟子によって、創始早々に一回り大型な筑前五弦琵琶も創作され、後に、むしろ重たい古曲《こきょく》を五絃で弾くようになり、盲僧琵琶により近い四弦では、人気の演目を弾くようになったようです。

調弦と奏法

五弦の調弦は、薩摩四弦に「1弦（五の糸）：高いソ」を加えたもので、後発の「薩摩・錦《にしき》琵琶」と同じで、むしろ錦琵琶に先行する形になりました。四弦の調弦は、数種ある筑前盲僧琵琶の調弦のなかでも、最も三味線に近いものとなり、第1弦と第2弦は、復弦構造です。マンドリンや12弦ギター、リュートなどの復弦を見ると、いずれも同質・同音の二本の弦を狭く張っていることがわかりますが、不思議なことに、中央アジア・パミール高原の弦楽器とネパールの弓奏《きゅうそう》楽器サーランギと筑前琵琶は、なぜか別々な弦のように離れて張ってあります。

これは、筑前琵琶の調弦と奏法を困難なものにしています。棹《さお》上の柱《じ》では二本を同時に押さえます。もちろん一本だけを押さえ、高音の基音を残しておくことも可能です。これはネパールのサーランギも採用している手法です。しかし二本同時に押さえた場合、常識的な狭く張る方法であれ

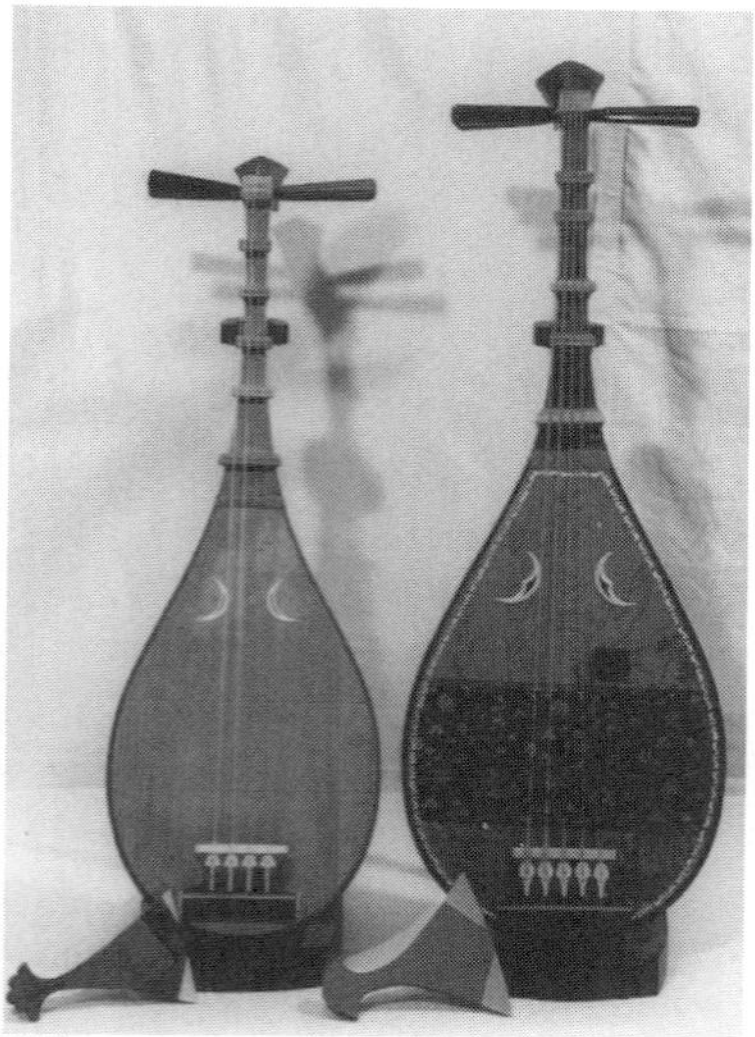

筑前《ちくぜん》四弦琵琶（左）と筑前五絃琵琶（右）。[W]

ば、ほぼ同様に押し込み音を上げ下げできますが、駒《こま》（覆手《ふくじゅ》：弦の下端を留めるために取り付けられた板）の部分で広がっているということは、大袈裟にいえば二等辺三角形の頂点近くを押し込むようなもので、押し込む直前の弦の押さえ方が余程均一でないと同じ音程での上げ下げが難しいのです。加えて、駒（覆手）側では、あたかも四本がばらばら（それぞれ単弦のように）に間隔をおいて張られていても、「上駒《かみごま》（歌口）」では、1弦と2弦は接触するほど狭めて張ってあります。その結果、各柱で二本の弦の間隔が異なるので、感覚をつかむのは容易ではないはずです。さらに、もしわずかに二本が狂っていればなおさらです。私は、ある会派の家元が本番の舞台でこの事態に遭遇し、たいそう苦労されていた様子を客席最前列で目の当たりにしました。何度も語りの間に調律されていましたが、そういうときはどうにも厳しいもので、会場の湿度や温度、照明の影響でいったん機嫌を損ねた楽器は、なかなか思いどおりになってはくれないものです。

三味線同様（本調子《ほんちょうし》）の調弦であり、さらに三味線の手を多分に取り入れた筑前琵琶は、明治後半から昭和前半、女流奏者をして「娘琵琶」と呼ばれ、今日のアイドルのような人気を誇っていたといわれます。おそらく地歌《じうた》三絃や浄瑠璃《じょうるり》から流れたファンも少なくなかったのでしょう。筑前琵琶は一気に地歌・箏曲に迫る奏者人口を誇った時期もあったといわれます。地元福岡では、当時「嫁入り修行」にさえなったといわれますが、戦後は、もっぱら東京が本拠地のようになってしまいました。

筑前琵琶の直接の前身「筑前盲僧琵琶」は、1弦と2弦が復弦の三味線音構造になっていますが、「4弦（一の糸）：ド／3弦（二の糸）：ファ／2弦（三の糸）：ソ／1弦（四の糸）：ソ」であり、「基音と四度と五度」というインド弦楽器調弦を順不同にした奇妙な配列になっています。

これに関しては「薩摩盲僧琵琶」の古式の調弦法の方が、古い形（インド式に同じ）、古い伝統を残していると思われます。これは、筑前盲僧琵琶に晴眼で入門・修行した後、薩摩琵琶を学んだ筑前琵琶創始者が、たまたま属した派の師匠の調弦法であったか、もしくは、創始者が新たな手を考える上で新たに考案した調弦法であったかが考えられます。

はっきりいえることは、インド・シルクロード系の「三下リ調弦《さんさがり》」は、あらゆる曲調に適応できるきわめて論理的な調弦ですが、筑前琵琶創始者の調弦法は、独特な演奏法と曲調にのみ適した実質的な調弦法であり、全く相反する性質を持っているということです。筑前琵琶が、いわば政治的に二大派に分裂したこと以外に、薩摩琵琶のような音楽的な亜流を生み出せなかった原因に、このことが大きく関わっていると思えてなりません。

●九州盲僧琵琶

独立独歩の活動

何度か前述したように、「九州盲僧琵琶」は、近畿当道座《とうどうざ》と対峙することが度々あったと共に、一時「盲僧座」のような結束に迫られたとしても、基本的には独立独歩であり、個々の盲僧琵琶法師の家と門弟単位の個別な活動であったことがわかっています。主に寺の住職であったり、寺と専属契約をしていたりで、地鎮祭や「竈《かまど》の神の荒神様《こうしんさま》」への祈祷《きとう》、様々な供養などにおいて、僧侶に念仏を依頼すると同じように琵琶法師に祈祷吟詠を依頼したといわれます。同時に、長年にわたって土地の人々にとっての希少な娯楽でもあり、戦記物や人情物などを楽しみにしている人々も多かったといいます。

これは、津軽三味線の発展とも同じです。「荒神信仰」は、九州北部よりも瀬戸内海両岸が盛んであったといわれますが、近畿当道座の勢力内故に、「荒神琵琶」「地神琵琶」などは衰退させられたのかもしれません。

盲僧琵琶の特徴

１９８０年代後半から１９９０年代初頭になって、日本の伝統芸能が見直された頃、いずれも「最後の盲僧琵琶」のふれこみで、熊本の山鹿良之《やましかよしゆき》（１９０１～１９９６年）と、永田法順《ながたほうじゅん》（１９３５～２０１０年）両氏のＬＰレコードやＣＤ、ビデオがリリースされました。おふたりとも、旧来の盲僧琵琶よりは楽器を下げて弾いていましたが、何度も申し上げていますように、全て個々の法師の自由なわけで、ご高齢になれば次第に下がってくるのも必然かと思われます。

動画を拝見すると、興味深いことにたくさんのことに気付かされます。

法順氏の場合は、琵琶の腕も達者で、きわめて技巧的な技を、現代的な筑前《ちくぜん》琵琶で弾いておられました。しかし、琵琶が陽旋律なのに、語りが陰旋律という盲僧琵琶独特の不思議な取り合わせは、面白いと思ったりする人はハマるかもしれませんが、洋楽的な感覚からすると辛いかもしれません。

他方、山鹿氏のある映像では、途中で琵琶が不調になり、語りを熱弁しながらも、ご不自由なか、床の撥《ばち》を探り、袂《たもと》を探って、備品を出して語りながら調節されていました。それは、盲僧琵琶の辛い宿命的構造故です。

本来琵琶は、「覆手《ふくじゅ》（→P145）」の下から弦を通し糸巻に運びますが、視覚障害があるため盲僧は、上から通します。覆手の上で美しく響くものが、覆手の下側では、さらに下側に木片を挟んで、響きを調節しなくてはならないのです。山鹿氏は、その木片を取り外すと、舐《な》めて湿らせ動かないようにしたり、それでも足りないと袂から紙を取り出し端切れを挟んだりと御苦労の様子でした。動画で聴く分には聴き手にはわからない程度でしたが、おそらく乾燥で覆手の下の間隔が広がり木片がわずかに浮き、低音弦を強く弾く度に出る雑音を気にされたのでしょう。

同じような事情で、四本の糸巻も、ぐるりと順番に張られているのが多いのも特徴です。楽器を正面から見たとき、棹《さお》と胴に一番近い糸巻が右側から刺さり、次に左、次に右、最後に左から刺さります。つまり棹に近い糸巻とその先の右側からの二本と互い違いに左からの二本が刺さる格好です。これは日本からスペインに至る広大な琵琶世界における多数派なので、私は「正方」と呼んでいます。もちろん、様々な理由で「逆方」もあります。いいかえれば、「正方」である三味線の三本に、棹と胴から遠い奥に左から一本足した格好であるともいえます。

三味線の三本を、右の二本（AとB）と左の一本（C）を、反時計回りにぐるり（A→B→C）と見ますと、通常は、「A：1弦（三の糸）／B：3弦（一の糸）／C：2弦（二の糸）」と張られます。これは、上駒《かみごま》に近い側が、よりアクション（上駒にかかる圧）がACBの順に強くなり、弦が細い順によりアクションが求められるという道理に従ったものです。しかし、視覚障害の人には面倒なことなので、昔の津軽三味線は、「A：1弦（三の糸）／B：2弦（二の糸）／C：3弦（一の糸）」とぐるりと順番に張られました。

●なぜ琵琶に新音楽は生まれないのか？

薩摩《さつま》琵琶と筑前《ちくぜん》琵琶の違い

まず、筑前琵琶の末尾で述べましたように、「実質的・合理的な考え方」（筑前琵琶の場合その調弦法に顕著に現れる）は、論理的な考え方の「不偏性・普遍性」を失う方向にあります。他方、薩摩琵琶は、明治の「富国強兵」の時代に、その「質実剛健な士風」が好まれ全国的に流行するなかで、都会風の洗練された芸系「錦心《きんしん》流」が派生し、さらにそれからは、筑前琵琶系の「娘琵琶」と切磋琢磨した「錦《にしき》琵琶」も生まれました。即ち、いささか過大評価すれば、薩摩琵琶は、子「錦心流」から孫「錦琵琶」まで生み出せる「不偏性・普遍性」を有していた、ということがいえます。

対する筑前琵琶は、政治的な対立で二分しましたが、新たな芸系は生まれていません。もちろん、各派とも、個人的な独創活動や、他ジャンルの音楽との共演などは戦後豊富におこなわれています。特に一九九〇年代には「コラボレイション・ブーム」で「新しい試み・新しい流れ」ともてはやされましたが、一時のことで、新たな芸系もその後継さえも得られませんでした。いずれも「不偏性・普遍性」に欠けていたからに他なりません。

薩摩琵琶が、なぜ「不偏性・普遍性」を持ち得たのか。それは二つ以上の音楽を融合させたからに違いありません。薩摩琵琶の場合、盲僧琵琶という「宗教と歴史と思想」を語る芸系に「武士の精神性」を融合させました。その後、薩摩藩士に留まらず町人にも許したことで「町風琵琶」が生じました。その結果、互いに切磋琢磨し、それらを統合した薩摩琵琶全体が、大きく成長したのです。それゆえ「錦心琵琶」や「錦琵琶」が誕生したわけです。逆にいえば、「町人の琵琶」を藩令で禁じていれば、やがて衰退し、西南戦争で滅びた可能性があったといえます。

対する筑前琵琶は、意外にも荘厳・豪快な曲もあるのですが、「娘琵琶」の大流行の印象が強く、いずれにしても「質実剛健といえば薩摩」に迫るには至らず、逆に「あれもこれも」で筑前琵琶の基本や精神性が確立されなかった感もあります。当然、担い手たちは、そのテーマに苦慮し努力して、新たな個性を築き上げようとするのですが、タイミング悪く軍国色の濃い時代に突入しました。戦後は洋楽や洋画という新たな娯楽の隆盛に押され、庶民から隔たりのある「伝統芸能」の方向に進んでしまったともいえます。

逆に、筑前琵琶が創成期から明確にその個性、――例えば、優美・優雅さのみならず、土着文化や風土に根ざした精神性など――を印象付けていたならば、芸系全体をさらに拡大させたに違いありません。

新たな琵琶楽を求めて

このように、俗《ぞく》琵琶の発展や新たな展開のためには、伝統性を継承しながらも「今に生きる」ための新陳代謝が必要で、それが一過性の面白みだけで終わってはならないのです。後継や派生を生み出すためには、「修行修練」や「守り」だけではなく、むしろ対峙する異なる個性を果敢に取り入れることが大切なのです。

そもそも薩摩琵琶、筑前琵琶の隆盛は、大陸を放浪し様々な文化を吸収した楽師が、九州独自の土着の宗教風俗に適応しながらも近畿当道座《とうどうざ》と対峙したことにあります。福岡は、戦国時代に大陸・半島との交易をおこない、薩摩も鎖国下でも密かな交易をおこなっていました。異国文化を吸収し学んだ土壌は、明治維新の原動力のひとつとなるに至ったわけです。そのような土壌の上に琵琶という芸術・芸能もまた、きわめて生命力豊かな発展を続けてきました。それらと比較すれば、戦後の様々な「新しい試み」は、表面的な面白さや奇抜さばかりで、精神的・根源的な対峙や融合・習合が見られません。これが「新たな琵琶楽が生まれない理由」の根幹なのではないでしょうか。

日本の楽器雑学⑤

伝統芸能の継承

今日、薩摩琵琶正派では須田誠舟《すだせいしゅう》（1947年〜）、筑前《ちくぜん》琵琶では福岡の嶺旭蝶《みねきょくちょう》門下の寺田蝶美《てらだちょうび》（1970年〜）の両氏が伝統的で正統な素晴らしい芸術を踏襲されてます。

私は、一九九九年以来三十余年にわたり、三味線、琵琶、鼓《つづみ》の各派の十五人の師匠から、がむしゃらに学びました。それ以前は生演奏で琵琶楽を拝聴してても「上手いのだかそうでもないのか」がよくわかりませんでした。ところが、自ら学び、その楽器と師匠の精神性に触れ、理解が深まった後に、先述した両氏の演奏を拝聴したところ、全ての疑問や違和感が吹き飛ぶ思いがしました。

声も、発音も、吟詠《ぎんえい》の音程も、琵琶音とのバランスも、そして琵琶の技法や音の全てが、今まで拝聴した琵琶楽とは桁違《けたちが》いに上手いのです。そして、そこには奇を衒《てら》った派手さや技をひけらかすというものも一切なく、きわめて確かな基本の上に成り立った技法が繰り出されるのです。

琵琶に限らず、伝統芸能各流儀に通じる「今、新しい姿」とは、基本と伝統を極限まで探求し修行することにより身につくのだと改めて知らされました。

琵琶という楽器

●琵琶の各部名称に見られる流儀別特徴

各流儀独自の呼称

各種琵琶の各部名称には、定説通りの「楽《がく》琵琶からの系譜」と「盲僧琵琶からの系譜」、そして「各流儀独自の呼称」の混在が見て取れます。もちろんそこには、後世何らかの都合で呼称を改めたと推測されるものもあります。例えば、琵琶の背面、棹《さお》と胴の間に大きく二等辺三角形に段差が施される部分を、「盲僧琵琶系」の薩摩《さつま》、筑前《ちくぜん》では「袈裟《けさ》*掛《が》け」と呼びますが、楽琵琶では「遠山《とおやま》」と呼びます。

ちなみにこの「袈裟掛け／遠山」は、現代の中国北京琵琶にはありません。ところが、唐代の敦煌《とんこう》壁画に描かれる、「反弾《はんだん》琵琶」にはあり

用語解説……袈裟●仏教の僧侶が身につける布状の衣装のひとつ。

楽琵琶の各部名称

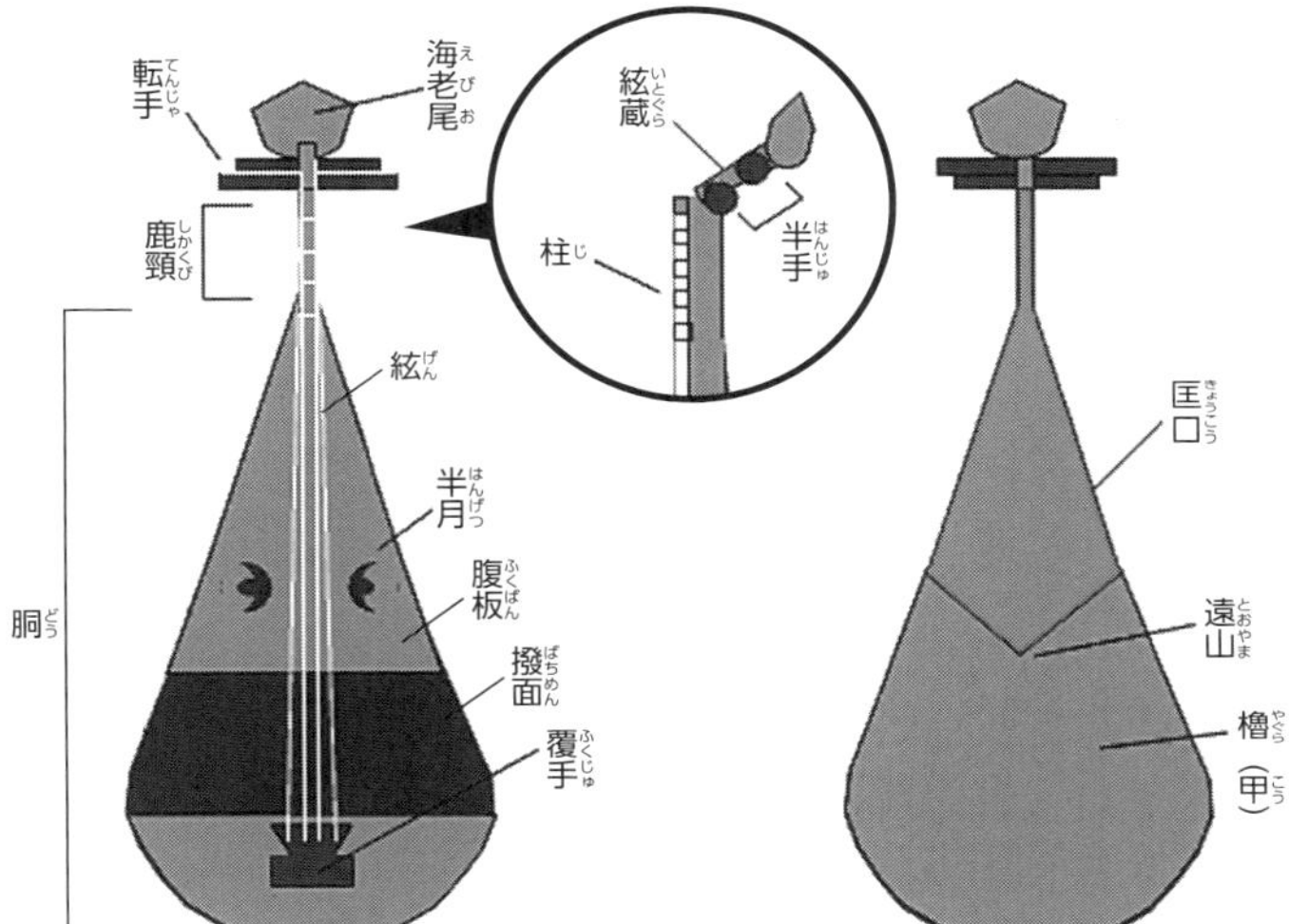

ます。反弾琵琶とは、楽器を首の後ろにセットして背中で弾いてみせる技です。そのおかげで、当時の琵琶の裏側を知ることができるのです。敦煌は、中国に（枇杷《びわ》型の）琵琶をもたらした（円形琵琶は中国秦《しん》代からある）亀茲《きじ》王国に次ぐ仏教国ですから、「袈裟を模した」という説を思わせる「袈裟掛け」の呼称を裏付けてくれるようにさえ思えます。

ところが、この「袈裟掛け」は、インド弦楽器に、仏教とは全く異なる理由で存在するのです。下の写真に見られるようにシタールの背面では、干瓢《かんぴょう》の実の胴を、飾り彫りを施した木片がバスケットボールを広げた指で掴むように押さえており、これによって二十本もの金属弦のテンションに耐えさせています。したがって、私が世界初の提唱をしているポスト・メソポタミア弦楽器の原点である、西アジアの瓢箪胴《ひょうたんどう》弦楽器各種も同様に、柔らかい胴素材と棹を固定するために「袈裟掛け」もようのパーツが物理的に必要で、その後、必要性を失っても名残をとどめたと考えられるのです。

ところがさらに仮説は覆され、話は二転三転します。木製胴をくりぬいた、即ち、胴と棹を固定させる必要がないインド弦楽器の背面にも「袈裟掛け」があったのです。やはり「何らかの象徴」の意味合いが再浮上するわけです。

シタールの干瓢ジョイント。[W]

糸蔵《いとぐら》部分は、楽琵琶では、「絃蔵《いとぐら》」と呼びます。盲僧琵琶、筑前琵琶では、三味線同様に「天神《てんじん》」と呼びますが、薩摩琵琶では、それを「転軫《てんじん》」と綴ります。前述したように、「転軫」は中国楽器の糸巻の古い呼称です。今日では単に「弦軸」としています。即ち「天神」と書くと、二本の桁の糸蔵には裏板がなく、先端には「海老尾《えびお》」がある構造全体のイメージを彷彿とさせますが、「転軫」には、機能的な意味合いのみが伝わります。おそらく、薩摩琵琶の前身「薩摩盲僧琵琶」の呼称なのでしょう。三味線との差別化で、古い呼称を堅持した可能性もあります。

他にも流儀との差別化のこだわりは、薩摩琵琶、筑前琵琶に多く見られます。薩摩琵琶の基本の「上駒《かみごま》と四柱《じ》」は上駒を「乗絃《じょうげん》／承絃《しょうげん》」と呼び、第一柱は「大干《たいかん》の柱」、残る三柱は「上柱、中柱、下柱」です。筑前では、上駒は三味線同様に「歌口《うたぐち》」、五柱は上から「木柱、火柱、土柱、金柱、水柱」と、不思議な順番で呼ばれます。東洋占星術とも五行とも異なるこの順番は、筑前盲僧が伝えた何らかの意味があるのかもしれませんし、筑前琵琶創始の段階でその「手（小旋律型／フレイズ）」との関係性から深く考えて名づけられたのかもしれません。

音の響きの工夫

弦を留めるテイル・ピース（音緒《ねお》）と駒が一体化した形は、ペルシア古代琵琶と亀茲琵琶にすでに見られ、よろず無味乾燥な楽器各部名称に改められた中国楽器でも、琵琶だけは「覆手《ふくじゅ》」の名を残しています。筑前琵琶がしばしば「福手」と綴る他は、みな同名です。

薩摩《さつま》琵琶の覆手《ふくじゅ》。弦の張力で倒れないためと、響きを表面板に伝えるためにある種の「魂柱《こんちゅう》」（ヴァイオリン内部にある）のような支柱が見える。その奥の溝が「陰穴《いんけつ》（陰月《いんげつ》）」。[W]

覆手の陰に隠れて、小さな響き穴（サウンド・ホール）と、弦の張力で覆手が剝《は》がれないことと、音を伝えるために（ヴァイオリンの魂柱《こんちゅう》のように）挟まれた小さな木片の支柱があります。響き穴は「陰穴《いんけつ》（陰月《いんげつ》）」と呼ばれます。主にこれが「固有振動音殺し」に存在し、ほぼ全種で「腹板《ふくばん》」と呼ぶ表面板に左右対称にある「半《はん》月《げつ》」も含め、ギターやマンドリン、ヴァイオリン（*f*字孔《あな》）のような響き穴の役割はほとんど担っておらず、琵琶は、インド弦楽器シタール同様に表面板全体を響かせる構造です。響き穴がないということは、演奏会場全体に響かせる意図であり、ある場合は、「前に音を出す」という目的に特化しています。つまり、前者は「その場（空間）全体に響かせる」ということであり、後者は「王座や聴衆に聴かせる」という目的に根ざしているのです。

　ちなみに「表だけに皮を張る」楽器は、「音を前に出す」楽器です。中国三弦《サンシエン》、沖縄三線《さんしん》、本土三味線と胡弓《こきゅう》が裏にも皮を張るのは、「会場全体に聴かせる」目的意図を意味しています。そのため、三味線でも例外的に「前だけに聴かせたい」津軽三味線では、裏皮を腰・横腹にしっかり押し付けて音が後ろに抜けないように構えます。江戸中期までの遊里の三味線で、芸妓《げいこ》が右足を立て膝にして座り、その脛《すね》の前に楽器を置くのも、「前のお客だけに聴かせる」意図が見て取れます。同時代でも賑やかに中庭で弾いたり、男芸者が弾くときには、裏面もオープンにして弾いています。

半月が左右二つある形式が一般的ですが、盲僧琵琶の多くはここにこだわり、一方を「半月（三日月）」にかたどり、他方を「円形（太陽）」にかたどります。中央に太陽だけの場合もあることから、サウンド・ホールの意味がないことがわかります。しかし、この「半月」も、ペルシアの東西に十世紀以前から見られることから、古代ペルシア占星術との深い関わりが感じられます。

琵琶は、箏が全体を「龍」に見立てているのに対して、何かを象徴しているということはないようです。しかし薩摩琵琶は、歌口（上駒付近）が糸蔵よりも高い位置にあることから、おそらく創作以後「鶴に似ている」となったのでしょう。棹を「鶴首《つるくび》」もしくは「鹿頸《しかくび》」と呼びます。他の琵琶がほぼ直線的なのに対し、薩摩琵琶の棹は、中程が最も細くなっていることも形容の決め手と思われます。

楽琵琶、平家琵琶、薩摩琵琶の表面板や胴には、桑材が用いられますが、実際木材の少ないシルクロードでは、桑は音の理想も兼ねつつ、ほぼ唯一の素材でもありました。「絹弦との相性もよい」というこじつけもあります。一方、筑前琵琶では、盲僧琵琶のまま桐板をはめ込みます。

世界に稀に見る日本の琵琶

優れた木工技術

筑前《ちくぜん》琵琶で、表面の桐板を、桑の胴にはめ込むこと自体、世界的には希なことです。この「はめ込み」自体は、敦煌《とんこう》と唐《とう》代中国に見られ、今日でもいくつかの楽器に見られます。しかし、筑前琵琶のように接着しないという例はきわめて珍しいです。楽器の素材のなかでも桐材はかなり柔らかい方ですが、ご存知のように桐を箪笥に用いるのは「炎を上げて燃えず、表面が焦げるのみ」という理由だけでなく、「防湿性の高さ」があります。もちろん、桐材も湿度によって収縮・膨張しますが、その密度と軽さの割にはその割合が小さいのです。楽器素材としては、「音が柔らか過ぎる」ため、薩摩《さつま》琵琶の芸風には不向きですが、筑前琵琶の柔らかさ、優美さには適していきます。しかし、表面板と楽器全体とを接着しないようにするには、かなりの木工技術が必要です。やはりこれも日本人の仕事の正確さや器用さが決め手になります。

棹《さお》と胴も接着されておらず、三味線の棹のように数段のホゾで差し込まれて継がれます（→P86）。これは薩摩琵琶も同様です。筑前琵琶は糸蔵《いとぐら》と棹もはめ込みですので、下の写真の筑前小琵琶のように分解

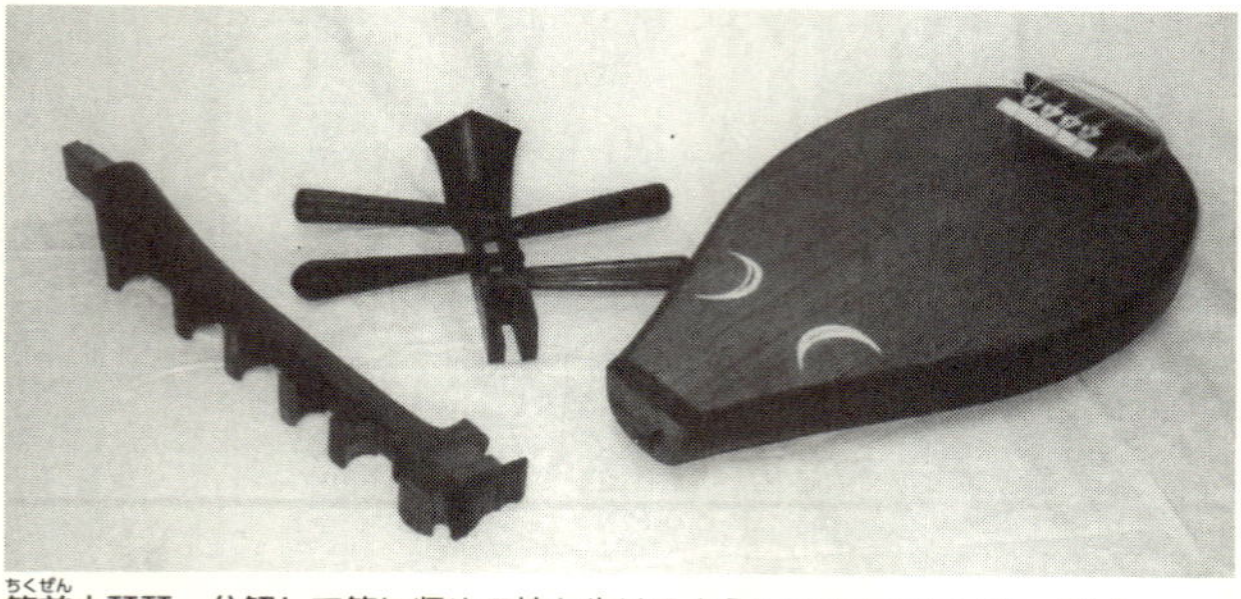

筑前《ちくぜん》小琵琶。分解して箱に収めて持ち歩けるようにつくられている。[W]

できてしまいます。日本の三味線と琵琶のような精巧なつくりの楽器は、西洋クラシック音楽の楽器を含めてもまず類を見ないきわめて特殊で貴重な存在です。

最も古い奏法を伝える

さらに、世界一大きな撥《ばち》で弾くこともまた、世界に類を見ません。楽《がく》琵琶のような小振りの「杓《ひしゃく》や杓文字《しゃもじ》のような撥」（それでも世界的には珍しい）で弾くこと自体は、亀茲《きじ》琵琶の後期にすでに見られ、これは敦煌《とんこう》及び唐《とう》～宋《そう》代の中国・中原では主流の奏法ですが、明・清代に、アルペジオ（爪弾き）奏法が台頭して、滅びてしまいました。一時は、スペインでさえも用いられていた琵琶ですが、その最も古い奏法を今日でも続けているのは日本だけなのです。

●琵琶に見出せる日本

その精巧なつくりを支える精神性

すでに述べたように、琵琶に見る日本人と日本文化の素晴らしさは、その精巧な製作技術と、美意識、それを求め生み出した精神性に尽きます。

「分解して折り畳める」楽器であることは、「日本人は他人を気にし過ぎ、かさばる荷物を派手に持ち歩くことをはばかった」とか「狭い島国が生んだ気風だ」などと、平たくいってしまうとつまらないものになりますが、少なくとも大陸・シルクロードの琵琶や楽器製作者たちには、「分解して折り畳める」という発想がなかったことは事実です。仮に分解する必要に駆られ、分解することを思いついたとしても、日本人ほど精巧な仕組みにはできなかったでしょう。日本の冬の乾燥と梅雨の湿気のなかでも機能する分解・組み立て構造は、三味線も琵琶も、組み立て終われば全く一体化しているとしか思えない見事さなのです。

それにしても日本の俗《ぞく》琵琶製作が、大変な苦労を重ねて精巧な分解・組み立て構造の技を育んだわけは何なのでしょうか。日本の場合、琵琶演奏のほとんどの担い手が視覚障害者でした。視覚障害者にとって、楽器の分解・組み立ては、いくら慣れたとしても、そうそうたやすいことではないでしょう。しかし一方で、ていねいに分解して行李《こうり》*に畳み入れ、大風呂敷に包んで背負えるのは大変な利便性があります。楽器を大切に扱えることのみならず、つとめてそつなく、目立たさず、ひっそりと行く旅姿を彷彿とさせます。同じ地域内での巡演では、119ページにある図版のように「布袋に入れて担ぐ」姿が見られたと思われます。

私が様々な三味線を学んでいた折に、各流儀の師匠から「楽器扱いの所作」の機能性と粋、美しさを厳しく指導していただきました。例えば、三味線や琵琶の調弦の際には糸蔵《いとぐら》（糸倉）を正座の膝の上に載せますが、その際、三味線や琵琶の胴体がどのような形で床に置かれるか？ といったことを最優先して考えるのです。晴眼であっても自分本位に楽器を無様に放り出して目先の糸蔵に集中するのではなく、楽器の安全も十分に考慮した所作は、無駄もなく、美しく、実に道理に叶ったものです。

用語解説……行李●竹や柳、藤などを編んでつくられた葛籠の一種。主として衣類を収納したり運搬するときに用いた。

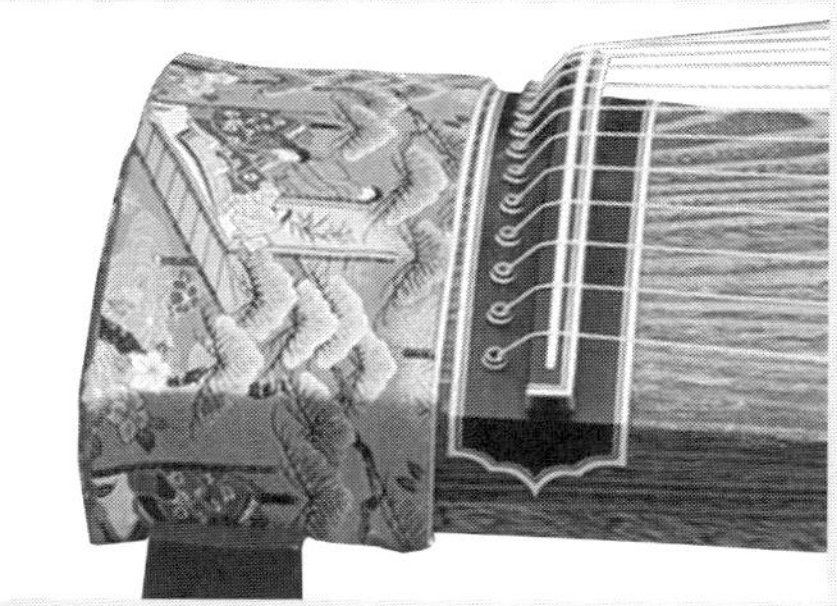

3 華麗な箏

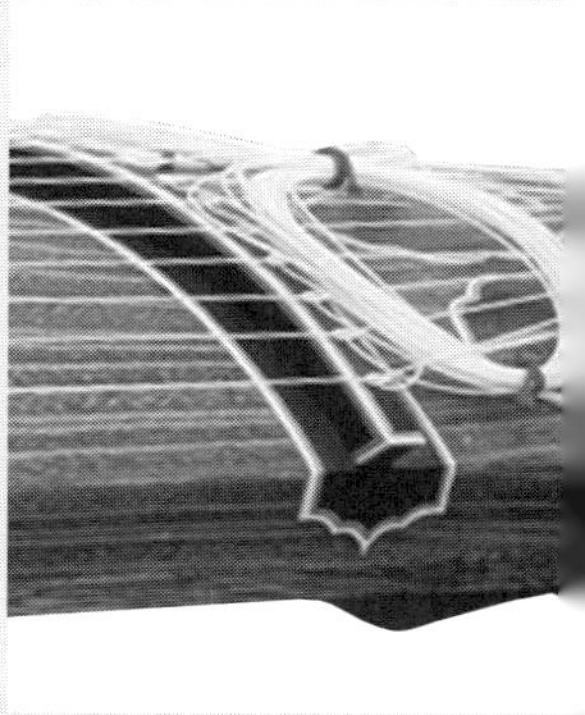

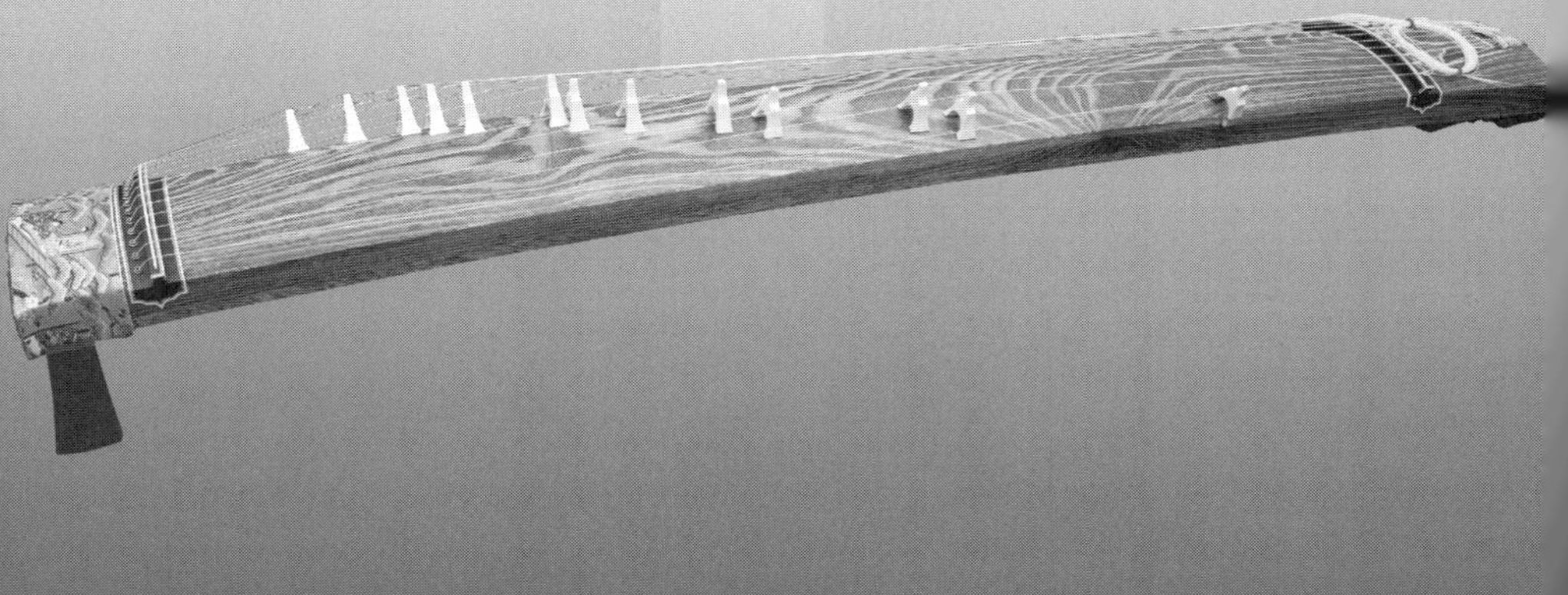

箏《そう》とは?

「箏」の楽器分類上における位置づけ

アジアのツィター属

今日の日本人に最も馴染みの深い日本の伝統邦楽の楽器である「箏」は、楽器分類学では「ツィター属」に分類されます。しかし、世界の主流ツィター属の共鳴胴は「台形」が基本で、「柱《じ》」の有無にかかわらず、弦の長さが異なるようにつくられています。それに対し、かなり細長い「長方形」胴の東アジア・北アジアの箏の類いは、弦長がほぼ同一なので、「柱」や「弦の太さ・張りの強弱」がなければ張られた弦の音程を変えることができない構造になっています。したがって、便宜上「北欧のお琴」や「アラブ琴」などといったとしても、左の図の下部に示した三種のユーラシア・ツィター属とは、根本的な立場の異なりがあると考えられます。

図の中程の北欧ツィター属は、その古代の原型において、竹筒琴《たけづつきん》系のなかの上部に描いた北アジアの「チャトガン（Chatgan）」と日本の「和琴《わごん》（→P71）」、そして中国の「瑟《しつ》」と「箏《そう》」のような「柱」を持っていたこと、即ち「同源」であることは容易に推測できます。「柱」の位置が固定された後、その左側（演奏者から見て）の胴体を不要として割愛すれば北欧ツィター型になります。それに対し、図下段のアラブ琴「カヌーン（Qanun）」は、演奏者側に低音がきますので、全く源流

アジアのツィター属（図は全て手前が演奏者の位置）

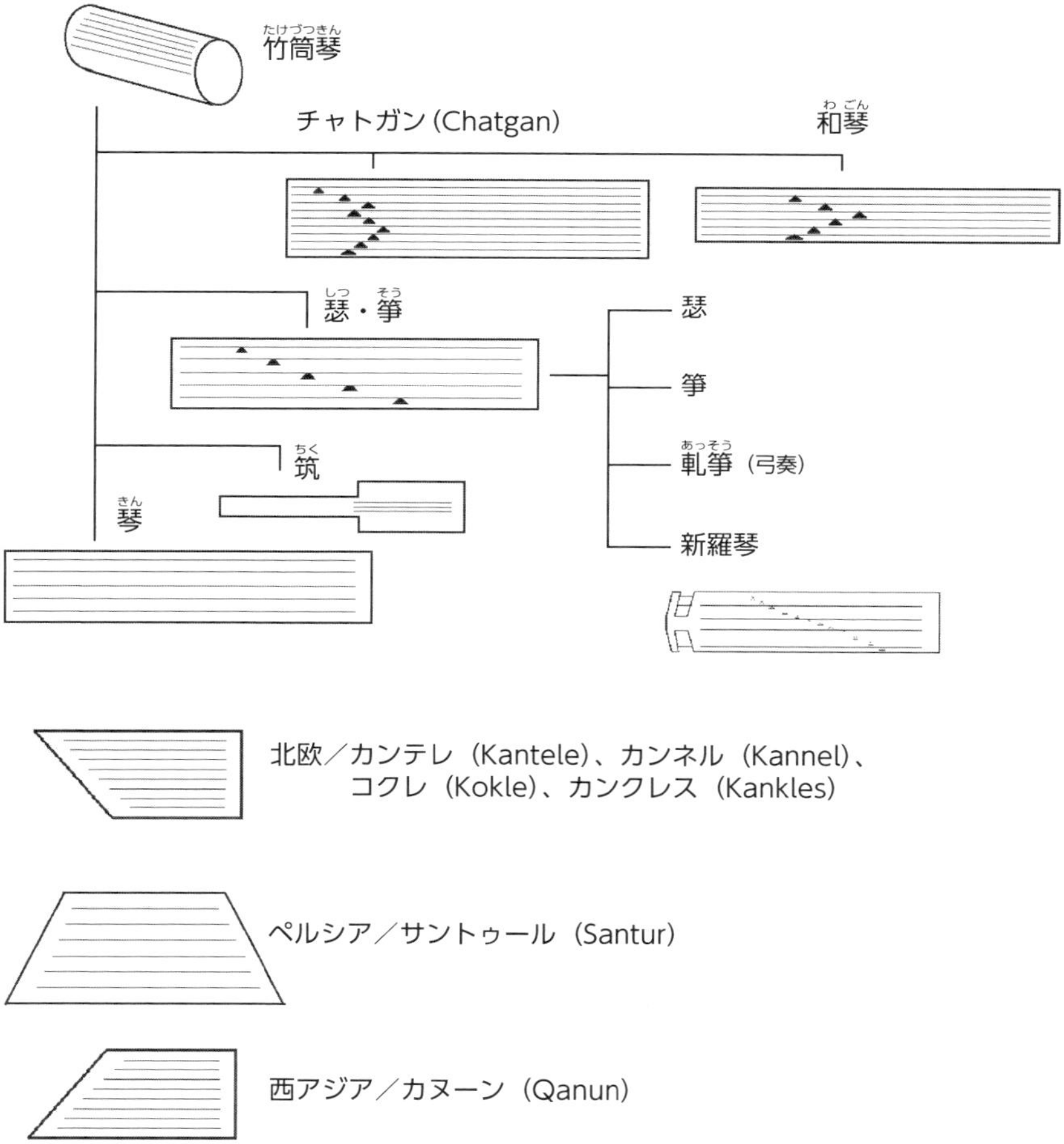

〔筆者作図〕

が異なります。しかし、「カヌーン」が細密画などに描かれるのは十九世紀初頭前後であり、それまでのアンサンブルで「カヌーン」の立場に描かれているのは、演奏者側に高音がくる「ハープ属」です。したがって「カヌーン」は、「ハープ」を寝かして共鳴胴を全体におよぶものに変えたと考えられ、その際に、同地域の主流ツィター属である「サントゥール（Santur）系」の音の並びにならってそろえたと考えられます。例えば、打弦楽器であるサントゥールの演奏者たちが、撥弦《はつげん》楽器ハープ属を弾こうと思えば、必然的に低音が手前になるわけで、彼らが撥弦にも手を広げて、ハープ奏者を追いやったか、ハープ奏者の激減でサントゥール奏者に応援を要請したのかもしれません。

サントゥールは、西方へわたってピアノ属の原型となります。なぜか東アジアには伝わらず、西アジアにならったイスラム宮廷音楽を持ったウイグルにサントゥール系やカヌーン系が伝わっても、漢民族は起用しなかったようです。漢民族が西洋から海路で伝わったサントゥール系を起用するのは明《みん》代（1368～1644年）末か清《しん》代（17～20世紀初頭）初頭で、「楊（ヤナギの木）のような細い棒で打奏する」ため、「楊琴《ヤンチン》」と呼ばれます。しばしば「洋琴」と誤記されることもありますが、西洋経由（洋楽器）という意味では当たらずとも遠からずでしょうか。日本には、江戸末期から明治に流行した（日清戦争に勝利して急速に廃れる）「明清楽《みんしんがく》」（↓P105）で稀に用いられた程度ですが、中国からインドシナ諸国に伝わった楽器は華僑《かきょう》を中心に重用されました。朝鮮半島にも伝わり李王朝《りおうちょう》末期に流行しました。

起源は「竹筒琴」

図（↓P155）で示したように、古代中国において「竹筒琴」の系譜は、「柱のない撥弦《はつげん》楽器」「柱のない打弦楽器」「柱のある撥弦楽器」「柱のある擦弦《さつげん》楽器」の「琴《きん》、筑《ちく》、瑟《しつ》（および箏《そう》）、軋箏《あっそう》」の四種が生まれました。ところが、日本固有といわれる「和琴」と、北アジア諸国の「チャトガン（地域・民族によって呼称は変わる）系」は、「瑟《しつ》」およびその後に生まれた、いわば「俗瑟《ぞくしつ》」である「箏」とは「音の並び」の根本的な考え方が全く異なるのです。※

したがって、「チャトガン・和琴系」は、中国の四種とは別系統と考えられ、仮に四種から分かれ出たとしても、かなり初期に分離したと考えられます。

このように、日本の伝統音楽に用いられる二種のツィター属「箏」と「和琴」は、ほとんどアジアにのみ分布する「竹筒琴」を起源とする楽器の一派で、「箏」と「和琴」は、古くに分かれた異なる系譜の上にあると考えられます。

ちなみに、アフリカ南部のインド洋に浮かぶマダガスカルに「竹筒琴」があり、それからさほど遠くないアフリカ大陸中東部に中国の「琴」に似た「舟形ツィター」があります。前者はインド洋の海流の影響でむしろ東南アジア文化との関係が深いことによりますが、後者は「東南アジア～マダガスカル～アフリカ大陸中東部」という流れではなく、「偶然の一致（シンクロニシティー）」と考えられるものです。

※瑟は、後世二・三台を合体させることで、結果的にチャトガン・和琴のような柱の並びにもなりましたが、ここで論じている比較とは別次元です。

●「お箏《こと》」か？「お琴《こと》」か？

「琴」と「箏」の混乱

私たちが一般に「おこと」といって「琴」と書いたり、「箏」と書いたりする混乱は何が原因なのでしょうか。

現時点での研究者諸氏における定説は以下のようなものです。

「竹筒琴《たけづつきん》（→P155）系」の「長いツィター属」を、日本では「こと」と呼んだそうです。つまり「和琴《わごん》」しかなかった時代なのです。古事記や日本書紀にもしばしば登場するとされますが、後世に書き換えたか、別な楽器と混同したと思わせる部分も少なくありません。そこに、飛鳥《あすか》〜平安《へいあん》時代に「箏《そう》」が大陸からもたらされ、区別の必要が生じ、「箏」を「そうのこと」とし、「和琴」を「やまと（の）こと」「あずま（の）こと」などと呼ぶようになったとされます。つまり「和琴」は、かなり後世の学術的な呼称であるということです。※

また「○○のこと」という弦楽器に対する総称では、「琵琶」さえも「びわのこと」と呼ばれていたともいわれます。狭義の「琴《きん》」、即ち「柱《じ》のない長ツィター」、および、中国宮廷雅楽の重要な楽器「瑟《しつ》」も日本に伝わったようですが、いずれもほどなく廃れ、なぜか「琴」の文字と語彙だけが氾濫しました。「琴」は「こと」の漢字ともされてしまいましたので、全て漢字表記すれば「琴《きん》の琴（こと）」「瑟《しつ》の琴」「箏《そう》の琴」「大和の琴／東の琴」などとなってしまうわけです。

その原因は、そもそも大陸で「琴」は、弦楽器の総称でもあったからです。これは、インドの

「ヴィーナ（Vina）」、ペルシアおよび伝播したアラブ、北アフリカ、トルコ、シルクロード（中央アジア）における「タール（Tar）」も、西洋の「ハープ（Harp）」も同じ性格の呼称です。

※「和琴」は、「倭琴」とも表記しますが、後世に差別化のために与えた字と思われます。

●「箏《そう》」という名称が意味することを深く考える

楽器の格

第二章で「琵琶は格別な楽器である」と記しましたが（→P109）、それは、その文字が「王」を冠していることにも現れています。古代中国で完成した同源・同系の細長いツィター属には「琴《きん》、瑟《しつ》、筑《ちく》、箏《そう》」がありますが、その文字には「王」と「竹」が使い分けられています。つまり「琴と瑟」は、合奏するとよく調和することから「琴瑟相和す」の言葉があるように、中国宮廷雅楽では、琵琶と並ぶ、しばしばそれ以上の存在であったのに対し、「箏」「筑」は、「王冠」を持たない格下の楽器であったことを示唆しています。

日本固有の「こと」は、「箏」の移入と発展に応じて相対的に「やまとこと、あずまこと」と呼ばれるようになった後に「和琴《わごん》」とされました。単純に「箏」との区別であるならば、「和箏《わそう》」でもよかったところに「琴」の字を当てたのは、日本固有（大元は北アジア系楽器なのでしょうけれど）の楽器であることの自負に加え、格上であることの自尊が込められたのであろうと考えられます。また、「打弦楽器の筑」が、ついぞ「王冠」を得るほどには重用されずに滅んだことでも楽器の格を現していることがわかります。古代ハープの「箜篌《くご》」は、比較的長く重用されましたが、結果的には同様です。この「楽器の格」は、中国から日本に伝えられた音楽と楽器を考える上で避けては通れない重要なテーマです。

音楽の格

隋《ずい》代（５８１～６１８年）、唐《とう》代（６１８～９０７年）の中国王朝は、宮廷雅楽の最も重要な（格上の）「清楽《しんがく》*」を門外不出として日本に伝えず、格下の「宴楽《えんがく》・燕楽《えんがく》」（→P103）を伝えたという説があります。しかし、実際の中国宮廷雅楽も、秦《しん》～漢《かん》～戦国《せんごく》時代～隋～唐～戦乱時代～宋《そう》、元《げん》、明《みん》、清《しん》と、時代が代わるごとに、宮廷音楽の内容も大きく変化しました（→P283・286・288）。その変化のパターンは常に同じで、「前時代から継承されている音楽」を最も格上の「清楽」として、「前時代の宴楽・燕楽」を、中核（もっぱら頻繁に演奏される）に格上げし、その時代の最先端の音楽を最下層の「宴楽・燕楽」として組み込みました。宴楽には西域渡来の「（常に新しくなる）胡《こ》楽《がく》」や南蛮渡来、天竺《てんじく》渡来の音楽があり、各国からの使節のもてなしにも活用しました。それらのいずれもが時代の変遷と共に昇格するのです。その結果、かつての「最上格」が、かなり恣意的に葬られる必然もありました。

したがって、日本の雅楽が平安時代のままの演奏を続けていれば、宋代（９６０～１２７９年）、明代（１３６８～１６４４年）には、中国宮廷雅楽最上格とほぼ同じ内容か格式（重さや荘厳さ）となったはずなのです。

「散楽《さんがく》」の登場

また、「宴楽・燕楽」と異なる次元ですが、同様の性質と扱われ方の音楽に、胡楽の一種の「散楽」があります（本来「猿楽《さるがく》」もこれに含まれます）。散楽は、多くの時代における曲芸や語り物、見世物を含む、より下層な放浪大道芸の総体で、音楽はそれらの伴奏に過ぎませんでした。ところが唐代前期に、宮廷がこれを重用し、宮廷音楽家にも応援させます。通常の大道芸の伴奏では、ささやかな打楽器程度で、贅沢に弦楽器を用いてもせいぜい一つであったものが、宮廷が保護（もちろんコントロールが目的ですが）した際には、笙《しょう》、洞笙《どうしょう》（尺八）に加えて、箏のみならず琵琶まで起用していたのです。

同時代、日本でも天平《てんぴょう》年間（７２９〜７４９年）に、聖武《しょうむ》天皇（在位７２４〜７４９年）が散楽を鑑賞したという記録があり、ほどなく宮廷雅楽の末端に「散楽戸《さんがくこ》」という散楽部門が置かれます。七五二年の東大寺の大仏開眼供養でも散楽が演じられ、海外からの参列者を含む人々を楽しませたとされます。散楽を雅楽家が手伝った様子は国宝『信西古楽図《しんぜいこがくず》』*に詳しく描かれていますが、やはり箏、琵琶に加え、珍しい「五絃」という名称の円形五絃琵琶も描かれています。演奏者は皆、そろいの衣装を身につけているので、大陸・半島渡来（帰化）人なのか日本人なのかは不明です。しかし、それから三十年後、桓武《かんむ》天皇の時代に、猥雑ということで「散楽戸」は廃止され、散

用語解説……**清楽**●漢代以来の漢民族の伝統音楽。
『信西古楽図』●平安時代の舞楽、雑楽、散楽などの様子が描かれた巻物。

楽の系譜は野に下り、「猿楽」を中心とした一派は能・狂言へと昇華してゆきます。

この流れには普遍的なプロセスを見ることができます。つまり、散楽は初め野に現れ、一般大衆に大人気となります。王族・貴族のなかでは賛否が分かれます。それでも巷に氾濫するようになると、権力の管理下に置かれます。しかし、新たな芸能が次々渡来し収拾がつかなくなり、故に管理をやめ、後は成り行きに任せるしかなくなります。すると、不思議に質の高いものが生き残り、たくましく発展をし続け、やがて洗練され芸術性も高まっていくのです。

箏もこのプロセスのように、むしろ自由に使える楽器として、貴族から文人に広く親しまれた可能性は十分考えられます。それ以上に、「散楽」を楽しんだ庶民にもお馴染みとなれば、放浪大道芸人も「箏」を、より一層重用していったと考えられます。

周《しゅう》王朝遺跡の楽師人形。瑟《しつ》の置き方が左右まちまちなのは、写真家がいいかげんに並べたと思われる。

〔筆者模写〕

日本の楽器雑学⑥

「瑟《しつ》」と「箏《そう》」の伝説

本場中国では、例によって珍妙な伝説がねつ造され、未だに中国漢人研究者が語っているばかりか、それを引用する日本人研究者や演奏家が少なくありません。

それは、次のような話です。

秦《しん》の宮廷に、見事な二十五弦の「瑟《しつ》」があり、共に瑟をよく弾く姉妹がそれを争って我がものにしたいと帝に懇願しました。そこで帝が瑟を二つに割って「十三弦の瑟」と「十二弦の箏《そう》」を創作し、瑟を姉に、箏を妹に与えたというものです。

日本に伝わった箏は十三弦ですが、朝鮮半島の「伽耶琴《カヤグム》」は十二弦なので「伽耶琴」こそ本来の箏であるとさえいう人もいます。

さらには、十二弦の箏は西域渡来であり、戦利品として持ち帰ったがために「箏（竹冠に争う）」としたという話があり、「争いでは縁起が悪いので、『箏』とした」とまで付け加えた話まであります。

少なくとも、中国以西に「琴《きん》・瑟・箏」のような形状の楽器は見当たらず、仮にあったとしても西域が起源であるという確証とはなりません。お伽噺《とぎばなし》をねつ造するならば、東南アジア～ヴェトナム経由の方が、また太古の真実に近いと思われますが、とかく漢人は西域にはコンプレックスを抱きつつ、南蛮を卑下していました。

●「瑟《しつ》」と「箏《そう》」の王座交替のいきさつは?

中国での「瑟」の変遷

そもそも「箏」と「瑟」には「竹冠と王冠」の格の差がありましたが、機能的、音楽的効果はほとんど変わりがありません。なぜ「瑟と箏」という重複する存在があり得たのでしょうか。そして、なぜ日本では「瑟」は箏に負けてしまったのでしょうか。

「筑《ちく》、琴《きん》」と共に竹筒琴《たけづつきん》から派生した当初の「瑟」は、まだ弦数が五〜七本程度だったのですが、その後、音域の異なる三台で合奏するようになりました。日本の縄文時代後期〜弥生時代前期に当たる周《しゅう》王朝（紀元前1046年頃〜紀元前256年）の遺跡から出た楽師の人形（→P162）では、いくつかの管楽器と共に、同じ形の「瑟」が三人で三台合奏されています。弦楽器はそれだけですから、それほどに重要な楽器であり、異なるパート（音域、対位法的でもあったかもしれません）の合奏もおこなっていたのです。

ところが、「琴」や琵琶、円形琵琶などとの合奏が発展するにしたがって、「瑟」だけに三人も要

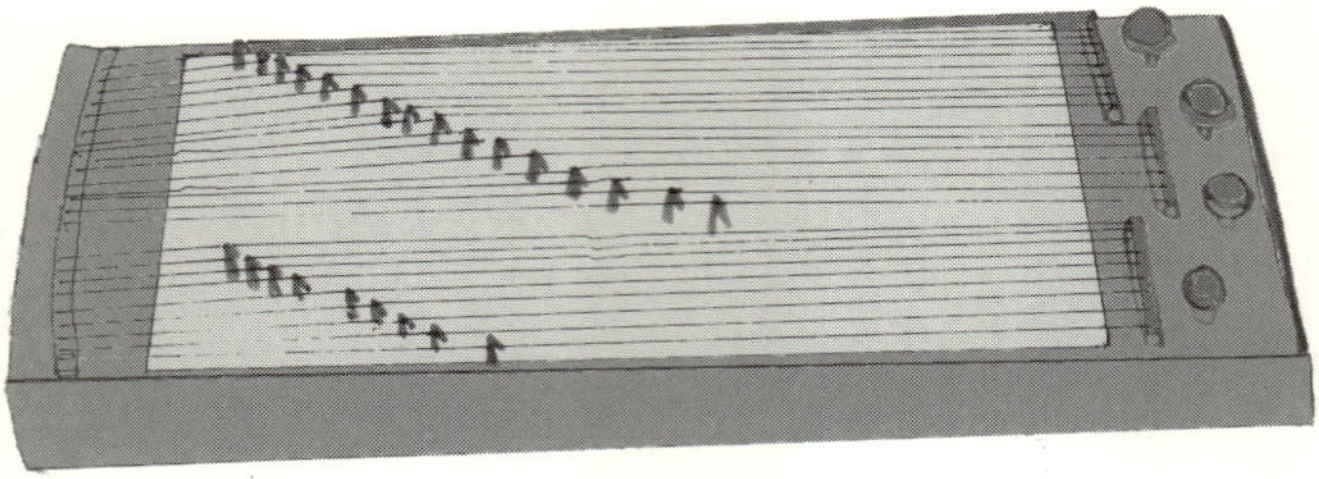

二十五弦の瑟《しつ》。〔筆者模写〕

らないとなったのでしょう。一台の瑟に三台分の機能を持たせた結果、最終的に瑟の弦数は二十五本（最多は五十本）にもなりました（右ページ下の図）。しかし、そのために奏法が難しくなり、その割には、音量もダイナミズムも乏しいとなり、次第に消滅していったと考えられます。

もちろん他にも、琴と瑟が重用された旧清楽《しんがく》が世代交替で廃れたことや、より音量が豊かな琵琶や箏の需要が高まったことも原因でしょう。しかし、逆に「簡素化することで一般化したり、音量が豊かになる」という方向性であれば生き残れたはずです。これは、中世～ルネサンス期～バロック期にわたって西洋クラッシック音楽の王座に君臨していた、元はアラブ伝来の弦楽器「リュート」が滅んだ理由と同じです。対位法（→P17）の奏法がエスカレートし、弦数もおそろしく増えた結果の自滅だったといわれます。「ならば瑟もリュートも弦数を減らせばよかろう」と思えますが、「改良・向上と発展」の果てに行き詰まったものは、後戻りという感覚を得られないようなのです。

日本での「瑟」の変遷

日本において「瑟」が早々に廃れた理由を、今までの研究者はほとんど語っていません。これも中国とほぼ同じ理由に加えて、そもそも日本に伝わった「宴楽《えんがく》・燕楽《えんがく》」ではあまり出番がなかったところに、日本の雅楽では、それぞれの楽器の「独奏曲」や「秘曲独奏」よりも、全員が何らかの役割で異なる楽器の大合奏をする方が好まれたことなどが原因しています。これは韓国・朝鮮半島の雅楽、ヴェトナムの雅楽も同様です。豪華絢爛（賑やかさ）と迫力を求めたのでしょう。

なお、日本の雅楽では、中国や朝鮮半島からの移入曲、日本で作られた曲を、東西二組に分かれた楽団で分担しますが、中国でも同様に、「儀礼祭壇」や「廟」を前に、皇帝が歩み寄るレッドカーペットのような通り道を挟んで左右の二列に分かれて合奏します。「琴瑟相和す」の言葉は、両側に象徴的に分けられた「琴と瑟」の儀礼的な立ち位置にも関係しているのです。

韓国・朝鮮半島の雅楽でも、楽器群は、「唐楽《トン・アク》と郷楽《ヒャン・アク》」に二分されており、後者は、「半島古来の楽器」を意味します。実際は、「唐楽」といっても、後世の宋代にもたらされたものがほとんどで、「郷楽」は、宋代以前や唐代以前に、シルクロードから伝わった楽器と楽曲です。

●たくましい楽器「箏《そう》」

平安時代にもたらされた「箏」の立ち位置

日本の雅楽において、「瑟《しつ》」が早々に消滅したのに対し、「楽箏《がくそう》」（後の俗箏《ぞくそう》の誕生後に雅楽の箏に与えられた呼称）が生き残ったことは、日本に伝えられた宮廷音楽が、清楽《しんがく》などより格下の音楽であったことを物語っています。その一方で、雅楽と共にもたらされた大道芸人の芸能である「散《さん》楽《がく》」（総称）でも、笙《しょう》や尺八ルーツ楽器（洞簫《どうしょう》）などと共に、「箏」が奏でられている図が残されています。もちろんそこには、最上格の「琴《きん》と瑟《しつ》」が描かれることはないと同時に、「三味線属」も描かれていません。このことから、「箏」は、「琴と瑟」よりは格下であっても、三味線属よりは格上であったことがわかります。また、三味線属が宮廷には一切入れなかったのに対し、箏は、宮廷宴楽《えんがく》・燕楽《えんがく》には用いられていたことから、かなり守備範囲が広かったと考えられます。

これらが、平安時代前後、「箏」が日本にもたらされた頃の立ち位置ですが、その後、「琴」「瑟」の消滅によって、その品格と地位は、いやが上にも高められたことはいうまでもありません。逆に、その音楽形態とアンサンブルが確立した以降に移入された楽曲でも「箏」が重要な役割を果したであろうことに対して、「和琴《わごん》」が活躍する新曲が次々と創作されたとは考えられないことから、結局は、和琴も最高位に君臨してはいてもほぼ化石状態であったということができます。

立奏して練り歩くことも

また、箏が放浪大道芸人の芸能でも用いられていたことはいうまでもありません。その場合のアンサンブルは簡素で、伴奏楽器は箏に管楽器や打楽器が加わる程度であったようです。また、大道芸における「箏」は、しばしば弓奏楽器を兼ねたとも思われ、かなり自由に活用されていたと考えられます。

さらに、『信西古楽図《しんぜいこがくず》』（↓P161）でも確認できますが、十人前後のアンサンブルにおける箏は、今日の箏曲のように演奏者の前に斜め気味に置かれるのではなく、ほぼ真直ぐに突き出して置かれています。いうまでもなく場所を取るからですが、ならば左隣の演奏者の前に楽器の左半分を置かせてもらってもよさそうなものです。しかし、このことから、「箏」が、かなり初期の段階で「左手による柱での押し込みの装飾音」を用いていたことがわかります。横に置いた場合、「押し込み」の度に隣の演奏者と肩がぶつかることは必至だからです。

同じく、箏が「きわめて長いかさばる楽器」である事情から、人々がごったがえす城下のバザールでの大道芸では、しばしば箏を抱きかかえるように縦にして構え、さらには、演奏者が立奏あるいは練り歩いている姿も描かれています。日本でも奄美《あまみ》の箏が近年に復原・復活した際に、復原者が思い付きで縦構えで演奏して話題になりました。同様に箏がかさばる場面は花柳界にもあり、お座敷には不向きな大型の楽器といわざるを得ません。だからでしょうか、絵画に見られる花柳界での箏の演奏図のなかには、今日の箏の三分の一ほども小さい楽器が用いられています。

これら様々な箏の活躍の様子からは、品格ばかり高く、技と音楽を追求するがあまりに自滅した「瑟」には、到底真似ができなかったに違いない、箏のたくましい姿が浮かび上がります。

箏《こと》の各部名称

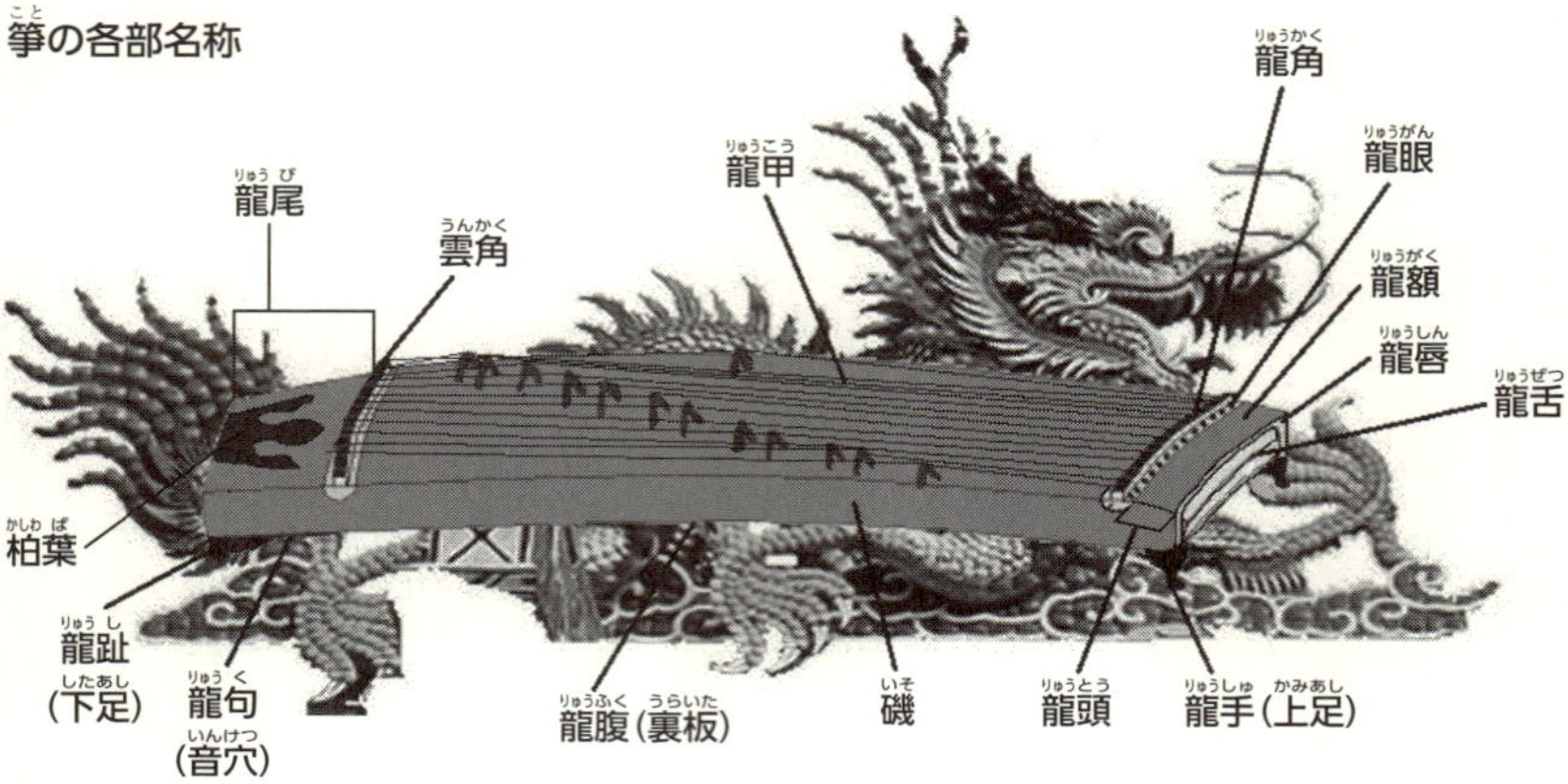

日本の楽器雑学 ⑦

龍伝説と箏《そう》

箏にはまだまだ知られざる別な顔があります。それは、箏の各部名称のほとんどが「龍」に因んでいるところです。演奏者の正面に置かれて弾く部分は、龍の顔・頭部で、龍角《りゅうかく》、龍頭《りゅうとう》、龍額《りゅうがく》、龍唇《りゅうしん》、龍《りゅう》舌《ぜつ》、龍頸《りゅうけい》、龍手《りゅうしゅ》と細かい名称があり、演奏中は手が届かない左の端は龍尾《りゅうび》、その手前の上駒は雲角《うんかく》と呼ばれ、弦があたかも天上の雲に隠れるかのように楽器の内部に潜り込みます。

三味線で説明したように、弦の振動が共鳴胴によく伝わるために、やや丸みを帯びて曲げられた胴も、また、表面は「龍甲《りゅうこう》」、裏面は「龍腹《りゅうふく》」と呼び、琵琶が腹を露《あらわ》にして演奏するのに対し、箏は、雲上を泳ぐように置かれて演奏するわけです。

この箏の「龍に因む名称」には、きっと多くの意味が隠されているに違いありません。

例えば、歴代の中国皇帝は、儒教を軸にしつつも、もっぱら政治利用が主で、信仰心としては、古来の神話や伝説に偏る傾向はありませんでした。したがって、「箏と龍」の場合は、そのような意味合い（宮廷や貴族のある種格別で神秘的な心情の現れ）の場合と、大道芸能のなかで伝承されてきた、知られざる物語の場合が考えられます。

箏《そう》のルーツと俗箏説

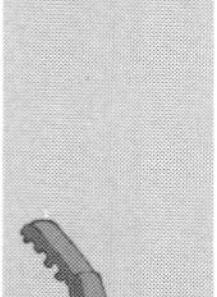

格式高い雅楽箏から俗箏を導いたのは誰か？

当道座《とうどうざ》とのかかわり

前述したように、三味線の起源は、沖縄から堺《さかい》に伝わった蛇皮線《じゃびせん》（三線）を、当道座に属する琵琶法師の石村検校《いしむらけんぎょう》が改造したのが始まりとされ、その弟子の虎沢《とらざわ》検校と、そのまた弟子の柳川《やながわ》検校が地《じ》歌《うた》三絃の音楽の基礎を築いたとされています。俗《ぞく》琵琶に関しては、平安時代前期の琵琶の名人の蝉丸《せみまる》が雅楽の楽《がく》琵琶から発した貴族・武家の琵琶楽とは異なる、新たな琵琶楽を創始したとされます。いずれも視覚障害者なので、盲僧琵琶も当道座の基本もこの頃に発しているとされます。要は、非当道座系の九州や東北の盲僧琵琶楽および瞽女座《ごぜざ》はどうだったのか？　九州盲僧琵琶から派生した薩摩《さつま》琵琶、筑前《ちくぜん》琵琶は、平家《へいけ》琵琶や当道座とどのような関係であったのかが論点ということを述べました。つまり、三味線とその音楽に関しては、創始物語における当道座の恣意を、琵琶に関しては、当道座以外の系譜に対する当道座の恣意と行為を確認すべきということです。

これらは決して当道座だけをやり玉にあげようというものではありません。平安後期から江戸時代の知識人にとって、当道座が関係した音楽史や音楽論が唯一の情報であったからに他ならず、片や見世物小屋や花柳界、そして津々浦々の山村や漁村において貴重な芸能のひとつであった俗曲三

味線や盲僧琵琶は、恣意を込める発信手段を持っていなかったのですからしかたがありません。いわば当道座を根幹とした音楽大系が当時のメイン・カルチャーであり、他方は、各地各階級でバラバラのサブ・カルチャーだったわけです。

ところが、箏とその音楽である箏曲の創始に関して、当道座に、一見する限り恣意的な操作は見られません。なぜならば定説では、すでに楽箏《がくそう》*から発した僧侶の箏と箏曲である「筑紫箏《つくしごと》」*が先行しており、それを学んだ八橋《やつはし》検校（1614〜1685年）が、地歌・箏曲の楽器と音楽を創作した、としているからです。つまり、これを三味線や琵琶の話に見られる作為に置き換えれば、「筑紫箏」の創作さえも当道座の僧侶（この場合、八橋検校）であるとしかねなかったということです。

しかし、うがった見方をすれば、「雅楽・楽箏からの創作」と述べることには、いささか抵抗感や遠慮があったからかもしれません。「三味線近畿伝来説」のひとつにも、当時の京都雅楽界の権威の高さが語られています。もしくは、「筑紫箏」にはすでにある程度強力な後ろ盾が付いており、やすやすと創始の手柄を横取りはできなかったのかもしれません。

注目すべき点は、その「筑紫箏」の創始者は、九州・久留米の僧侶：諸田賢順《もろたけんじゅん》（1547？〜1636？年）であり、八橋検校はその弟子の法水《ほうすい》に江戸にて学んだとされる説の他、久留米の賢順ではなく佐賀の禅僧の玄恕《げんじょ》である説、法水と玄恕が同一人物である説など、諸説が混乱していることです。即ち、「おそれ多くも楽箏から僧侶箏を創作した人物」を他につくりだしておきなが

用語解説……**楽箏**●唐から伝わった十三弦の箏。筑紫琴や生田流・山田流などの俗箏に対していう、雅楽に用いられる箏。
筑紫箏●近世箏曲の始祖となる箏曲、また楽器の名称でもある。高尚で雅びだが、娯楽性は少ないとされる。

ら、その人物像が曖昧である、という見方も自然に生じてしまうのです。少なくとも、八橋検校とそれ以降の伝承に関する記録の細かさとを比べて、実に曖昧であることは確かです。当然のことながら、賢順もしくは玄恕が、なぜ楽箏から新たな音楽を創作できたのか、その目的、意図は何なのかは全く語られていません。

●「筑紫箏《つくしごと》源流説」の無理

諸説に見え隠れするもの

「筑紫箏源流説」の疑問は、かれこれ三十年気になっていましたが、三味線、琵琶、箏《そう》、胡弓《こきゅう》のルーツ楽器の探求が進むにつれ、次第にわかってきたことがあります。やはりここには「三味線の九州伝来説」、「盲僧琵琶のインド・大陸修行僧由来説」と同様の「俗箏・僧侶箏大陸伝来説」という、関連し合ったストーリー（今日では私の他に誰も語らない）が意味を持ってくるのです。

そもそも「筑紫箏」が、雅楽の楽箏《がくそう》から生じたのであるならば、なぜ近畿ではなく九州で生まれたのかという疑問です。また、創始者とされる「久留米《くるめ》の僧侶の諸田賢順《もろたけんじゅん》」が盲僧であった場合、近畿の当道座《とうどうざ》の九州盲僧に対する弾圧が始まった時期に相当します。その状況下で「雅楽箏からの創作」および、当道座の八橋検校《やつはしけんぎょう》が学ぶという関係性を持ち得たのはなぜなのか？　逆に、別説の「佐賀・桂巌寺《けいがんじ》の禅僧の玄恕《げんじょ》」であるならば、禅寺に守られていたことを示唆しています。また、そのどちらかの弟子であるとか、同一人物であるともいわれる法水《ほうすい》が、江戸で演奏活動ができた理由は何なのかなど疑問は尽きません。すでに鎌倉時代に関東の非当道座盲僧は、興福寺《こうふくじ》*配下で守られていました。即ち、禅僧の玄恕と江戸の法水の場合は、当道座も一目を置かざるを得なかった存在ということが考えられます。

ところがこれらの自然な疑問に対して、様々な説や伝承がまるで用意されたかのように存在するのです。例えば、「なぜ近畿ではなく北部九州なのか」については、「平家落人説《へいけおちうどせつ》」があります。平安時代の貴族、その後の平家や源氏《げんじ》などの武家の間に文芸として流行したもののひとつとして、箏が落人によって九州に運ばれ流行したというのです。しかし落人は全国に展開していますし、同じ文芸のたしなみならば、琵琶（楽《がく》琵琶系）も同様に伝わってもよさそうな話です。また、平家滅亡から筑紫箏創始の賢順までの四百数十年の間のいつ流行したのか？　いいかえれば、今日の先にもいくらでも新たなねつ造話がつくれるほどのタイムラグがあります。

これとは別説の北部九州の筑紫箏縁起話に、福岡県と大分県に跨《また》がる英彦山《ひこさん》の伝承があります。英彦山に住む唐《とう》渡来の箏の名人である李某の名声を聞いた音楽愛好家であった宇多《うだ》天皇（在位887～897年）が、命婦（女官）を送って学ばせて京に伝えたものが筑紫箏であったとされています。かつて英彦山神宮の近くには「琴の茶屋」というバス停があったとさえいわれています。この伝承は、大正～昭和の東都新聞記者の金井紫雲《かないしうん》（1888～1954年）も『東洋画題綜覧』*に書いています。ちなみに英彦山は、元来「彦山」の表記でしたが、霊元《れいげん》天皇（1654～1732年）が「英」を冠したといわれることでわかるように、近畿および朝廷との深い関係が知

用語解説……**興福寺**●奈良にある法相宗の大本山の寺院。奈良時代には四大寺、平安時代には七大寺の一つとして降盛を極めた。事実上、大和国の領主でもあり、鎌倉・室町幕府は、大和国に守護を置くことができず、大和国は事実上興福寺の支配下にあったといわれる。
東洋画題綜覧●故事伝説、歴史上の事件など多岐にわたる東洋画題を解説した事典の合本復刻版。

られます。

そのように諸説あるなか、近年では、もっぱら久留米の善導寺《ぜんどうじ》源流説が他説を圧倒しています。

善導寺源流説とは

善導寺の僧侶の賢順創始説には、きわめて詳細な伝承がありますが、その説がいつ頃構築されたのかは定かではありません。善導寺を取り巻く、久留米や佐賀の伝承には、前述した様々な疑問や矛盾を疑わせる記述が多くありました（→P171）。ところが現在の善導寺側（同寺主導という意味ではなく同説支持者の意）の説明では、そもそも賢順は名跡《みょうせき》*で五代あり、初代が善導寺雅楽の他、唐渡来の鄭家定《ていいえさだ》より琴《きん》・瑟《しつ》・箏を学び筑紫箏を創案しました。二代目が元は賢順の弟子で、諫早《いさはや》の慶《けい》巌寺《がんじ》の僧玄恕で、京に上り、後陽成《ごようぜい》天皇第八皇子の良純《りょうじゅん》法親王（1604～1669年）に筑紫箏を教授したが帰郷の際、代わりに法水を遣わしたところ気に入られず、法水は江戸に逃れ、箏屋（楽器製作者）となったといわれています。楽器屋の屋号が「柏屋《かしわや》」なのは、箏の頭の装飾「柏《かしわ》葉《ば》」と深い関連があるのでしょう。

三代目は、二代目（玄恕から二世賢順を継ぐ）の高弟で、元々は、佐賀鍋島《さがなべしま》初代藩主の徳応勝茂《とくおうかつしげ》の子です。幼少の頃に出家して浄土宗大運寺《だいうんじ》に入った後、三代目の弟子となります。晩年は、浄林《じょうりん》寺《じ》（浄土宗）の開祖となります。

四代目は、元禄時代に佐賀に「孔子廟《こうしびょう》（鍋島大成殿《なべしまだいせいでん》）」を建立した人物で、京に上り筑紫箏書籍を表したとされます。五代目は、大成殿の楽師長および藩主の音楽教師であったとされます。

つまり前述の疑問の全てに応える完璧なまでの説明が存在するのです。もちろん信憑性を疑っているわけではないのですが、あまりに完璧で筋が通っていることによる懐疑心もお許し頂きたいと思います。大陸僧侶放浪芸のひとつであろう「箏」が儒教に関わるという話も納得できません。

面白いのは、同説に伝わる筑紫箏作法には、「盲人・浮女への教授御法度」があるということです。同説では、法水はその掟を破って八橋検校に教授したがために破門になったといいます。

即ち「どの説が正しいか」の枝葉議論よりも、大切なことは「三味線伝来説」同様に、全ての説に見え隠れする「何か」こそ、より真実を語っている貴重な証言であるということです。「法水破門説」は、全ての箏曲家にとっては不名誉な話です。本来許されなかった芸が、全ての箏曲の原点であるというのですから、むしろ許し難い話でしょう。しかし、大変恐縮ですが、法水の一件の事実・真偽のほどは二の次の価値なのです。それよりも、八橋検校か誰か、当道座の盲僧が学んだことが揺るぎない話になると同時に、筑紫箏創始以前に、俗箏を学び得る、弾き得る人間が存在していたことを証言している価値を見出すべきなのです。逆にいえば、格差を付けて高尚にしたはずの筑紫箏を、また俗化させた八橋検校創始の俗箏曲は、すでに存在していた盲僧箏とは似た者同士であるということにもなります。さすれば当道座側としては、筑紫箏の権威を高めておきたいと思うのも自然な感情でしょう。

また、さらに向学・探求心をそそられる話が、善導寺起源説の「作法」のなかにある「昔は片膝

用語解説……名跡●家制度と結び付き、代々受けつがれていく家名のこと。

を立てて構えた」という部分で、なんと江戸中期までは継承されていたということです。これは、三味線、胡弓の花柳界での演奏法と同じです。

いいかえれば、賢順たちの筑紫箏は、それらとの差別化・格と権威の向上を図りながらも「楽器の構え方」は変え忘れ、八橋検校はそれを失念しなかったということになります。またこの「構えまではしかたがない」とする「楽器・演奏本意」の感覚は音楽的にはきわめて真摯な姿でありますが、同時に、後述する「散楽《さんがく》における箏」にしばしば見られる片膝や両膝の上に箏頭を載せる（朝鮮半島の箏類はみなそうです）構えもあり得たと思わされます。

放浪大道芸としての箏は存在したのか？

平安時代には中国と日本でほぼ同時に、国家主導でおこなわれた「雅楽家と大道芸人の合同演奏会」がありました。

日本の雅楽において「瑟《しつ》」は活用されずに終わり、代わりに「箏」が「瑟」の地位にありましたが、「箏」は同時に大陸・半島渡来の「散楽」でも用いられていました。そして、「散楽」は、一時、雅楽部（寮）の管轄下に置かれ、「宴楽《えんがく》・燕楽《えんがく》」などと同様の目的で活躍します。当然、雅楽演奏家も一時は、「散楽」の演奏法を学び実践したはずなのです。その後、ほどなく「散楽」は、宮中の管理から外され野に下りましたが、巷では新たな大陸・半島の「散楽師」も次々渡来していたことでしょう。音楽的にも違いが大きくなるにつれ、雅楽家は、当然のようにそうした「散楽」

における箏を卑下したと思われます。

もっとも、中国でも朝鮮半島でも、そして日本でも、雅楽部が管理していた「散楽」の演奏図では、笛、篳篥《ひちりき》、箜篌《くご》と並んで琵琶、箏も用いられていますが、大衆大道芸においてもそのような贅沢なアンサンブルであったとは到底考え難く、多くの場合、太鼓・打楽器で、ごく希に三絃、胡弓《こきゅう》などで、大道芸人たちは、琵琶、箏をほとんど弾かなかったかもしれません。基本的に箏の音量が野外向きではないことも、当然大きな理由のひとつでしょう。

しかし、いずれにしても、「筑紫箏」が創始されたのは、「散楽」が廃止されてから八百年も経った頃のことです。宮廷と貴族・武家の間で、楽箏の品格は高く維持されていたことでしょう。つまり、「楽箏」と、「散楽系もしくは新たな渡来大道芸系の箏」および「僧侶の箏」の関係は、当道座盲僧の頭越しに、雅楽家と大道芸および当道座以外の僧侶との対峙にあったと考えられます。

したがって、「筑紫箏」が「雅楽の要素を取り入れてレベルを上げた」ということはあっても、「雅楽とその楽箏を基盤にして発展した」ということはかなり考え難いのです。もっとも、宮内庁雅楽部から独立して雅楽小組織をつくった演奏家は、明治以降今日でも少なくありません。近年では洋楽的な演奏活動をする人物さえ現れ、人気を博していますから、「筑紫箏」もしくはその前駆が、いわゆる「雅楽崩れ」に端を発していたとしても不思議ではありません。

●筑紫箏《つくしごと》の八百年も前に俗箏《ぞくそう》は存在した

大道芸人の伴奏楽器

ここからは全く別の観点から見ていきます。

平安時代前から江戸時代の鎖国まで、大陸・半島から、次々に渡来していたであろう大道芸人が、すでに俗箏をもしばしば用いていたとしたらどうでしょうか？　そもそも「散楽《さんがく》」は、メイン・カルチャーの先導者・統率者が、あらゆる大道芸を括って総称したものですから、曲芸から歌舞、語り物まで様々な芸能があり、その芸筋も、中国で育まれたものから朝鮮半島オリジナルのもの、さらにはシルクロード中央部から長い旅をしてきたものまで様々です。それを総括して宮廷音楽家が管轄した際には、中国でも日本でも、いわばフルオーケストラで伴奏したかもしれませんが、本来それぞれに必要最小限の伴奏楽器を用いていたはずです。そのなかに、「箏と打楽器《そう》」があったとしても何らおかしいことではないのです。その根拠は前述したように、「瑟《しつ》と箏」がほぼ同じ機能であるにもかかわらず、「瑟」が格上で、宮廷雅楽の最上格に用いられ、「箏」が宮廷雅楽の中格より下級に用いられると同時に大道芸にも用いられていたからです。

また、「箏」はその発生の原点から大道芸に頻繁に用いられていて、その楽器も小振りで、かつ撥弦《はつげん》もすれば擦弦《さつげん》（弓奏《きゅうそう》）も、ときには打弦も同じ楽器で使い分けていた可能性がある、と私は考えています。左ページ上の図は、一四八五年に描かれた京城《けいじょう》城下を練り歩く五人組の大道芸人図の模写（部分）です。原図ではこの他に「篳篥《ひちりき》」「笙《しょう》」「拍子木《ひょうしぎ》」が加わっています。その下の図は、一四二八年に描かれた「十二大天母《てんも》」のなかの「竪箏《たてごと》」の模写ですが、上の図の弓奏楽器とほぼ同じ楽器を撥弦しています。このように縦に構えた演奏スタイルは、練り歩きながら、撥弦でも擦弦でも演奏できたのです。これを仮にここでは「マルチ箏」とします。

そもそも、中国楽器学で擦奏の箏は「軋箏《あっそう》」と呼ばれます。つまり、これこそ事の真相を表しているのです。軋箏が、瑟や琴と並ぶ格上の楽器であり、朝鮮半島雅楽の擦奏箏「牙箏《アジェン》」同様に雅楽で重用されていたのであるならば、「軋瑟《あっしつ》」という名でもよかったでしょうし、全く別な名でもよかったわけです。しかるに「軋箏」は「擦奏する箏」の意味であり、次第に擦弦に特化したものと考えられるのです。したがって、箏は、かなりの古代から存在し、大道芸人によって、もしくは演目や、場所や聴衆の人数に応じて、「撥弦」のみならず、「打奏」も「弓奏」も自在にされていた、

明《みん》代の大道芸人。〔筆者模写〕

「十二大天母《てんも》」のなかの竪箏《たてごと》。〔筆者模写〕

と考えるのが最も自然なのです。

箏といえば弓奏楽器!?

実は同じことがヨーロッパでも起こっていました。今日、西洋クラシック音楽に関わる方々やファンの方々にとって「ヴィオラ（Viola）」といえば、ヴァイオリン属の五度低いアルト楽器ですが、本来は、いってしまえば「ギター」なのです。その証拠に、その真実を今日も貫き通しているのがポルトガル人で、「8の字型の撥弦楽器」を、執拗に「ヴィオラ」といいます。当然植民地だったブラジルも同様です。ところがスペイン・イタリアで中世末期からルネサンス期にかけて、そのヴィオラを弓で弾くことが流行したのです。当初は「弓弾きヴィオラ：Viola《ヴィオラ》 de《デ》 Arco《アルコ》」と呼んでいたのですが、形勢が逆転して、本来のヴィオラさえも「Viola《ヴィオラ》 de《デ》 Mano《マノ》」（字義は『手』即ち爪弾き）と、本末転倒というべき呼び方をせざるを得ないうちに、いつしか撥弦は「ギターラ」だといい始め、「ヴィオラ」の名は、弓奏楽器に完全に盗られてしまったのです。なので、「軋箏」が完全に優勢勝ちをしていれば、「箏といえば弓奏楽器」となっており、撥弦の箏は、

チワン族の弓奏の箏。〔筆者模写〕

別な名前を付けなければならなかったかもしれないのです。少なくとも「軋箏」の名が存在する以上、それは「Shien《シエン》（箏）de Arco《デアルコ》」の意味であったことは間違いないのです。

「元祖・軋箏」は、誕生した時点での形とほとんど変わらず、今日でも山岳地帯の少数民族の間で生き続けています。右ページの下の図は、チワン族（壮《そう》族）の「Cheng-Ni《チェンニイ》」で、漢字の別名には「瓦琴《ワーチン》、福琴《フーチン》、唐琴《タンチン》」などがあります。この他、河北省《かほくしょう》では、もっと明確に竹筒の様子がわかる素朴な楽器も継承されています。また朝鮮半島では、弓ではなく棒で擦奏する、より精巧につくられた箏大の軋箏「牙箏」が古典音楽で継承されています。

●修行僧と箏《そう》

「マルチ箏」を用いて説教

さて、仮に名付けた「マルチ箏」は、ある種の大道芸や仏教修行僧によっても用いられたであろうことが容易に想像できます。その根拠は、結果として三味線ほど一般化していなかったことにあり、盲僧琵琶ほど長続きしなかったからです。もっとも、盲僧が琵琶のみを用い続けたのは、音量とダイナミズムの利点、そして調弦の容易さということもいえます。

日本の修験道《しゅげんどう》*は、仏教法器と雅楽楽器の二つの要素を持つ「法螺貝《ほらがい》」を重用します。そもそも修験道は、神仏習合の時代以降日本で生まれたというのがほぼ定説ですが、実のところその起源は不詳であり、創始者とされる人物が日本人であったという確かな根拠も説明されていません。また、

用語解説……**修験道**●日本古来の山岳信仰と、仏教の密教、道教、儒教などが結びついて平安時代末期に成立した宗教といわれる。修験道をおこなう人を修験者または山伏と呼ぶ。

山岳信仰のアニミズム（自然崇拝）が神道と共通性が高いことから、神仏混淆と考えられており、実際、神道・日本神話の神々と仏教の仏様との習合である「権化」を奉ることなどもありますが、その原点が、大陸の古代道教では決してないとも誰も証明できていません。

一方、九州と中国地方・瀬戸内海沿岸には、神道・仏教・陰陽道・道教などが混在した民間信仰が根強く残っており（少なくともこの三十年前までは）、瀬戸内海と九州の盲僧琵琶は、その祈《き》祷《とう》・供養に活躍したともいわれています。つまり、大陸ですでに道教・仏教（密教や禅のルーツも含む）が習合した民間宗教的な教えを説く修行僧が、大道で説教することを業としていたことは十分考えられるのです。日本における修験道も、普化宗《ふけしゅう》*の虚無僧《こむそう》（尺八を吹いて托鉢《たくはつ》する）も、その他の祭文《さいもん》や説教節を吟詠して回る修行僧も、形としては天台、真言の寺や禅寺に属しながら、独自の教義を説いていた者も少なくなかったと思われます。逆に考えると、日本の仏教の本山から末寺までの組織を持ち、寺を拠点として檀家の求めに応じて祈祷・供養に回る主要宗派のシステムが確立した後の、「業」の一環としての「托鉢・勧化《かんげ》・勧進《かんじん》・遊行《ゆぎょう》・行脚《あんぎゃ》」と、九州盲僧の琵琶、普化宗の虚無僧、修験道・山伏のそれらは、つまり、表面上では同じ基本目的（修行・布教・布施）であっても、起源の本質は異なるかもしれない、ということです。

（いずれも非当道座系の）日本の盲僧琵琶や瞽女唄《ごぜうた》、普化宗虚無僧《ふけしゅうこむそう》の尺八、修験道・山伏の歌祭文などは、明らかに主要宗派がおこなわない、きわめて芸能的・世俗的な行為であることには異論はないはずです。さすれば、その原点がすでに大陸・半島にあり、それが日本に帰化して日本化し、主要宗派の配下に属したり、属さずに独自の展開をおこなったり、ささやかな組織を持ったりしたとしても何らおかしくはなく、むしろ自然と考えられるのです。

そのような多様な宗教を習合させ、そのなかには山籠《やまごも》りや野を吟遊することが重要な修行である宗教があり、それが様々な芸能と共に様々な楽器を用い、そのなかに撥弦《はつげん》・擦弦《さつげん》・打弦の多様性がある「マルチ箏」を用いる一派やスタイルがあったと考えることもまた、ごく自然なことではないでしょうか。

日本の箏曲《そうきょく》

●楽箏《がくそう》と俗箏《ぞくそう》

雅学の箏

楽箏は、楽《がく》琵琶同様に「雅楽」に用いられるという意味の呼称ですが、前述したように十六世紀に「筑紫箏《つくしごと》」、十七世紀に「俗箏」が生まれるまでは、「和琴（やまとのこと）」と区別して「そうのこと」、通称「そう」だったのでしょう。ほどなく、琵琶やその他の雅楽管楽器同様に、貴族の教養的娯楽にも用いられ、後には武家にも愛奏されます。

用語解説……**普化宗**●中国、唐の僧侶、普化を始祖とする宗派。臨済宗（禅宗）の一派ともされる。1249（建長6）年に宗にわたった心地覚心が日本に伝えた（→P223）。

図らずも俗箏の原点となった仏教の要素が濃厚な「筑紫箏」からすれば、むしろ「楽箏」の方が「俗箏」なはずですが、後の「地歌・箏曲」の「箏」の前駆であるために、筑紫箏の方が「準俗箏」的な位置づけというおかしなことになっています。また、八橋検校《やつはしけんぎょう》が賢順《けんじゅん》から何を学び、「俗箏」において何を継承し、新たに何を創作したのかも曖昧なままです。

生田《いくた》流と山田《やまだ》流

八橋検校が興した当道座・地歌《じうた》系俗箏音楽は、優秀な門弟ながら早世した北島《きたじま》検校、その門弟の生田《いくた》検校（1656～1715年）によって「箏曲」の体裁を確立し、「生田流」の誕生を見ます。その後の生田流と地歌音楽との関係はより詳しく後述します（→P198）。

その後、約百年後に山田検校（1757～1817年）が現れ、「生田流」と双璧を成す「山田流」を興します。山田検校は、箏匠と力を合わせ、「生田箏」に様々な改良を加えて、音量を豊かにしたといわれますが、疑問の声もあります。いずれにしても楽箏よりもやや長くなった生田箏を楽箏サイズに戻し、演奏者に対して平行に置き、生田の角爪（四角形）に対し楽箏の爪に近い丸爪（楽箏は、竹片の先端を円弧状に削ったもの）にするなどの点で、むしろ楽箏に回帰した印象を抱きます。山田流の音楽は、圧倒的に箏が三絃の存在を上回り、三絃はあくまでも効果的な彩りを添える程度の副楽器になり、合奏でどんなに箏の数が増えようと、三絃は一挺のみです。何よりも「歌」を重視した形式が山田流の特徴で、これにより楽箏とも大きく性格を異にします。その後、生田流でも「山田流箏」を用いるようになりました。

●三味線との習合と競合

箏《そう》ばかりの今日の「地歌《じうた》・箏曲《そうきょく》」の常識

一般の音楽ファンにとって、友人・知人の最低ひとりは「お箏を習っていた」という人がいるのではないでしょうか？　私の民族音楽教室の生徒でも二十人にひとりはいました。ところが、その人たちに「三絃は？」と訊くと、「少し習ったけれど人前では演らなかった」「楽器も手放した」という人ばかりでした。私の地歌三絃の師匠のそのまた師匠は三絃の名手としても知られていましたが、宮城道雄《みやぎみちお》門下でもあるその方の演奏活動のほとんどは箏でした。このように箏を上位に置く感覚は、明治以降急速に進み、特に戦後は、ほとんど「箏ばかり」で、「地歌・箏曲」とは名ばかりになっているようです。

そもそも「地歌・箏曲」の「地歌」の意味するところは、その歴史に則って「三絃音楽として始まり発展した音楽」という意味に他ならず、即ち「地歌・箏曲」とは、「地歌三絃音楽（浄瑠璃《じょうるり》や長唄《ながうた》、端唄《はうた》などと区別して）と地歌系箏曲（楽箏《がくそう》や筑紫箏《つくしごと》と区別して）」という意味のはずです。ならば「地歌＝三絃」という意味合いでもあるはずなのですが、そのように考える演奏者も学び手も、今日まずいないと思われます。また、「地歌・箏曲」の合奏形式の「三曲」*は、本来は「三絃・箏・胡弓《こきゅう》」でしたが、明治に「虚無僧《こむそう》尺八を司っていた普化宗《ふけしゅう》」が廃絶され、尺八がいわば解禁と

用語解説……**三曲**●三つの楽曲という意味ではなく、三種類の音楽の総称。この三種の音楽はそれぞれ独立して存在しているが、特に「箏曲」と「地歌」は、その演奏者が共通することが多い。

なって以降、「三曲」といえば、「三絃・箏・尺八」ということになりました。

しばしば「音楽が生きている証拠は、その時代時代に則しているからである」といわれます。「地歌・箏曲」は「日本の伝統邦楽中で、最も一般に開かれた芸能」であるが故に、時代の変遷が大きく刻まれているのです。しかし、当道座《とうどうざ》が明治に廃止されるまでは、その担い手は当道座に属する視覚障害者が中心だったのですから、「日本の伝統邦楽のなかで最も閉鎖的な社会から生まれた芸能」だったともいえます。そういった伝統も踏まえて、「明治以降、および戦後の感覚」を一度見直してみることが必要なのではないでしょうか。

三絃が常に圧倒していた「地歌・箏曲」

地歌・箏曲および浄瑠璃・長唄などには、わかりにくい用語が多いので、表題のテーマを述べる前に簡単に説明します。

左の表の上段にあるように、現行の浄瑠璃では古い部類の義太夫《ぎだゆう》節では、「短い間奏＝合《あい》の手《て》」といい、「やや長い間奏（太夫《たゆう》は休み）＝メリヤス」といいます。しかし、太夫の語りや節の伴奏でも、情景を表す「手（型／パターン）」を弾くことがあり、その旋律もメリヤスといい、いずれも器楽が重要な意味を持つ場合に使います。二段目の「一中節《いっちゅうぶし》」（→P57）を除いた比較的新しい浄瑠璃では、いずれも器楽間奏の長さにかかわらず「合《あい》」もしくは「合方《あいかた》」と簡略的に呼ばれます。長唄と地歌は、「短い間奏＝合の手」「長い間奏＝合方」と区別していい、後者のなかにはタイトル

三味線歌曲の器楽間奏　合《あい》の手《て》／合方《あいかた》

→曲の流れ

浄瑠璃《じょうるり》（義太夫節《ぎだゆうぶし》）				
語りや台詞	間	語りや台詞	やや長い間	語りや台詞
伴奏	合の手	メリヤス	(合の)メリヤス	伴奏

この二種を総称して「合」と呼ぶ

浄瑠璃（常磐津他《ときわづほか》）				
語りや台詞	間	語りや台詞	やや長い間	語りや台詞
伴奏	合／合方	伴奏	合／合方	伴奏

長《なが》　唄《うた》				
歌	間	歌	かなり長い間	歌
伴奏	合の手	伴奏	合方	伴奏

地歌《じうた》・箏曲《そうきょく》1				
歌	間	歌	かなり長い間	歌
伴奏	合の手	伴奏	合方	伴奏

地歌・箏曲2				
歌	間	歌	きわめて長い間	歌
伴奏	合の手	伴奏	(器楽的な) 手事《てごと》	伴奏

⬇

ツナギ	マクラ	手事(数段)	チラシ

がついた有名な「晒《さら》しの合方」「虫の合方」「佃《つくだ》の合方」など、音楽で情景を表現するものが多くあります。これらの多くが地歌発祥で、ほぼ同じ旋律が、長唄などに引用されるのです。

地歌・箏曲が、中後期にきわめて高い芸術水準に達したのは、表の地歌・箏曲2に示した「手事《てごと》*」の発展によってでした。「手事」は、さらに、表にあるように「ツナギ、マクラ、チラシ」という導入部や〆部を伴いました。これらは近年割愛されることもあるようです。そして「器楽演奏の妙技」を楽しむ「手事」の部分も幾つかの「段」に分かれているようです。これがまた「ワクワクして楽しい」とどんどん長くなり、もはや「元歌は何だったのだ?」となってしまい、遂には「歌なしの器楽曲」として独立するという本末転倒に至ってしまいました。それが「段もの」です。これの祖型はより古くに見られますが、技法や器楽性の発展向上によって、声楽から独立指向になるのは、世界中の民族音楽にも見られます。

また、187ページの表にはありませんが、歌舞伎の別な伴奏音楽に「陰囃子《かげばやし》」があります。(観客から見えない)舞台の下手に設《しつら》えた小さな部屋で、太鼓、金物打楽器などの効果音を担当し、しばしば三味線も弾きます。その場合、唄がないので「効果音としての器楽曲」となり、それも「合方」といい、関西では「相方」と綴ります。浄瑠璃で「相方」といえば「(太夫の相方の意味で)タテ三味線」のことだったりで、さらにややこしいです。

落語でも「出囃子」の三味線は「陰囃子」の一種で、何らかの演目、とりわけ「音曲噺」では、噺中に浄瑠璃、長唄、都々逸《どどいつ》などを登場人物が歌う・演ずることが見せ場・聴かせどころなので、落語家も腕の見せどころとなります。有名な落語の演目「稽古屋《けいこや》」は、女性にモテるためには、唄のひとつでも歌えるようにするとよいといわれ「長唄、清元《きよもと》、三味線、箏、踊り」などをひとりで教える町の「五目の師匠」のところに早速行くが、てんで物にならないという話です。噺の終盤の重要なところ（ここが本来の意味のサワリ）で清元「喜撰《きせん》」の一節を師匠が歌ってみせて、生徒が復唱するところで陰三味線が活躍します。

このように、基本的には「歌との掛け合い」から「合の手」という言葉が生まれたのでしょうけれど、音楽構造が変化していくにつれて概念的な区別がいささかややこしくなってきた感じです。

その一方で、三絃が基本の旋律を奏でているところに、箏が副旋律を入れた場合、私たちの一般的な感覚では、「合の手だ」と思うでしょう。しかし、地歌における「合の手」は、歌に対しての用語であり概念なのです。つまり基本は「歌主体」の感覚なのです。したがって、楽器同士の「合の手に聞こえる副旋律」は、「替え手」と呼び、それを演奏することやその副旋律を作曲・編曲することは「手付け」と呼びます。「基本は歌であり、歌と楽器の掛け合いが発展して、器楽性が増した」という流れです。最終的に今日では、地歌の歌を歌うことさえほとんどなく、もっぱら「箏の器楽音楽」のようになってしまいました。

時代の流れに見る三絃と箏

十七世紀から十九世紀後半の「地歌・箏曲」の歴史を円グラフで表してみました（→P191）。

用語解説……手事●地歌・箏曲において、歌と歌との間をつなぐ、長い器楽演奏の部分。

この円グラフは、「地歌・箏曲」における三絃と箏との音楽主体の割合イメージです。

六つのグラフから本来の地歌（および古い箏曲）は、今日の「箏ばかりの感覚」とは全く逆であったことがわかるはずです。細かい出来事の説明は図に書き添えましたので割愛しますが、まず、十七世紀初頭から十七世紀末までは、「地歌＝三絃音楽」であったことはいうまでもありません。その後、八橋検校《やつはしけんぎょう》が「俗箏《ぞくそう》」を創案してもなお、百年前後、山田検校の山田流を例外とすれば、二百年近く「地歌・箏曲」は、常に三絃が主体の音楽だったのです。

十七世紀末に生田《いくた》検校が生田流を創始してもなお、当道座《とうどうざ》全体では、箏人口はまだまだ少なかったと考えられます。仮に箏人口がかなり増えた地域であっても、音楽と作品の主体は、三絃音楽だったのです。それどころか十八世紀前半は、あたかも箏の出現に刺激されたかのように、「三絃音楽」が急成長します。そこでは「お座敷芸能」の姿に留まらず、様々な音楽を取り込み、芸術音楽として改めて開花させようとした気風さえうかがえます。

一方の箏は、当初は色を添える程度の存在であり、やっと十八世紀中頃になって、「箏組曲」が充実する段階だったのです。

十八世紀末には、「地歌・箏曲」全体で、「器楽性の急速な大発展」が見られます。これは前時代の「芸術性の向上」がその方向性を切り開いたことはいうまでもありません。時代的にも義太夫《ぎだゆう》、浄瑠璃《じょうるり》、長唄《ながうた》などが急発展したこともあったでしょう。

この「替え手と手付け」が十八世紀に急速に発展し、十八世紀末には、歌の合間の「合方《あいかた》」が従

地歌《じうた》・箏曲《そうきょく》の歴史と音楽的改革（円グラフは三絃《さんげん》と箏の比重イメージ）

17世紀
（江戸時代前半）
地歌三絃の創成

三絃：石村検校《いしむらけんぎょう》が三絃を創作
虎沢《とらざわ》検校が「三味線組曲」を創作
柳川《やながわ》検校が「三味線組曲」を完成
京都柳川流の創始
野川《のがわ》検校が「三味線組曲」を改編、大阪野川流の創始

17世紀末
（江戸時代 元禄《げんろく》）
長唄《ながうた》の隆盛、
箏曲の創始

三絃：浅利《あさり》・佐山《さやま》・市川《いちかわ》検校が江戸に移転、「長唄」を流行させる
箏　：八橋《やつはし》検校が「筑紫琴《つくしごと》」より箏曲を創作
弟子の生田《いくた》検校が生田流を創始
弟子の倉橋《くらはし》検校が京都生田流、
米山《よねやま》検校が大阪生田流をそれぞれ創始

18世紀前半
（江戸時代中期）
音楽的水準の
急成長、端唄《はうた》の
隆盛と新組曲

三絃：深草《ふかくさ》検校（柳川流中興の祖）が三絃新組曲を創作
峰崎勾当《みねざきこうとう》（大阪）が手事（間奏）を充実させる
三橋《みつはし》勾当が二挺の三絃の手付けを編曲
鶴山《つるやま》勾当が端唄を発展させ流行させる
玉岡《たまおか》検校・鶴山勾当が浄瑠璃《じょうるり》を導入
藤尾《ふじお》勾当が謡曲を導入
藤永《ふじなが》検校が胡弓《こきゅう》の水準を向上させる
箏　：倉橋《くらはし》門下の三橋検校が新箏組曲を創作
倉橋門下の安村《やすむら》検校が多くの弟子を輩出

18世紀末
（江戸時代後半）
京風・大坂風
「手事物《てごともの》」の
大隆盛

三絃：松浦《まつうら》検校が「京風手事物」を創作
津山《つやま》検校が今日の大型の撥を創作
政島《まさじま》検校が胡弓の水準を高める
峰崎《みねざき》勾当が多くの端唄《はうた》を創作
箏　：市浦《いちうら》検校・峰崎勾当が大坂手事物を完成
浦崎《うらさき》検校が京風手事物の箏手付けを向上
河原崎《かわらざき》検校が三絃曲に箏手付けを編曲
山田《やまだ》検校が山田流を創始、箏を大型化

19世紀前半
（江戸時代末期）

三絃・箏：
八重崎《やえざき》検校が「京風手事物」を完成
光崎《みつざき》検校が独立箏曲の原点を創始、
三絃・箏が対等な編曲を創始

19世紀後半
（明治時代前半）

箏　：宮城道雄《みやぎみちお》が近代箏曲を創始
当道座《とうどうざ》が廃止、商業音楽へ移行
普化宗《ふけしゅう》が廃止、尺八が庶民的に
三曲（合奏）において尺八が胡弓を駆逐

来とは比べ物にならないほど長くなり「手事《てごと》」といわれるようになったようです。したがって、「手事」は、狭義では「歌が休んでいる器楽演奏部分」をいうわけですが、広義では「手事＝器楽」という意味合いにもなります。おそらく聴衆のみならず、この時期に急速に発達した「手事＝器楽部分」は、演奏者たちもワクワクし、演り甲斐があったのでしょう。そうなると当然、歌部分は、「面倒臭いがしかたがない」という感じで我慢して歌い、後の器楽部分で思いきり楽しむという構図になりがちだったとも思われます。確かにお座敷の聴衆が、いかに上流の客だとしても、「歌詞に酔う」ならば、小唄や新内《しんない》を楽しめばよいわけです。同じ近畿のなかで「京風手事物」「大坂手事物」が競うように切磋琢磨して急成長しました。

しかし、この時点でもなお、「主旋律は三絃」なのです。それに猛反発したかのような、「雅楽への回帰」も見られる「山田流」において三絃は、全廃寸前の状態に追い込まれましたが、山田流人口は、まだまだ地歌・箏曲全体ではごく少数だったはずです。

ところが、十九世紀前半に、八橋・生田検校の再来ともいえる八重崎《やえざき》検校（１７７６～１８４８年）の弟子の光崎《みつざき》検校（生年不詳～１８５３年頃）が現れ、その箏の腕前で大変人気となり弟子も多く集まったようなのです。光崎検校は、師八重崎検校の箏手事に三絃手付けをおこなったり、自ら箏と三絃の両パートを作曲したりしましたが、有名曲は、それぞれ二、三曲に過ぎません。しかしそれでも、二百年近く続いてきた「三絃が主旋律で、箏は添え物」という感覚が、両者対等の感覚で編曲、作曲がなされたわけです。つまりこの時点で、音楽的には、三絃と箏は

「対等」になりましたが、定番の作品総数から見ればまだまだ少数です。江戸末期では191ページの図のように「6対4で三絃（主体曲）が主流」といった感じだったと思われます。

それが明治になった途端、正確には九州で急速かつ膨大に箏曲人口が増えて発展した頃、東京では宮城道雄《みやぎみちお》（1894～1956年）が台頭し、箏曲の新曲を次々に発表したために、ほとんど箏しか弾かない演奏家が増えると共に、箏曲合奏が三曲合奏（↓P185）を圧倒しそうな状況になって、一気に箏の占める割合が逆転したと考えられます。

もっとも戦前はまだ、地歌・箏曲といえば「三曲合奏」が主でしたし、敗戦の気配が見え出した終戦の前年や前々年には、箏・三味線が御法度状態の時代です。そして戦後、特に高度成長期に、都会で子どもにピアノを習わせることが普通になった頃（1960年代以降）、全国の箏人口が爆発的に増え、ピアノよりも合奏でレッスンして発表する連帯感や、和服を着る楽しみなども加わって、根強い人気を持ち続けたということもあります。別の見方をすれば、音がすでに目の前にでき上がっている箏に対し、押さえ処（勘処《かんどころ》）をしっかり捉えなくてはならない上に、撥《ばち》さばきも難しい三絃は、趣味レベルでは敬遠されるようになったのです。

しかし、高度成長期・バブル期が終焉して不景気が長引くと、和服の贅沢さに加えて楽器も場所を取ることなどもあって、習い事としての箏人口が激減したことはいうまでもありません。

●地歌《じうた》・箏曲《そうきょく》における流派の感覚

当道座《とうどうざ》という組織のなかで

　ここでは、「地歌・箏曲」の音楽的な分類と当道座の関係性について考えてみたいと思います。本来音楽の流派というものは、必ずしも音楽的方向性の違いだけではありません。政治的な力関係、怨恨、金銭トラブル、著作権トラブルなどによって、あっけなく分裂した結果が流派となった場合も少なくないからです。それは、当道座にも皆無とはいえませんが、当道座には確固たる組織と厳格で緻密な階級制度が存在したが故に、在野の音楽流派とは比べ物にならないほど、ある意味「一枚岩」的なものが存在したこともまた事実でしょう。

　それでも、十四世紀（室町時代）に明石覚一《あかしかくいち》（１２９９頃〜１３７１年）が本格的な組織としての当道座を構築した段階の平曲《へいきょく》は、覚一同様に号に「一」を入れる「一方流《いちかたりゅう》」と対峙して「坂」を入れる「八坂流《やさかりゅう》」の二大流派に分裂しました。さらに十五世紀には、「一方流」からは、師道《しどう》、妙観《みょうかん》、後に源照《げんしょう》、戸嶋《としま》、「八坂流」から大山《おおやま》、妙聞《みょうもん》の六派に分かれました。しかし当道座の年中行事の祈祷《きとう》では六派が並んで吟ずるなど、組織全体の和は保たれていたようです。

　その約二百年後に地歌で三絃音楽が創始され、早々に京都（柳川流《やながわりゅう》）と大阪（野川流《のがわりゅう》）に分裂し、後に江戸で長歌《ながうた》*を流行らせた一派も興ります。少し遅れて俗箏《ぞくそう》を創案した八橋《やつはし》検校の門下からは、孫弟子の代に、生田流《いくたりゅう》、大阪継山流《つぐやまりゅう》、大阪八橋流《やつはしりゅう》が生じ、生田検校の孫弟子の安村《やすむら》検校（生年不詳〜１７７９年）は優秀で創造的な弟子が多く、一気に全国に広がったこともあって、のちにその各系統から数多くの芸系が生じました。

しかし同じ時代の浄瑠璃では、むしろブランドを確立することが第一だったので、平曲・地歌・箏曲が、いずれも「当道座グループ傘下」であったのに対し、浄瑠璃《じょうるり》は、弟子の段階で次々に独立ブランドを立ち上げてしまう傾向にありました。長唄は、「杵屋《きねや》ブランド」が比較的頑強に存在しましたが、三味線に偏ったこともあって、第二世代で新たな「唄方のブランド」がいくつか生じました。

端唄《はうた》・小唄《こうた》に至っては、「うた沢《ざわ》」(→P84)が、政治・経済的な理由で分裂する以外は、そもそも流派組織を持つ性格の芸能ではなく、花柳界における大まかな派閥の分別が存在した程度であったのです。しかし、高度成長期以降、一気に「家元・徒弟制度」を構築し、むしろしきたりに固執する傾向が見られるように変貌しました。

このような邦楽全体の傾向と比較すれば「(当道座)巨大グループ傘下」が明治まで続いていた「(平曲・)地歌・箏曲」における分裂・分派は、いわば「暖簾《のれん》分け」的な感覚であったということができるはずです。

楽器の立場がややこしい当道座音楽芸能

ただ、いささかややこしい(といっては失礼ですが)のは、本来「語り物」であり「門付《かどづ》け大道芸」の平曲で成り立っていた「当道座」に加わりながら、地歌が興って以降、「唄い物」であり、

用語解説……長歌●歌舞伎伴奏音楽の「長唄」と区別するため、地歌系のものは「長歌」と記す。

「お座敷芸能」となった三絃と箏が一つの組織に混在するということは、かなり異様な構造であるともいわざるを得ません。生田検校以降も名演奏家には、「琵琶も弾く」という地歌・箏曲家がいますが、近代に至っては、琵琶を選択した人は「琵琶のみ」、地歌・箏曲を選択した人は、「三絃と箏のみ」ということになったようなのです。

そこで立場が定まらなかったのが「胡弓《こきゅう》」です。三絃音楽確立の頃にはすでに存在しながら、門付け盲僧芸能の形を取るいわゆる琵琶法師でも演奏する人もおり、地歌・箏曲家のなかにもいたのです。その結果、「三曲」において胡弓演奏を、門付け琵琶法師には頼めないので、地歌・箏曲演奏家のなかから希少な担い手を得るしかなく、やがて尺八に取って代わられてしまいました。

また、結果的に当道座管理下に与《くみ》しながらも、より古い盲僧芸能や門付け盲人芸能の性格が強かった信州や東北の場合、琵琶ではなく三味線、つまり地歌・箏曲では「お座敷芸能故に、門付けはしない」楽器で活動するスタイルが、むしろ琵琶法師より多かったという不思議な現象も起こりました。津軽三味線などはこれを源流にしています。そうであるならば、「津軽三味線と地歌・箏曲は親戚か？」ということになってしまいますが、組織に共通性があるだけで、音楽の系譜は全く異なります。

このような当道座の二面性は、地歌が創始された頃から、「平曲は〇〇派だが、三絃は〇〇師系」のようなことが許されたようです。

地歌・箏曲独特の流派感覚

この「平曲は六派のいずれかに属する」という暗黙の了解の下で、三絃と箏をそれぞれ別の師弟筋に学ぶという慣習は、学ぶ側の意志や好みの問題ではなく、師の指導の下でのことと思われますが、ある程度力を付けてからは、自ら師を選ぶこともあったかもしれません。このような特殊な事情によって、「地歌・箏曲」では、その他の、浄瑠璃、長唄などとはかなり異なる「流派感覚」が自然に形づくられたと考えられます。

地歌・箏曲で多く見られるのが、創成期から前期では「流」、後半以降では「筋」という概念です。「流」は「流派」と同じではないかと思われがちですが、そもそも「流派」という言葉は、異なる意味合いの「流」と「派」を合成した語に過ぎず、正しく「流」とは、音楽の場合は「流儀」などの音楽的な表現手法・芸風をさします。対して「派」は、グループがある種のアイデンティティーを自覚して集い、異なる「派」同士は距離感を持っていたり対立していたりする、より政治色が濃いものを意味します。ですから、近縁であっても「流」となると、ある程度の音楽的個性の違いが明確であることを意味し、「派」の場合、似たり寄ったりだが、ある程度何らかの確執があって分裂したと考えることができます。

前述したように、地歌三絃は、その創成期に、創始の流儀、京都「柳川流」から大阪の「野川流」が生じています（→P194）。また、十七世紀に入って興った「俗箏」の始祖である八橋検校の「八橋流」の門下からも、佳川《よしかわ》検校の「新八橋流」、隅山《すみやま》検校の「隅山流」、そこからまた「継山流」、そして、八橋検校門下で後の最大流派の始祖となる生田検校の「生田流」、その門下からは、中川検校の「新生田流」、藤池検校の「藤池流」、十九世紀には、山田検校の「山田流」が現れています。

「新」と付くのは、その当時にそう称されたのではないのでしょう。「山田流」は、「生田流」と双璧を成すといわれ、音楽的にかなり対峙した流派です。両者は楽器も演奏法も分裂以降の曲目も異なることが大きな乖離感を生み出しています。逆にいえば、その他の「流や筋」では、曲の伝承に部分的な違いがあったとしても、直前の「打ち合わせ」*によって同じ舞台で同じ曲を共演することができます。しかし、生田流と山田流の共演は、技術的な難しさ以上のことがあるように思います。ちなみに「打ち合わせ」という言葉は、このような伝統芸能における伝承の違いを確認しながら共演するということから生じた言葉であるといいます。

「地歌・箏曲」の創成期〜前期に多くの「流」が現れたのは、いうまでもなく創成期ならではの破竹の勢いの発展のゆえんであり、まだ様式も頑強に固まっていなかったから、といえます。いいかえれば、「地歌・箏曲界」全体が、そのような新陳代謝、化学反応的な発展を好意的に感じていたこともあったでしょう。

しかし、一方で、生田流門下の河原崎検校の弟子と、八重崎検校が、それぞれ「京都上派」と「京都下派」を形成したのは、「派」という言葉からも、必ずしも音楽的理由が主ではなかったと推測されます。その後の吉沢検校の「名古屋系／古今組」は、複数の派を集合させたものといわれ、

「地歌・箏曲」史の中期には、いささか非音楽的な分裂も生じていたことが推測されます。

おそらく、当道座組織から見れば、あまりかんばしいことではないとなったのでしょう。それら非音楽的な分裂が「流」を名乗ることは、山田流を見ても最も近年の例として、ほとんどないようです。その代わりに今日まで継承されているものには「筋」があります。これは長唄や浄瑠璃には見られない、「地歌・箏曲」独特の概念といえます。ここでも「流を名乗ることへの遠慮」が感じられる一方で、音楽の基本に立って、「師弟関係の芸筋」を強調した感じもします。

盲人音楽と楽譜、および出版業の関係性

また、意図的に創られた音楽的な「流」の異なりとは別に、「楽譜を用いない伝承」が生み出した地域差、師匠差という、いかんともしがたい意図せぬ事情もあっただろうことも理解しなければなりません。

箏曲の古い楽譜は、『琴曲抄《きんきょくしょう》』（１６９４／元禄《げんろく》七年）、『琴曲指譜《しふ》』（１７８０／安永《あんえい》九年）、『箏曲大意抄《たいいしょう》』（山田松黒《やまだしょうこく》監修、１７７９／安永《あんえい》八年）などが知られています。山田松黒は、山田流の創始者である山田斗養一《とよいち》の師です。

三味線では、『糸竹初心集《しちくしょしんしゅう》』（１６６４／寛文《かんぶん》四年）があり、三味線創始から百年足らずの一般向けの指南書であることに驚かされます。いわゆる「チントンシャン」といったどの弦を弾くかという丁符《ちょうふ》にポジション「勘処《かんどころ》」の文字記号を加える程度のもので、細かなニュアンスは当然記され

用語解説……**打ち合わせ**●地歌・箏曲の演奏用語。本来異なる曲、または異なる旋律として存在しているものを合奏させる場合に半拍または一拍ずらして合奏すること。

ていません。

しかし、そもそも盲人演奏家の間で継承されてきた文化ですから、楽譜の存在理由がないわけです。これは晴眼演奏家も含め、インド・シルクロードも同じで、音楽家は文盲がほとんどだったことのみならず、「楽譜に表し切れない」ということと「奥義をつまびらかにしない」ということなども加わった「口頭伝承」の文化なのです。したがって、情報を共有しづらいこの時代、地域差や師弟筋の違いによって必然的に生まれる芸系の違いは、意図して創られた音楽的違い以上に常態化していたと思われます。

「地歌・箏曲」は、圧倒的に「音楽作品」という感覚に長けていますが、ストーリーが流れていく浄瑠璃などの語り物や歌舞伎の伴奏音楽である長唄では、当然のことながら「曲＝作品」ではありません。したがって、「曲全体が一つの作品」という感覚より、細かな「パターン（手や型）」の組み合わせという感覚が主体に思われます。例えば、「お客のウケがよいから伸ばす。悪いから端折る」などのときは、その「手／型」をループさせる回数を加減すればよいのです。

私は、十数人の各流儀の師匠に初歩を学びながら、その「手／型」の収集を試みましたが、明治前半までその名称が多く記憶されていたものが、次第に忘れられていき、固定された曲のなかに埋もれてしまっていました。ある師匠は、私が楽譜を見ることを許しながらも、ご自身は楽譜を見て弾くことはもちろん、楽譜を用いて教えたこともないという方でした。あるとき、どうしても師匠の手が追えなくなったことがあって、恐縮しながらも「師匠！　その手、楽譜に見当たらないのですが」と申し上げたら、異なるいくつもの曲に使い回されている「手（型）」から別な曲にいってしまわれていたのでした。私のわがままで、「何十年もやってない」という、歴史的には重要だが現代では不人気の曲をお願いしたからですが、長唄、浄瑠璃の音楽構造の特性でもあると、感心すると共に納得したのでした。

このような東洋音楽の事情は、「楽譜出版産業」が主体となった近世西洋の常識からは到底理解し得ないものがあります。伝承者によって微妙に異なれば、さすがに当道座組織の統率があろうとも、どうしても地域差・師匠伝承差が出てしまう。そこには「流」や「派」が生まれてしまうものなのでしょう。

徒弟制度の収入の問題

戦前と戦後では違いもありますが、地歌・箏曲が浄瑠璃や長唄、とりわけ端唄・小唄などとは大きく異なるのが、「弟子を取る」「教室を持つ」といった収入に係わることです。そもそも当道座の在り方は、視覚障害の児童が按摩《あんま》・鍼灸《しんきゅう》などの「腕に職」を与えることを目的として預けられ、本人の意志と才能を見極めて、さらに音楽の師匠に預けられるというものです。

もちろん、前述の「楽譜」が存在するということは、地歌・箏曲も、ある程度は、「（晴眼の）一般お稽古衆」にも開かれていたのですが、アテにするようなものではなかったはずです。

それに対して、浄瑠璃、長唄、端唄・小唄は、「一般の趣味のお稽古衆」と、「弟子・内弟子」が重要な収入源でもありました。「お稽古衆」は、どれほど上手くなっても、「舞台には上がれない」という厳しい掟があり、当然弟子も取れないのですから、完璧な趣味でした。にもかかわらず、名取り*は可能で、それを励みにしつつ修業を積んだ挙げ句、名取り試験料、名取り襲名料は、けっこう高額だったといいます。これも各師匠にとっては重要な収入源で、一部が宗家・流派に納められます。それによって、「弟子・内弟子*」には無料同然で教えることができますが、内弟子に至っては、自分で稼げるようになるまでは、食べさせなくてはなりません。

こんな話もあります。大変お世話になった、端唄・小唄・民謡の師匠のひとりのお話です。自ら少年期に弟子入りし、親が用意した月謝を納めていたのですが、「免許皆伝」といいますか、「演奏活動の修行」の段になって、弟子入りしたところの師匠はずっと貯めておかれたその時までの月謝を、「独り立ちの始動資金だ」と下さったそうです。昔は、そのような心意気の日本人は少なくありませんでしたが、師匠たちにとって収入は死活問題ですから、そうそうできることではありません。

逆に、当道座に属する地歌・箏曲家の場合、そのような「お稽古衆」がほとんどいないわけですし（※）、貧しい家の障害児童の場合、親も子を預ける時に手渡せる資金もないでしょう。裕福な家の寄付があったとしても、組織全体では決して楽ではなかったはずです。その結果、取れるところからは取るようなことがあっても致し方がないことでもあります。そもそも、各位の昇進には相当な上納金が必要だったとされ、お金が動けばそれに心が動く人間も現れるわけで、芸はないのに権威ばかり立派な検校がいてもおかしくありません。逆に、地歌・箏曲以外では、小屋や興行主、果ては贔屓《ひいき》衆《しゅう》や聴衆の評判にもつながり、弟子達が反発することもあり得ますが、音楽に限らず組織に守られたことが生んだ不条理な出来事もあったことでしょう。

※一般の生徒はおらずとも芸妓衆へのレッスンは、そこそこ重要な収入だったと考えられます。

用語解説……**名取り**●芸道において、一定の技芸に達したものが、その師匠や家元から芸名を許されること。
内弟子●師匠の家に住み込み、生活を共にして修業をする弟子のこと。

4 謎の縦笛、尺八

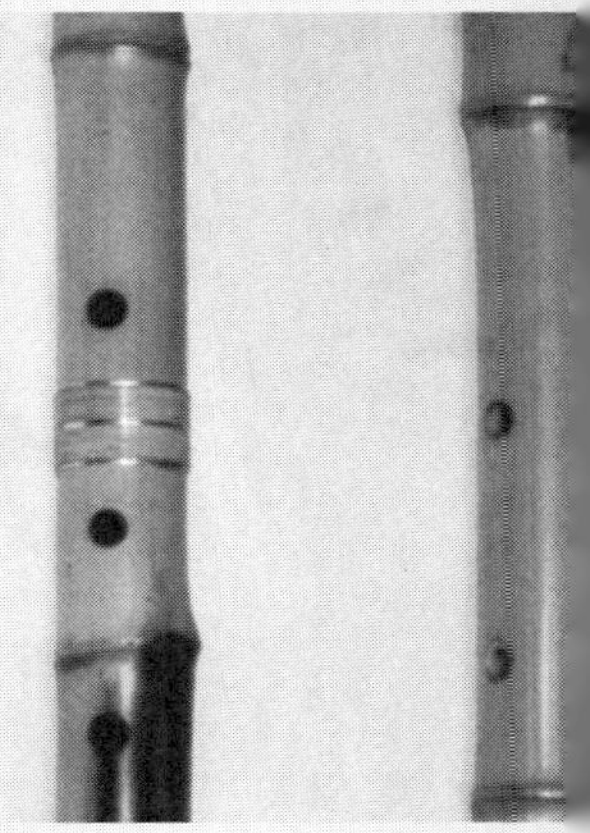

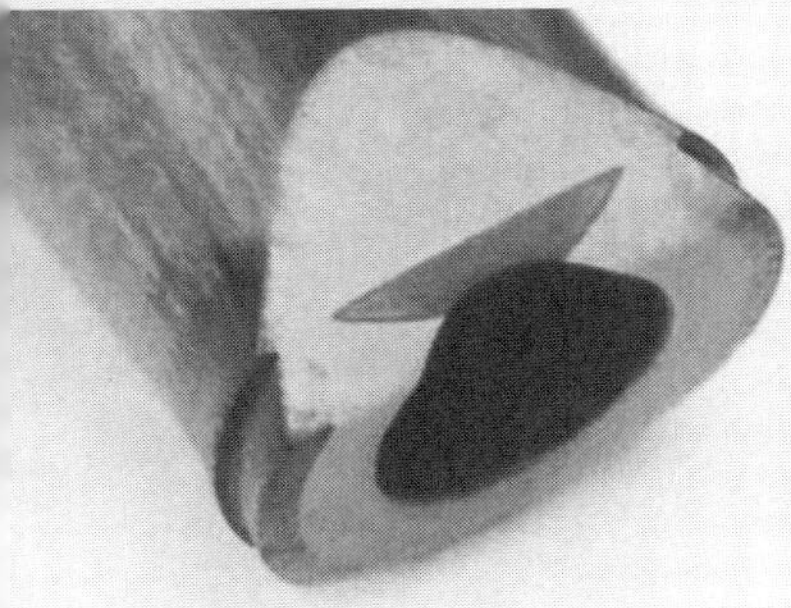

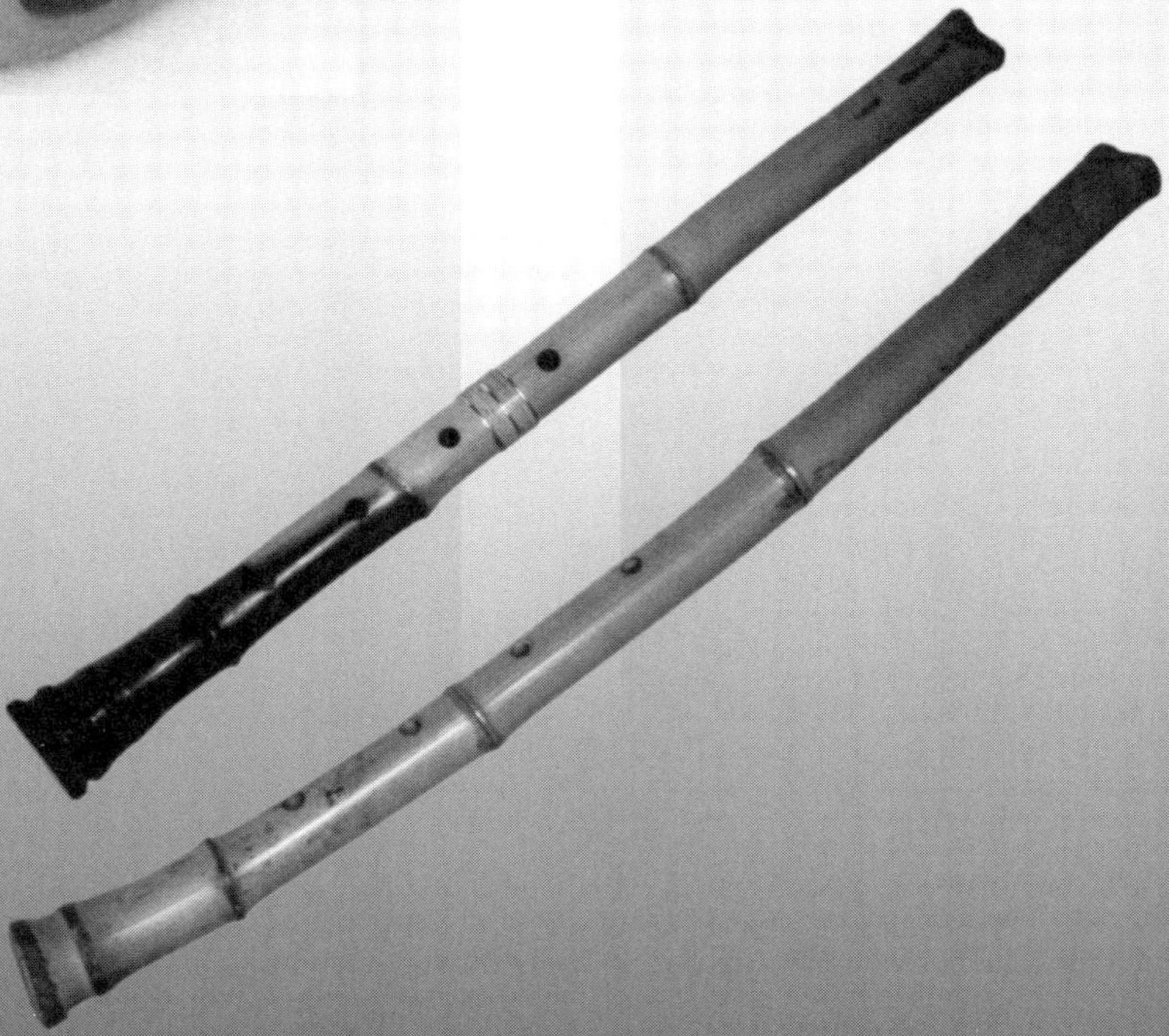

尺八とは？

「尺八」の楽器分類上における位置づけ

希少な縦笛

尺八は、日本の数少ない管楽器のなかでも、さらに希少な縦笛です。他に縦に構える笛といえば、チャルメラがあるくらいですが、チャルメラは「リード管楽器」なので、縦か横かという観念から外れたところにあり、普通「縦笛」には数えません。

では、そもそも「縦笛／横笛」とは何を意味するのか？　楽器学ではいずれも「空気の流れの乱れ（渦《うず》）によって発音する管楽器」に、まず分類されます。この発音原理は、息の一部分を楽器内に送り、他を楽器外に逃がすことで、管内外で異なる気圧をつくり、空気の渦を生み出し、その境目に、いわば「空気の振動板」をつくりだします。それが指穴によって変えられる管長と共鳴して音になるという仕組みです（故に、楽器分類学では「エア・リード管楽器」などと呼ばれます）。

したがって、横笛のような構造は、「渦／気流の分割」をつくりやすいといえます。対して縦笛の場合は、単純に楽器自体の管の一端を吹こうと思えば、それは楽器の管の直径ほども大きい吹き口に息を当てるわけです。縦笛は、日本の横笛類や西洋フルートの吹き口の倍以上もの大きさがあるため、その技法はかなり難易度が高くなります。

実は、現在もこの手法で発音する縦笛が西アジアではきわめて一般的で、アジア地域における尺八類も含む縦笛の元祖ともいわれています。それは古代ペルシアに生まれた葦《あし》の縦笛で、その名も「ナーイ（Nay）＝葦」といいます。トルコでは、訛《なま》って「ネイ（Ney）」と呼ばれます。アラブ諸国では、ペルシア伝来の古典音楽用の細く長い楽器をペルシア語のまま「ナイ」と呼ぶ一方、やや太く短いアラブ原産かもしれない民謡用の葦笛は、アラビア語で「葦」を意味する「カスバ（Qasba、カッサーバ（Qassaba）」などと呼ばれます。中国でも、古くは葦製であり、当時の楽器名はアラブ同様に「葦」だったといわれます。

いずれも吹き口には、「気流をつくりだす構造」はなく、近代以降のペルシア（イラン）楽器では、金属の保護筒が巻かれる程度で、トルコ楽器では、唇に斜めに当てる木製のガイドが付けられる程度です。

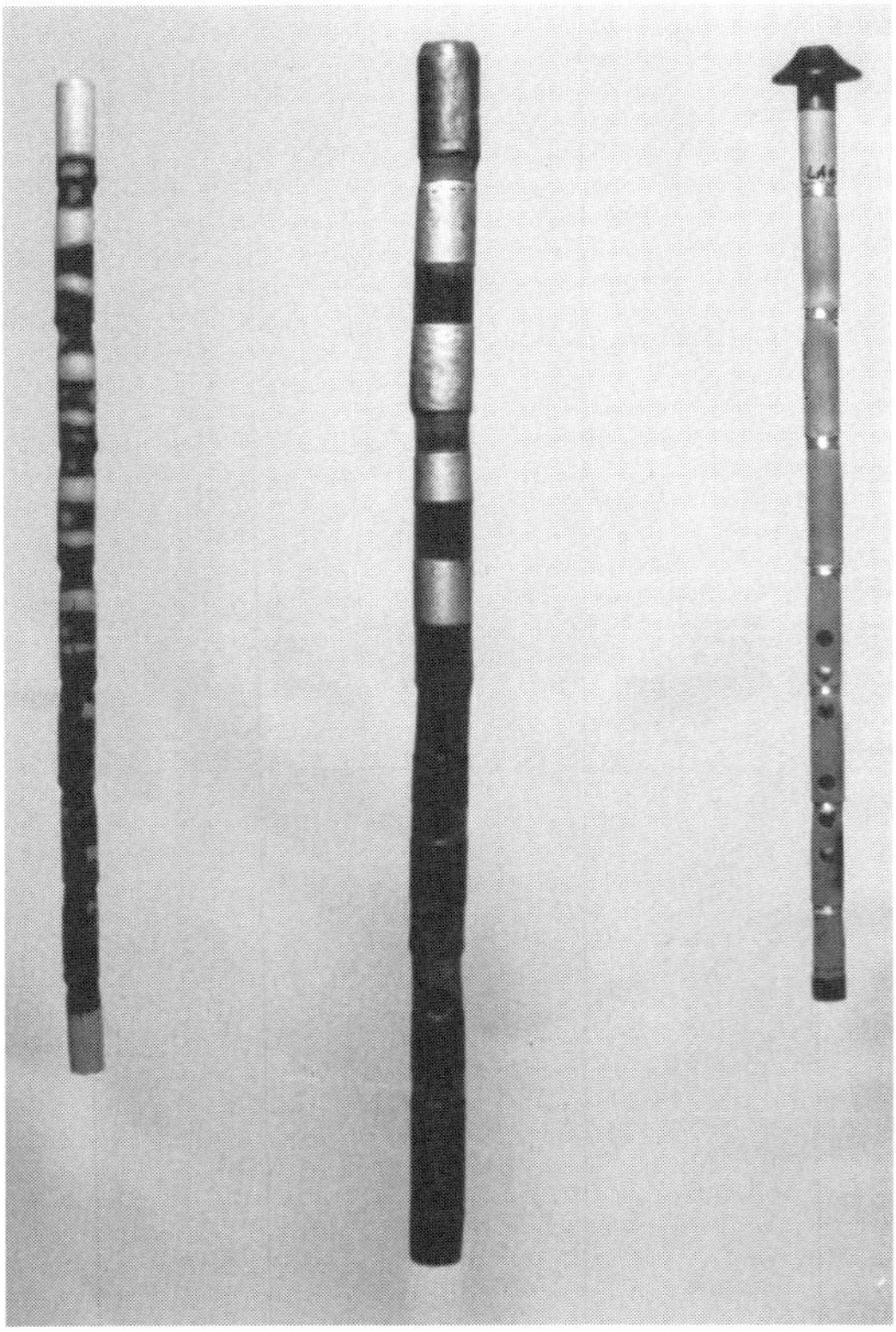

左からエジプトの小型の「カスバ」、大型の「カスバ」、トルコの小型の「ネイ」。［W］

鳴らし方の特徴

発音の要領は、ビール瓶《びん》を遊びで吹いて鳴らすようなものですが、ビール瓶や、その手法で管楽器にした「パンパイプ／パンフルート」（ルーマニアや中南米、南太平洋に現存）はいずれも底が塞《ふさ》がっている（閉管）故に鳴らしやすいのです。しかし、ネイの類いはいずれも開管なので、縦に構えて唇に当てた楽器は、やや斜めにして息を楽器の内外に分ける手法が取られます。

下の写真のように、日本の尺八の前駆といわれている中国の「洞簫《どうしょう》」は、南米のケーナ同様の「風（息）道」が削られています。イランのナイは、後世、筒をくわえて歯に管口を当てて安定させ、口腔内で息を当てるという、とても難易度の高い奏法に発展したため、金属の筒で補強されていますが、吹き口自体は加工されていません。

これらの縦笛は、楽器学でもまだ論理的な分類名が確立していないようです。逆にこれらの縦笛とは異なる分類の縦笛には、日本の学校教育で用いられるリコーダーの類いがあり、それらは「ブロック・フルーテ属」とされています。即ち、吹き口のなかに「ブロック（別称フィップル）：

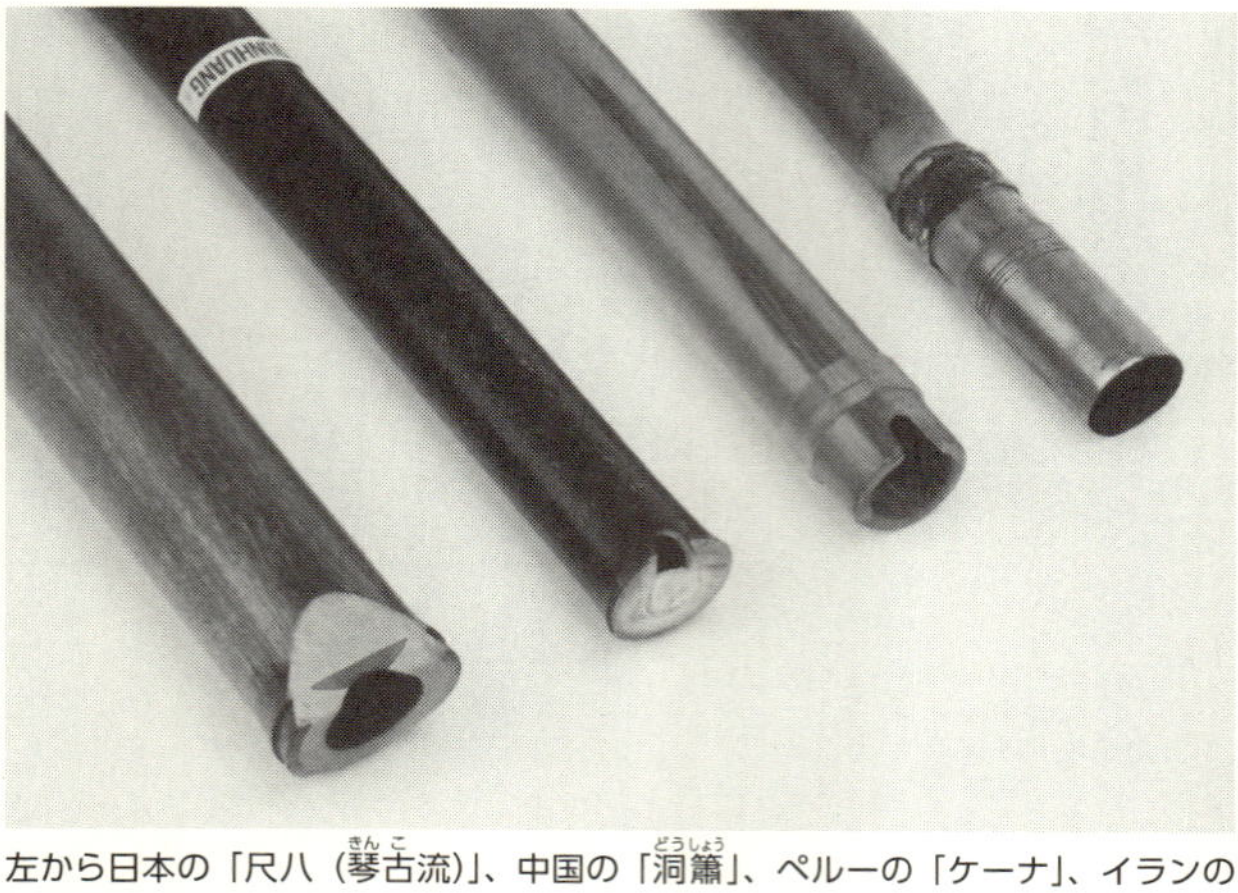

左から日本の「尺八（琴古《きんこ》流）」、中国の「洞簫《どうしょう》」、ペルーの「ケーナ」、イランの「ナイ」。[W]

木片」を入れることで、スポーツで用いる「ホイッスル」同様に「息の道」をつくり、風を細くすることで鋭くさせたうえに、内外に方向を分散させることで、気圧差をつくり、発音させるというものです。したがって、尺八類を無理矢理呼称するならば「ブロックなし縦笛」という情けないものになります。左上の図では、様々な縦笛の内部構造を比較しています。

内部構造の比較

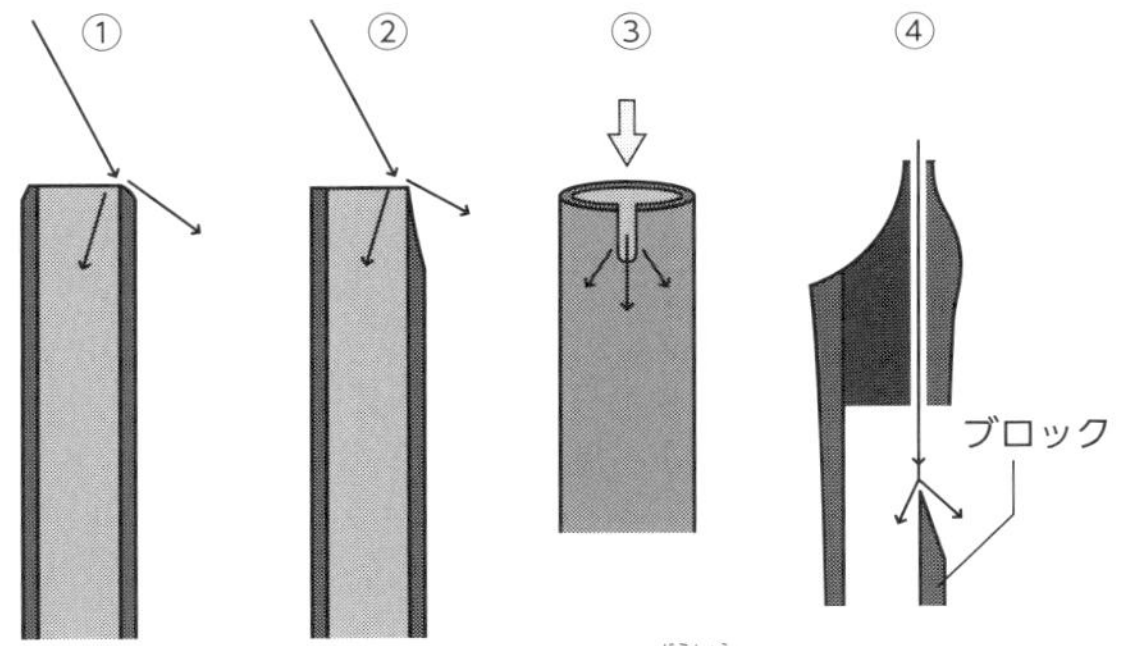

左から①「ネイ」、②「尺八」、③「ケーナ」や「洞簫《どうしょう》」、④「ブロック・フルーテ」。→は息の方向を示す。

　楽器自体の起源は、当然ブロック・フルーテの方があとから発明されました。つまり、「ブロックなし」の難しさを解決するアイデアです。それを証明する楽器が南米のコロンビアに残っています。ペルシアのナイと全く同じように、何の工夫も加工もない管の先端に蜜蝋《みつろう》の塊を付けて、簡単な「息の道」を削り、鳥の羽軸のストローを取り付けたもので、奏者は、ストローをくわえて息を吹き込むことで、常に一定な息の方向が理想的に管に当たるという仕組みです。この縦笛の名前「ガイタ（Gaita）」もまた「葦」の意味です。したがってスペイン語圏に様々な形の「ガイタ」が存在します。

　他の地域に見当たりませんが、中南米・カリブには意外にアラブ・北アフリカ系の楽器が先祖と思われる（一部そういう伝承さえある）ものがわずかながらあります。長くイスラム勢力に支配されていたスペインでしたが、イスラム勢力を追い出したイザベラ女王の時代に、コロンブスに中南米・カリブを発見させています。それから百年以内の交易や移住、奴隷移入などにより、スペインに残っていたアラブ楽器や、イスラム化していた西アフリカの楽器が伝わり、いずれも原点では後に滅びたとしても、コロンビアなどのカリブ・中南米諸国には残っていたと考えることは可能でしょう。

西洋人の楽器に対する最も基本的な観念は「モーロ人（ムーア人）とは違う奏法を確立したい」ということと、「誰もがいつも同じような美しい音を出せるように」というものです。したがって「ガイタ」のアイデアを発展させた「ブロック・フルーテ」は、息音も混じりにくい理想に近いものとなったのです。それに対し、西アジア・東アジア・中南米では、ほぼ古代の姿のままであり、西洋と根本的にコンセプトが違います。むしろ逆であることが明確になります。具体的には、「微妙な音程や装飾が豊かになる」ことと「息音を混ぜやすくなる」ことを大切に考えたということです。

この「微妙な音程と息音」は、むしろ西洋人にはアレルギーに近いほどの拒絶反応があり、裏返せば「魅せられる」「だから遠ざけよう」という心理も働きます。ところが、当の西アジア～東アジア人も、ある程度は「不気味＝神秘的」と感じたようです。その証拠に、後述しますが、「神秘性を目的とした音楽」に多く用いられているのです（→P218）。

命を削る特殊な楽器

昔から、楽器の原点を人間の生命や根源的な意識に見る発想が語られてきました。太鼓・打楽器は、舞踊・舞踏のステップ・ビートであるだけでなく、より根源的には「ハート・ビート（Heart-Beat）＝鼓動」であるという解釈です。「管楽器」は「ブレス（Breath）＝呼吸」とし、「弦楽器」は「心の琴線に触れる」などの言葉があるように、「情感と心」の象徴であるといわれます。しかし、いずれも一般人のイメージとしてはよいですが、演奏者からしてみれば見方が違うものです。

まず太鼓・打楽器の打つ速さは、人間の心拍数では落ち着き過ぎで、「ノリのある曲」は、より速いですから、無関係とさえいいたいものです。

弦楽器は、バロック時代から、一九七〇年代の日本のフォークに至るまで、その心に響く音色で、「女性を口説ける」と信じ込んでいるのは大きな勘違いです。実際、生理学的には、女性は世界的にワイルドな太鼓音楽の方により魅せられるそうで、一説には、「(腹に響いた）太鼓のビートを（さらに）子宮で感じる」とさえいわれま

オスマン・トルコで準国教的になったスーフィズム・メヴラーナ派のネイ奏者。〔筆者模写〕

す。そして、管楽器では不自然で不健康な呼吸を強いられ、確かな統計があるわけではありませんが、古今東西の管楽器奏者共通の認識では、呼吸器障害で短命なのは他楽器の比ではないそうです。トルコの庶民の言葉には「おい！　どうしたんだ！　まるでネイザンのようにやつれて！」というものがあります。「ネイザン」は「ネイ奏者」のことです。

このようなことを総合すれば、「尺八」が属する「ブロックなし縦笛」は、その「神秘的・霊的な音色」が本懐であり、しばしば聴くものはその音色に不可思議な思いを馳せ、奏者は命を削る、という特殊な楽器であるわけです。このように「ブロックがないこと」は、「未開・未発展」の姿では全くなく、その特性を活かすために「そうあり続けた」姿なのです。

●「尺八」という名称が意味することを深く考える

尺八の原点は？

「尺八」とは、いうまでもなく、その長さが「一尺八寸」であるからで、その原点は、唐《とう》代前半の唐宮廷音楽の楽師である呂才《りょさい》（生年不詳～６６５年）が、中国音律の十二律*（黄鐘《おうしき》）に合わせて考案したのが初めであるとされます。もちろん、これもきわめて眉唾な話です。

中国音律は、有名な「三分損益法《さんぶんそんえきほう》」*で考案された、という伝承が通説になっています。これは閉管の笛（ビール瓶《びん》を吹くような）の長さを三分し、それを足したり（益）引いたり（損）してオクターブの倍音群を並べて十二の半音を見出したというものです。しかし、実際には弦楽器から自然発生的に発見されていたかもしれませんし、西域から理論が伝わったかもしれません。にもかかわらず、後世に無理矢理中国・漢民族好みの理屈で、音律とその起源を改め直した可能性はあります。実際、この手法では、完全五度や完全四度といった、より自然な倍音とは微妙にズレます。逆に、十二律と尺八などの縦笛の関連性は、この理論の構築の時点では相性がよいということになります。

しかし、実際十二種の半音をつくったのか？　とか、当時の尺の実寸が後世とは異なるなどの疑問も残りますし、きわめつけは、そもそも呂才の時代の黄鐘管は「一尺九寸」だった説まであり、中国では「尺八」の呼称は定着しなかったか、ほどなく廃れたようなのです。中国に現在も残る前身楽器は「洞簫《どうしょう》」と呼ばれ、この名は閉管のパンパイプ「排簫《はいしょう》」の一本を「開管（＝突き抜けさせる）洞」にして創作したという故事に因んだもので、「洞簫」の起源説は、前述の「呂才尺八発明説」とは異なります。

つまり、三味線・琵琶・箏・胡弓《こきゅう》と同様に、尺八の起源もまた、怪しい話・眉唾話だらけなのです。

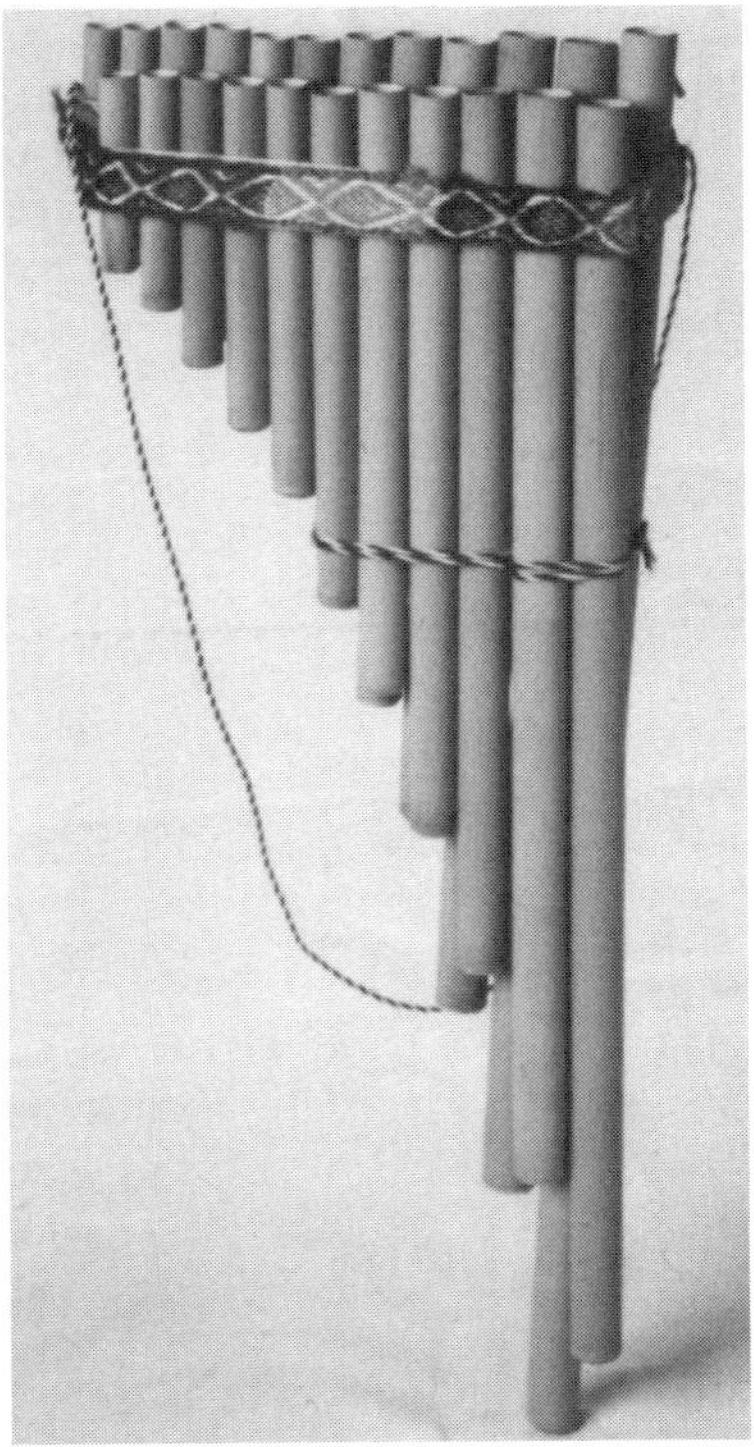

南米のパンパイプ「サンポーニャ」。[W]

用語解説……**十二律**●中国や朝鮮、日本の伝統音楽で用いられる12種類の標準的な高さの音。黄鐘は、基音の壱越《いちこつ》より七律高い音で、洋楽のイ音にあたる。

三分損益法●古代中国でおこなわれた音律計算法。

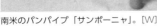

尺八のルーツ

●尺八の前駆？「一節切《ひとよぎり》」

「一節切」と「渡来インド人僧侶」の伝承

すでに日本には呂才《りょさい》の尺八発明説の以前に、大陸渡来もしくは南蛮渡来の「一節切」と呼ばれる短い尺八が伝わっていたとされます。この「一節切」は、その後、江戸後期まで比較的一般的な楽器であり、むしろ尺八が江戸前半に「虚無僧《こむそう》」（↓P182）の法器《ほうき》（仏事に用いる道具）となって以降も、自由に吹かれていたようです。三味線の章でもご紹介しましたが、江戸時代中期から後期の花柳界の音曲図でも遊女や芸姑が三味線を練習する横で、「幇間《ほうかん》（たいこもち／男芸者）」が「一節切」を吹き、合奏している図はいくつか見られます（↓P51）。

この「一節切」の伝承のひとつに興味深いものがあります。それは、室町時代に大陸か南蛮から渡来した（漂着ともいわれます）インド人僧侶が携えていたというものです。なんと彼の一休宗純《いっきゅうそうじゅん》和尚《おしょう》が、「言葉が通じないのだから、もっぱらその笛を吹き行脚することを業とせよ」と助言したといい、それが「薦僧《こもそう》*」の起源であるというものです。

前述したように、三味線伝来説（沖縄～近畿伝来説）では、大陸～九州伝来説でさえも、修行僧・盲僧・大道芸人のことは一切触れられておらず、琵琶に関しても、当道座《とうどうざ》が興る以前から盲僧

琵琶が全国に展開していながら、その源流については語らず、珍しく俗箏《ぞくそう》の前身である筑紫箏《つくしごと》の縁起において「渡来大陸人に学んだ」とありますが、漢名が残されながらも、漢人とは明言されていません。ところが、特筆するべきは、この「一節切」に関しては「渡来インド人僧侶」とはっきり述べている点です。

一絃琴《いちげんきん》伝承にみる「熊野信仰」（山岳信仰）との関わり

戦後ほとんど淘汰された感が否めませんが、一節切の「渡来（漂着）インド僧侶伝播説」と似た話が「一絃琴起源説」にあります。平安時代初期に三河国《みかわのくに》幡豆郡《はずぐん》に小舟で独り漂着した天竺人《てんじくじん》が「一絃琴」を携えていて、見事に弾き語りをし、これが我が国の「一絃琴」の縁起である、というものです。ついでにいうと、そのインド僧を同地の川原寺に住まわせたが、後に、持っていた「綿花の種」を広め、日本の綿の栽培の原点となったともいいます。僧を助けたその村は、しばらく「天竺村」と呼ばれていたそうです。

紀伊半島から三河には、渡来（漂着）インド人僧侶の話が多いこととも関連して、面白みは倍増します。山岳信仰で有名な熊野神社には、四世紀に熊野浦に漂着したインド人僧侶（裸行上人《らぎょうしょうにん》＊と総称される者のひとり）の伝承があります。また、和歌山の那智浦《なちうら》の補陀洛山寺《ふだらくさんじ》（天台宗）の縁起は古く、紀元前六世紀にまで遡るもので、渡来か漂着かはわかりませんが、やはりインド人僧侶（龍《りゅう》樹菩薩《じゅぼさつ》裸行上人）が開祖といわれます。

用語解説……**薦僧**●「薦《こも》＝むしろ」を腰に付けて笛を吹いて行脚していたことから「薦僧」と呼ばれた。後に普化宗と、結び付き、虚無僧と呼ばれるようになる。

裸行上人●いつも裸の身で生活したことからそう呼ばれる。

後世、逆に、那智浦から渡海すれば「観音浄土の補陀落《ふだらく》」*に行き着けると信じられ、源頼朝《みなもとのよりとも》の家臣も船出したという有名な話もあります。黒潮の強い流れに乗せられるのでしょう。南蛮経路や大陸南部から、琉球や九州南部を目指していた僧侶が遭難・漂着することが少なくなかったためか、そこから「補陀落へつながっている」という信仰が高まったのであろうと思われます。もちろん紀伊から黒潮を逆行することは、今世の目的地には辿り着けないということです。それでもごく稀に沖縄に漂着した上人もあったそうです。

遭難漂着僧侶がしばしば一絃琴や縦笛を携えていたことは、インド音楽探究歴四十七年の私には全く不思議ではありません。紀元前、ブラフマン教末期に仏教、ジャイナ教、初期ヒンドゥー教が渾沌としていた時代に、インド僧侶の一部の托鉢・行脚修行では、一絃琴は基本スタイルだったからです。それは、主にインドシナ方面に伝わり、タイ、カンボジアでは辛うじてその楽器（楽弓系《がっきゅう》*の一絃琴）は、現存し演奏されています（カンボジアのサデウ（Sadev）、左ページ写真上）。また比較的よく知られているヴェトナムの独弦琴《どくげんきん》、通称「ダンバウ（Dam-Bau）」（左ページ写真中）も、そもそもは、楽弓を木箱に取り付け、音を大きくしたのが原点です。

また、近代に「ブロック・フルーテ」（→P208）になってしまいましたが、タイ古典音楽で用いる縦笛「クルイ（Khlui）」（左ページ写真下）は、中国尺八（洞簫《どうしょう》）より太く、日本の一節切サイズであり、しかもサワリ膜*を張ります。サワリ膜は、中国の横笛（笛子《ディーズ》）にも韓国の横笛（ハエグム）にもありますが、原点はタイ、そしてインドであった可能性もあります。そもそも漢人はサワりはあまり好きではないようです（→P57）。つまり、インドでは、近年一地方に一種残る程度ですが、インドシナでは近年まで比較的普通に見られた一弦琴や、ブロックを装着する以前の古い一節切の元祖縦笛を、僧侶が携えて一度となく紀伊半島周辺に漂着していた史実が浮かび上がります。ということは、当然、無事九州に渡来できた僧侶も少なくなかったということです。

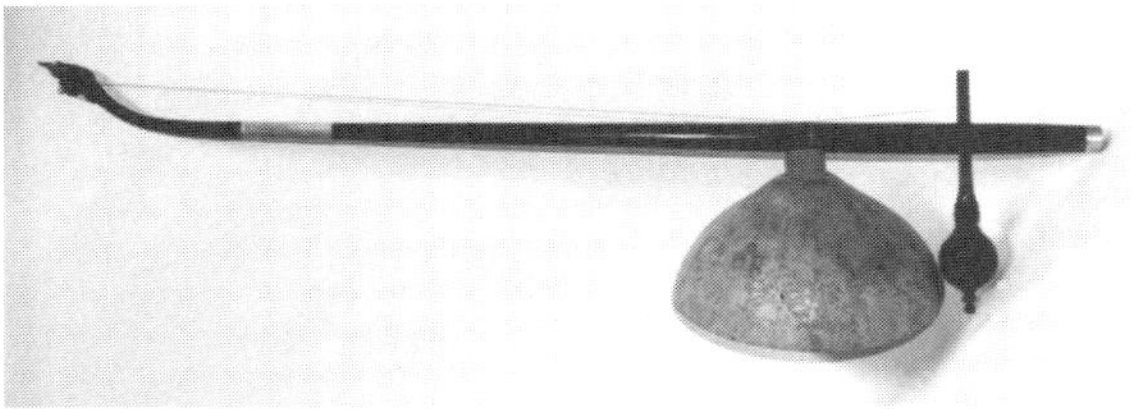

カンボジアの一弦琴《いちげんきん》「サデウ」。

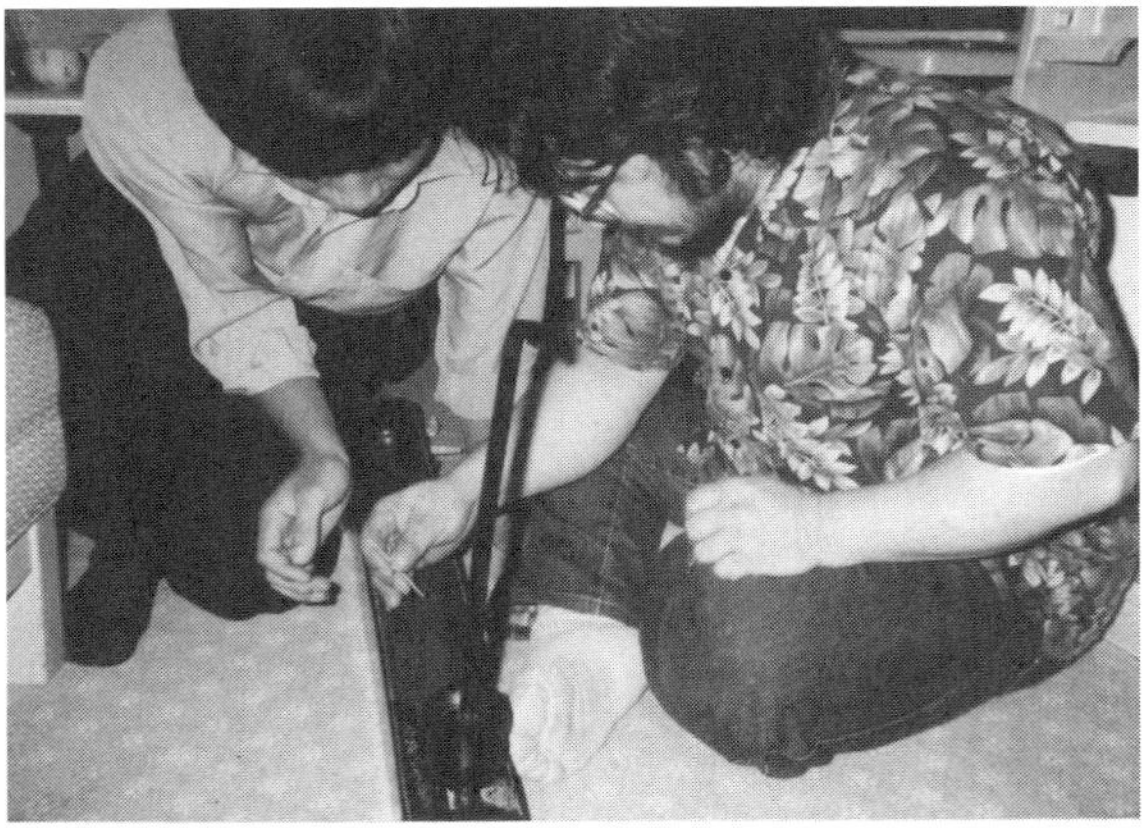

ヴェトナムの一弦琴（独弦琴）「ダンバウ」を学ぶ筆者。

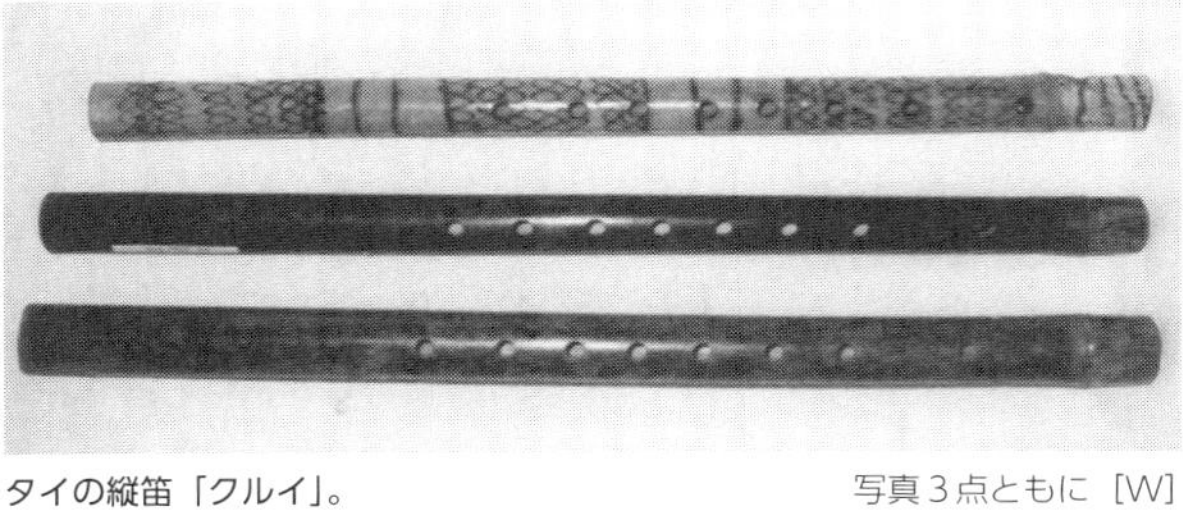

タイの縦笛「クルイ」。　写真３点ともに［W］

用語解説……**補陀落**●南インドにあると伝説的に信じられている観世音菩薩の霊場。補陀落山《ふだらくせん》ともいう。

楽弓●弓に張った弦をはじいたり叩いたりして音を出す原始的な弦楽器。

サワリ膜●管楽器では、ビリビリという独特な「サワリ」的音色（→P55）をつくりだすために張られる薄い膜のこと。

そうはいっても、この「南蛮経由の一弦琴や縦笛を用いるインド系音楽修行僧」と、「大陸経由の三味線か琵琶（もしくはその混合楽器）を用いるインド系音楽修行僧」の宗派は、もしかしたら大きく異なったかもしれません。また後者は、日本に渡来する以前に大陸で、胡人《こじん》や北方人の大道芸人とも交わり、大道芸の技を磨いてからの渡来も多かったかもしれません。他方のインドシナ経由の場合、もっぱら仏教修行に特化していたとも考えられます。

かと思えば、琵琶の章でご紹介した琵琶法師の吟唱図には、傍らに「一節切」と「排簫」が無造作に置かれていました（→P117）。別派説も残しつつですが、縦笛も盲僧芸人の専門分野だったかもしれませんし、南蛮経由（いわゆる小乗《しょうじょう》仏教系）と大陸経由（大乗《だいじょう》仏教系）が何処かで習合した派もあったのかもしれません。その根拠は、全国に山岳信仰、道教、神道、仏教、密教などが習合した信仰が展開しているからです。

●謎多き尺八、普化宗《ふけしゅう》はスーフィーか？

インド亜大陸に展開する「音楽教」

インド亜大陸*等北部のベンガル地方の民間宗教に「バウルー（Baul）」というものがあります。亜大陸の反対側・パキスタンの神秘主義・スーフィー（Sufi）の一派の歌謡と共に、この十年で日本でもよく知られるようになりました。どちらも、まさに「音楽教」とさえいいたいもので、歌と音楽によってその教えを広めることを最重要の業としている宗教です。バウルーの教義は「所有の禁止（家・土地・財産など。したがって放浪が基本）」「契約の禁止（婚姻も含み、借家もできない）」「男女子どもで暮らす（契約は許されないが神が与えたもうた男女は共に生きるべき）」、そして「神の教え、歴代の聖人の教えを歌にして布教行脚をおこなうことを業とする」というものです。

開祖は、ラロン・シャー・ファキール（Lalon Shah Fakir　1772～1890年）ですが、特定のスーフィー教団（ターリカ）にもヒンドゥー教団にも属さず、双方と関わり、それらの教義に影響を受けながら独自の教義を構築したといわれます。その端的な例がイスラム教系といわれるスーフィーの多くが「輪廻転生」を信じないのに対し、バウルーは信じていることです。

他方のスーフィーは、イスラム教が興って世界伝播を図った七、八世紀にはすでに現れていました。そもそもイスラム教は、その初期において、教団代表を預言者の血縁とすべきとする考えと、それを否定する考えが対立し、贅沢三昧で、単なる王・独裁権力者となったと歴代教団代表を批判する声も多かったのです。そのようななかで、献身的で非利己的な質素な生き様を説く思想が複数箇所で同時代に生まれたわけです。しかしいずれも、当然各地域の為政者には「異教・邪教」と弾圧され、元々質素な生活の上に逃亡を繰り返して難民状態になることが常でした。

「スーフィー」の語源は、「羊の毛皮のマント」を意味する「スーフ」から来ています。マントに身を包み、極寒の山々をわずかな同志と共にあてもない逃避行を続けていた彼らへの、いささかの侮蔑を込めた名称といえます。無論、当人たちにとっては「質実」の誇り高い証でもありました。しかし、数百年の間には、西アジア・中央アジアのみならず、インド亜大陸（南アジア）から北

用語解説……インド亜大陸●インド、パキスタン、バングラデシュ、ネパール、ブータンを含む地域をさす。インド半島ともいう。

アフリカ・東西中部アフリカにも伝わり、東南アジアのイスラム布教にも寄与したといわれるほどに広まりました。共通の大教団も教義もないために、各地で様々に（ある意味勝手に）「聖人」を中心とした「勉強会」が開かれ、その教義もバラバラです。前述した「輪廻転生は信じない」「唯一神」は共通していることと、イスラム教文化圏から発したがために「イスラム系神秘主義」といわれますが、確かにイスラム教の風土から生まれながらも、各地のアニミズム（自然崇拝）に根ざした性質と、聖者の神秘体験を軸とする思想哲学の性質の強いものであると、私は考えます。

スーフィー教団の半数は、イスラム教の不文律「歌舞音曲は好ましからず」を踏襲します。しかし、「音楽を一切認めない」から「宗教音楽は許される」場合まで、教団によって違いがあり、後者のなかの、十三世紀の亜大陸の楽聖アミール・フスロウ（Amir Khusraw　1253～1325年）が信心した「チシュティー（Chishti）教団」の場合は、宮廷詩人フスロウが創案したともいわれる「宗教歌のカッワーリ（Qawwali）」の演唱を重要な業とする他、十六世紀の宮廷楽師長ミヤン・ターン・セン（Miyan Tan Sen　1500～1586年）が師事した、聖者が属した「シャッタリ（Shattari）教団」など、音楽を禁じなかった宗派も少なくありません。

一方のヒンドゥー教でも同じ中世期に、同様の「神秘主義」が興ります。イスラム勢力に支配され戦禍が絶えなかったにもかかわらず、寺院や王族などの為政者・権力者は、私利私欲に溺れていると批判し、スーフィーと同様に「神と個人の向き合い」「禁欲的・献身的・非利己的な生き様」などを説く「献身思想（バクティー Bhakti）」が起こり、亜大陸各地で様々な聖人が登場しました。時期もスーフィーと重なると共に、いずれも十六〜十八世紀から数百年の最盛期に枝分かれしたり、バウルーのように突然興ったりしたわけです。

また、研究者はほとんど語りませんが、そもそもヒンドゥー教の前駆であるブラフマン教は、かなりアニミズム的でもあります。また、ヒンドゥー教が全インドを支配する過程で、各地の（地域信仰の神をヒンドゥー神のどれかの化身などと説いて）土着アニミズムを取り込んだことで、改めてアニミズム性が復興したともいえます。

したがって、いささか乱暴ではありますが、「輪廻転生」「唯一神」ということを度外視すれば、「献身と神秘体験を重んじる」「大宗教組織や政治に関わることを禁忌とする」「当事者の自覚はなくとも、アニミズム的でもある」という性質において、スーフィーとヒンドゥー神秘主義（献身思想）はきわめて似通っているといいますか、ほぼ同一であるとさえいえるのです。

南西アジア神秘主義

これも研究者がほとんど着目しない点ですが、私は、「輪廻転生」「唯一神」の解釈の違い以上に、「現実逃避性」の有無や度合いが大きな問題と考えます。つまり「神秘体験による神との一体化など」の方向性には、その根底に「自我と現世の否定」の精神性があり、この性質においては、「イスラム系神秘主義のスーフィー」も「ヒンドゥー教神秘主義の献身思想であるバクティー」もほぼ同一なのです。アラブ地域のスーフィー教義の中心には、「生きながらに死ぬこと∴自我の否定（ファーナ Fana）」さえ説かれています。

しかし、わずかながら、アニミズム性がより濃い教義では、神が唯一神であろうとなかろうと、様々な生き物や樹、山、果ては岩にまで、「精霊」や「神の意志」が宿ると考えます。即ち「万物皆神が宿る」というアニミズムの基本も見られます。いうまでもなくこれは、中国の古道教とも日本の神道とも深く共通するものであり、後世の「山岳信仰や修験道」ともきわめて深く共通します。これらはむしろ「自然を愛でる＝現世肯定」の感覚です。このような事から私は、「南蛮渡来～紀伊」と「大陸渡来～九州」とのインド人僧侶の宗派が「異なるかもしれない」と前述し、山岳信仰の一大中心地である熊野を「面白い」と述べたのです。「山岳信仰のひとつの原点」であり宗教的な権威があった熊野信仰は、その原点において漂着インド人僧侶からの継承があるのです。

山伏の非俗的な出家の姿、天に近い大山を詣でる姿は、「現世での俗生活の否定」に他ならないと思われます。また、熊野浦《くまのうら》や那智浦《なちうら》から臨む太平洋の彼方に「観音浄土の補陀落《ふだらく》」があると信じた姿もまた、「現世での俗生活の否定」に他ならないと思えます。

要は、「山岳信仰」や「万物皆神（命）が宿る」といったアニミズム性こそ着目すべき点であり、これは九州盲僧・琵琶法師が吟じた「地神《じしん》讃歌」「荒神《こうじん》祓い」とも共通するのです。そして、紀伊ではそれがインド人僧侶からもたらされ、山岳信仰の原点となったということがきわめて重要であり、しっかり踏まえておく必要があるといえるのです。もちろん、これは「尺八」という楽器とその音楽をわかる上でも、最も重要なテーマです。

日本での尺八の伝承

一節切《ひとよぎり》から普化宗《ふけしゅう》尺八へ

江戸時代に突然現れた尺八

かくして、インドから紀伊・熊野に流れ着いたインド人僧侶がもたらした「一節切」は、伝承では、織田信長《おだのぶなが》の家臣に一節切の名手とされた大森宗勳《おおもりそうくん》（１５７０～１６２５年）が現れて後、急速に武家の間に広まったといわれます。もちろん、大陸盲僧が九州にもたらし、盲僧琵琶法師と共に広まった経路もあれば、花柳界で好まれ広まった経路もあったに違いありません。

ところが、江戸時代の前半、「一節切」の流行は、突然現れた大型の縦笛「尺八」によって廃れたというのです。いきさつとしては、「音が大きい尺八にとって代わられたが、ほどなく尺八は普化宗の法器（仏具）と幕府が定め、一般には禁止され、一節切の流行も共に途絶えた」ということのようです。しかし、なぜ「尺八」が突然現れるのか？　なぜ簡単に「音が大きいもの」が勝つのか？（三味線との合奏の調や音量バランスを考えれば、そんな単純ではないのでは？）　なぜ、一節切に戻らなかったのか？　これらの疑問は拭えません。

結局、日本人は昔から流行に敏感であると同時に、飽きやすいともいえるのです。その結果、尺八に浮気する者もこぞって現れると共に、御法度で禁じられれば、一節切に戻ることもない程度しか尺八も音楽も愛してはいなかったということでしょう。実際、一節切は、江戸末期にも三味線との合奏で描かれており、1871（明治4）年の「普化宗廃止」で、尺八が再び大っぴらに吹けるようになって完全に淘汰されるまでは存在していましたが、いずれも一部の人々に限ります。

普化宗に伝わる古曲由来にみる嘘と真実

なぜ、普化宗は尺八を法器としたのか？　この疑問は意外に容易に答えに行き着きました。それには、戦国の時代が終わり江戸幕府の誕生によって、多くの浪人が生まれたことに対応して、「普化宗」がその一大受け皿になったという背景があります。

つまり、前述したように大森宗勳の名演によって武家の間に流行していた一節切から、「音の大きな、より荘厳な尺八」に切り替える者が続出していたが、その連中が浪人となり、彼らを束ねるために、何らかの組織・小社会が必要となった。彼らには精神的な依りどころも不可欠となって、仏教の宗派を創設し、様々な規則をつくりあげると共に、戦に代わるステイタスを感じ得るに足るものを与えた、ということです。ですが、浪人が皆尺八を愛好したという意味でも、尺八愛好の武士がほとんど浪人になったという意味でもありません。

ただ、ここには、検証すべきいくつかの問題があります。そのひとつは、普化宗誕生以前に現れ、流行した「尺八」は、どこから来たのかという疑問です。

普化宗の伝承では、鎌倉時代の前半、信州の僧侶である覚心《かくしん》（1207～1298年）が大陸に渡り、同門の中国人僧の張参《チョウサン》から尺八を学んで帰国し広めたとあります。これだけでは「一節切」との差別化も仏教系の宗教との関係性もわからないのですが、普化宗尺八の原点ともいうべき秘曲三曲「虚鈴《きょれい》（真虚霊《しんきょれい》／鈴慕《れいぼ》）」「霧海《むかい》」「虚空鈴慕《こくうれいぼ》」の由来についての伝承には、きわめて興味深い内容が伝えられています。

まず「虚鈴」は、覚心の同門である張参のかなり前の師の張伯《チョウハク》が、普化禅師《ふけぜんじ》*の禅句吟遊を聴き、感銘を受けて作曲したもので、禅師は、鈴を振る伴奏だけで心を打つ句を吟じ、張伯は師事を願い出ますが受け入れられず、そのときの無念と敬慕を込めた曲ともいわれます。張参が継承していたものを覚心が学び、日本に持ち帰ったということです。また、覚心の帰国と共に、四名の唐《とう》の普化禅僧も来日帰化し、普化禅と尺八を広めたとされます。

「霧海」「虚空鈴慕」の逸話には、さらにワクワクさせられます。覚心の高弟の寄竹《きちく》が行脚の道中、伊勢《いせ》の朝熊山《あさまやま》で深夜、海中と虚空に妙音を聴く夢を見て、二曲を作曲したというのです。朝熊山は、前述の熊野浦からは志摩半島を北に回らねばなりませんが、山伝いでは連なっています。

もちろん、いずれの伝承も「三味線石村検校《いしむらけんぎょう》創作説」よりはマシだとしても、いささかでき過ぎた話であることも否めません。しかし、例によって、そのような伝承にこそ学術論文や史誌以上に真実を示唆する何かが潜んでいるのです。

まず、「虚鈴」の逸話では、すでに普化宗（普化禅宗）が大陸に教義・組織共に確立していたことを示唆していますが、実際のところそれは定かではないようです（学会では否定論が優勢）。し

用語解説……**普化禅師**●唐の大中年間（847～859年）にいた、普化という名の僧侶。生没年、生地、俗名などすべて不詳。常に狂をよそおい、その発言は尋常ではなかったという。普化宗の開祖。

かし、禅句に限らず、説教吟遊の法師放浪芸が存在していたことは明白になります。そして、何代にもわたって、それを尺八で表現する「業（であり芸能）」も存在していたということで、前述の覚心のみならず共に来日した法師のように、かなり自由に九州から近畿に渡来していたということも確認できます。

次に覚心門下の寄竹作曲の二曲ですが、大陸渡来とは全く異なり、熊野の領域で、神懸かり的に生まれたというのです。つまり、普化宗秘曲（古伝曲）は、一対二の比率で、「大陸渡来」「熊野渡来」の事実を伝えていると考えることができるわけです。ちなみに寄竹は、京都白河《しらかわ》に「虚霊山明暗寺《きょれいざんみょうあんじ》」を建て、これが後の「近畿普化宗本山」となりました。

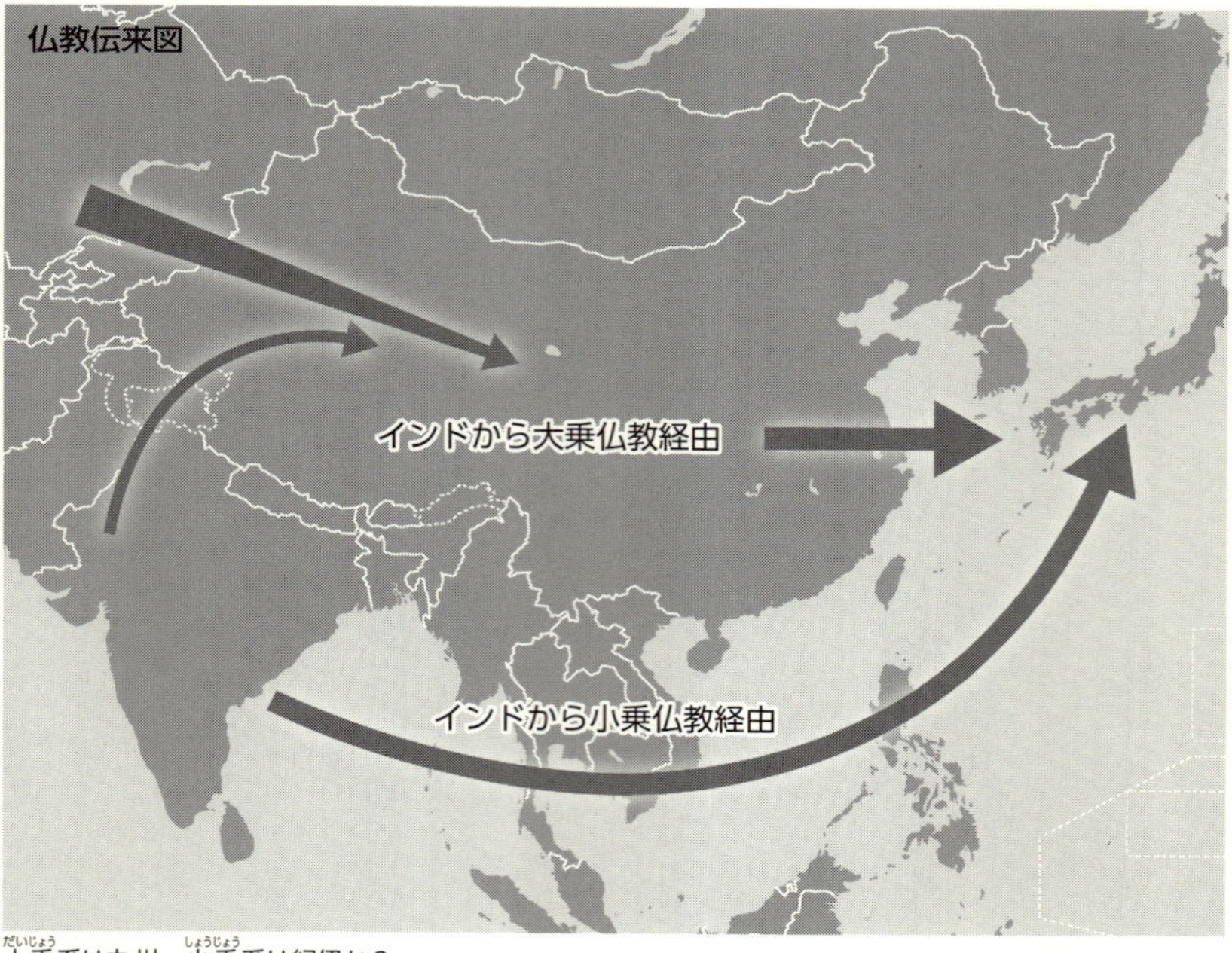

大乗《だいじょう》系は九州、小乗《しょうじょう》系は紀伊か？

覚心と共に来日した大陸僧のひとりで最も尺八を得意とした宝伏《ほうふ》は、諸国行脚の後に、下総《しもうさ》に「一月寺《いちげつじ》」を建て、後の「大和普化宗本山」になったといいます。もちろん、これらを真っ向から否定する、より学術的な反論・異論もいくつか存在します。しかし、逸話から読み取れる確かな事実が否定されることはないはずです。

226ページに示した仏教伝来図では「小乗《しょうじょう》仏教*」とありますが、「小乗」は、近年「卑下的である」とされ「部派《ぶは》仏教／上座部《じょうざぶ》仏教」に改められています。しかし、「大乗《だいじょう》」はそのままですし、二大流派の本来の教えと、一般に広まったものの感覚には逆転した要素もあると考え、敢えて「卑下的ではない」と旧来の呼称で書きました。

「薦僧《こもそう》」から「虚無僧《こむそう》」へ

普化宗《ふけしゅう》尺八の謎

覚心《かくしん》と、彼を取り巻く人々についての普化宗の伝承は、そもそもその笛が、後の「尺八」であったのか、それとも中国尺八の「洞簫《どうしょう》」だったのか、それとも「一節切《ひとよぎり》」だったのかは不確かです。

「尺八」「洞簫」「一節切」は、長さの違いは元より、「指穴の数」「吹き口の構造」そして、「用いる竹の種類と部位」が全く異なります。

「尺八」の吹き口は、「外側斜め削り」で、穴は表四／裏一です。大切なことは、「真竹《まだけ》の根竹《ねだけ》(根元の部分)」を用い、そこに二節あり、吹き口も節、その間に四つの節があることが基準です。

用語解説……小乗仏教●大乗仏教と並ぶ仏教の二大流派。限られた出家者だけの小さな乗り物を「小乗」、あらゆる人々の救いを目指す大きな乗り物を「大乗」というように、民衆の間から興った大乗仏教側の立場から批判的に名付けたもの。

「一節切」は、吹き口と指穴、真竹は尺八に同じですが、根竹を用いず、節は吹き口にも底にもなく、指穴の一番上のさらに上にその名のとおり一節あるのみです。

薩摩《さつま》にのみ伝わり現存するとされる一節切に似た縦笛の「天吹《てんぷく》」は、吹き口と指穴は尺八、一節切に同じですが、真竹の一種である布袋竹《ほていちく》を用いています。節が指穴の上下と中間に三つあり、薩摩琵琶と共に文武両道の奨めの元に愛奏されたといいます。正倉院に収められている「中世尺八」は、指穴が六と多く、竹の種類が異なる他は、むしろ「天吹」に酷似します。ただ、正倉院尺八のなかには「一節切、天吹、尺八」などとも異なり、吹き口が根に近い方にある楽器もあるようです。

そして、中国の「洞簫」は長さが色々あって、そのため節も五～六と様々です。竹は黒竹のような肉薄を用い、その特徴は何といっても吹き口に南米のケーナに似た刻みがあることです。

もっとも、「洞簫」の今日見られるこの構造が、古来からのものである保証は全くありません。申しわけないですが、中国漢人研究者や演奏家が何といおうと、ほとんど信用できないのです。また、近年日本の尺八に類似した「根竹を用い、刻み吹き口」の楽器が散見されます。おそらく、そのような縦笛は「洞簫」以前から存在し、その改良型が「洞簫」だったのでしょう。そして、今日の中国の楽器商と演奏家は、ことさらにそれを主張しますが、どこかで唐《とう》代以前の古楽器が発見されたとか、どこかでずっと継承されていたと語られても、やはり信用できません。単純に日本の尺八を真似て、「そういえば、そもそも中国発祥に違いないのだから」と近年になってつくったのではないかと思えてなりません。

近年の「洞簫」は、表六穴・裏穴なしから表七穴・裏穴有りまで、やはり様々です。これは漢人の器用そうでいて妙に不器用な側面や、執着心・自尊心の強さを思わせるような特性に根ざしていると考えられます。「改良」の名の下に近代化し続けてきた最先端の奏法を一度身につけたら、それを捨ててまで古代楽器を再現しようとはしないのです。加えて、近年の音楽は、たいがい幼稚なギミック（仕掛け）が必ず登場しますから、伝統的な音律や音階ではなく、奇妙に西洋的なものが混じります。その結果、指穴は増えるか、増やしたままなのです。形ばかり古そうで伝統的に見えても、それが古楽器の姿であるとは到底思えません。これは現在の中国楽器の全てにいえます。

元祖尺八の存在

このようなことを全て総合すると、覚心の縦笛、即ち普化宗尺八の初期の形は、まず「洞簫」ではないだろうということがわかります。では、「一節切型」か「天吹／正倉院尺八型」か？　それとも今日の「尺八型」か？　現在の尺八奏者や研究者は、今日の尺八を「新しい楽器」としてしまいますが、私は意外にほぼ今日の形で古くからあったと考えます。その根拠は「根竹」を用いるからです。

「根竹」を用いるメリットは、楽器の一端が丈夫になることや、何やら「自然体」的な迫力が得られることです。もしかしたら、微妙に反っていたりすると、「いかにも笛らしい」などのメリットもあるのかもしれません。秦《しん》代に遡れる二胡《アルフー》の元祖「奚琴《けいきん》」*の棹《さお》もまた「根竹」を用います。尺八とは逆に、根が縦に構えた楽器の上側、糸巻の先にきます。これは音にも製作技術にも何ら貢献していないはずです。ということは、「根竹と微妙な曲がり」は「何らかの象徴」を求めたとしか考えられません。

「根こそぎ切ってしまう」のですから、自然保護ではないので、自然志向というのはおかしな話ですが、やはり古代道教*のアニミズムを連想してやみません。もしインドのアニミズム性の強い宗派と古代道教が習合し、自然崇拝や山岳信仰を本懐とした宗教の僧侶たちが大陸における行脚の業に尺八を用いたとして、それが紀伊半島や九州に渡来したのであるならば、それは大陸ですでに「洞簫」でもなく、「一節切」や「天吹」、「正倉院尺八」とも異なる楽器として、楽器以上の付加価値を持った存在となっていたかもしれません。それを示唆するのが、「洞簫」の縁起の伝承の「筒抜けの排簫《はいしょう》（パンパイプ）から創作した」という話ですが、正確には、排簫からつくるという面倒なことではなく、「根竹尺八、一節切、正倉院尺八」などの吹き口を替えた改良型に、いかにも古代からあったかのようにつくり話を添えたということなのでしょう。

そもそも中国において、「吹き口にほとんど構造上の工夫がない縦笛」は、元祖ペルシア、その門弟であるアラブ縦笛同様に、単に「葦《あし》」と呼ばれていたようです。それが竹に替わった際、単に「竹」を意味する語「竹类《チクレイ》（zhú lèi）」で呼んだのが「元祖尺八」で、いわば「根竹・竹类」のようなものが、後の「普化尺八」であったと考えられます。「洞簫」は、それとの差別化のために、縁起話をつくりあげ、進化した吹き口を持っているのでしょう。

もしこれが事実であれば、一節切の流行の最中、すでに山岳信仰や修行僧が根竹尺八を用いていて、武家の誰かが、その宗教的・精神的な教えを乞うと共に奏法を学んだことは容易に想像できます。明日の糧を得る手段にも事欠きながらも、幾代も続く武家の家系の誇りも捨てられない忸怩《じくじ》たる想いの浪人の多くが、その質実剛健で自然志向な、そして高い精神性の様を見て、我も我もとなったこともまた容易に想像できるのです。

つまり、当道座《とうどうざ》のように「浪人救済」のための受け皿をあらかじめ用意したのではなく、思想・精神性とセットになった根竹尺八に次々に入門者が訪れた結果、「これは何とかしなくては」と、後付けか、ほぼ平行して組織ができたのではないか、と考えられるのです。

浪人達の受け皿としての普化宗

普化宗の始まりが、精神的な楽器としての根竹尺八の入門者が増えた結果であるとした根拠のひとつが、普化宗初期の「規則」に見られます。「後から考え、定めざるを得なかった」と思われる規則が散見されるからです。いいかえれば、受け皿を先に用意した場合では、「ここまでのことを想定するだろうか?」というような規則がほとんどなのです。例えば「人を殺めた者の入門」は、「普化宗の各寺の住職がその道理を理解すれば可能」であるとか、「武士としての再登官を望まないものは入門できない」などです。前者の場合、「そういう輩も来るかもしれないから」というのも

用語解説……**奚琴**●東アジアの二弦の擦弦楽器。胴は小さい円筒形で、馬尾毛の弓を両弦の間に挟んで演奏する。
古代道教●古道教（↓P222）のなかでも、より古い、正統的な道教。

おかしいですし、後者の場合、すっかり侍に戻る気をなくし、尺八を吹いてぶらぶらしていれば三度の飯にありつける、程度の輩が増え始めたからつくった規則という感じがします。

ただ、いくつかは、事が問題になる前から想定して定められたと思われる規則もあります。それは時代劇などでよく知られた、肩まで入りそうな「筒状の編み笠《あがさ》（天蓋《てんがい》）」と、「百姓・町人は入門させない」（もちろん、それらに尺八を教えてもならない）がそれです。前者は、「元侍の某」であった当時の知り合いと町で出くわしてもバレないためには必須です。後者の場合は、普化宗の秩序を武家の精神性で維持するためには、やはり必須の事項でしょう。これらは組織化される前（直前？）に考えられたと思えます。

しかし、実際のところ、仏法をどれほど学んだのか、禅の修行をどれほど積んだのかということになると、どうも怪しいのです。そう考えるきっかけとなったのが、「堅物・変わり者」から、「変人」の評価まであった、普化宗虚無僧の最後のひとりともいわれ、LPなどにも録音された海童道《わたづみどう》祖《そ》（1911～1992年）という奏者の存在です。彼は歴史的には古い派の流れを汲み、1871（明治4）年の「普化宗廃止令」の後、「尺八音楽継承の会」として存続したいくつかの会のひとつ、「博多一朝軒《はかたいっちょうけん》*」門下の人です。道祖は、様々な精神面のしきたりや規則を厳しく教え、新たな「海童道」という教義（思想？）を構築したといわれますが、いいかえれば、江戸時代を通して本来の普化宗ではそれがきわめて緩かったことを示唆します。

そもそも音楽と料理、そして囲碁や将棋には、剣道、柔道のような「道」が付くものは、古今東西存在しません。ところが、普化宗のひとつの源流であろう山岳信仰には「修験道」という存在がありました。「修験教」ではないのです。したがって、普化宗が江戸中期から次第に腐敗と堕落の方向に進んだ当時も、常にそれを憂い、憤りを感じていた人物は必ずいたはずです。しかし、いくつかの派のいずれもが、寺単位で規則を後付けするような不思議な風習を拭えなかった感が否めません。海童道祖の音楽は、そんな先人達の積年の思いが、高度成長期のピークの頃、とある尺八演奏家の脳裏に去来したといった感じでした。一介の演奏家としての個人的感想を述べれば、やはり偏屈な音楽で、そのわりにはギミックも多く全体的に独りよがりな感じがします。

彼の教えには、普化宗創成期の精神性を丹念に学んだ形跡がほとんど見られません。ましてや熊野信仰の原点である、漂着インド僧の宗派の教義などは匂いすらしません。要するに、きわめて純粋で真面目な性格の人間が、自身の思い付きで考えた思想・教義であり、いささか教条主義的にそれをアピールした感が否めなく、その浅さが音にも出ていたということなのです。

しかし、今日でも彼に影響を受けて「尺八はそう吹くものだ」と考えている奏者は少なくありません。

脱普化宗〜尺八楽・尺八学

江戸中期にもなると、尺八の音楽性も技術も伸び悩むどころか衰退の一途を辿り、果てには「百姓・町人」にも教え、「虚無僧としての大道行脚」の許可証さえも出す寺が現れ始めます。江戸末

用語解説……博多一朝軒●博多にある普化宗・虚無僧寺の名前。

期には、普化宗の寺自体も腐敗し始め、明治に廃止されるのも止むを得ないことであったという話もあります。おそらく、創成期からのそうした普化宗の欠点と弱点を痛烈に憂いたのでしょう。普化宗から逸脱してまで、「精神性と思想、そして、禅や仏教、密教の修行」に根ざした尺八音楽を追求せんとした人物が現れます。その先達が、十八世紀江戸時代中頃に現れた黒沢琴古《くろさわきんこ》（1710～1771年）で、現存する二大流派のひとつ「琴古流」*の開祖です。さらに、中興の祖と評される尾崎真龍《おざきしんりゅう》（1820～1888年）は、密教の阿字観《あじかん》*を尺八曲に仕立て「明暗真法流《みょうあんしんぽうりゅう》」を創設します。通常の尺八より長い「長管」を用いたといわれます。

「普化宗から逸脱し」と書きましたが、正確には、虚無僧の既存のあり方を脱して、より高次の精神性と尺八技法の習得に努め、いわば「尺八楽・尺八学」を極めんとしたような人々で、実際普化宗各寺の尺八指南役を続けた者もいたようです。もちろん、虚無僧であり続けた者もいます。尺八楽・尺八学として、武家に限らず弟子を取る立場ながら、結果として、弟子には武家出身者、浪人が多かったようですが、しかし同時代の普化宗よりは高い精神性を保っていたと思える事例が多くあります。

つまり、中期から腐敗・堕落へと向かっていた普化宗を、一歩外から立て直そうとしたのではないでしょうか。その結果、従来の普化宗組織と平行して、尺八楽・尺八学の流派が幾つか存在し、新たな分派も生まれ、互いに切磋琢磨しながら、普化宗創成期にあった「武家の精神性」を復活させたようなところが見られます。しかし、その結果、尊王・倒幕運動に積極的に関わった者も少なくありません。その政治性が明治政府の普化宗廃止に拍車を掛けたとも考えられ、一時期は「尺八禁止」まで提案されていたといいます。いずれにしても一般の「普化宗以外には御法度のはずの尺八を吹き、教え始めた幾つかの流派」という説かれ方のイメージとはだいぶ異なることは確かだと思われます。

もちろん、ここで述べた解釈の他に、長年普化宗＝尺八楽（学）であったものを後者だけを切り取って活性化（向上）させようとした、と考えることの方が自然であり、事実に近いのでしょう。ただ、その音楽には、精神性・思想・哲学が濃厚で、それは普化宗におけるもの以上であったということです。しかし、実際、それには確固たる教義も精神論の教本も存在しません。そのため、今日に至るまで、「なぜか気が引き締まる演奏」から、自然崇拝や禅を感じるものまで、様々なタイプの演奏者が混在することに至ったのであろうと考えられます。

用語解説……**琴古流**●江戸時代に初代黒沢琴古によって創始。初代は黒田藩の藩士であったが浪人となり江戸へ出て寺の吹合指南役となった。
阿字観●真言宗に伝わる瞑想法で、元々は僧侶が気持ちを落ち着かせるためにおこなっていたもの。

日本の楽器雑学⑧

共演「鶴《つる》の巣籠《すごもり》」

私は、1999年に、世界の民族楽器のCDを二社から九〇枚リリースしました。その際、「尺八とそのルーツ楽器」も制作し、尺八は、師範級の方にゲストで来ていただきました。

尺八の二大流派ともいえる琴古流《きんこりゅう》と都山流《とざんりゅう》*からひとりずつのソロをたっぷり録音すると共に、前代未聞の試みでしたが「鶴《つる》の巣籠《すごもり》」*はおふたりの共演という画期的な試み。ほんの三十分ほどでしたが、おふたりは互いの楽譜（文字譜）を見比べながら、「はは～、オタクではここが抜けているんですね。その代わり、これはウチにない」などと確認し合い、違いがある部分はソロでお願いして、見事に共演を成しとげたのです。

尺八の部位

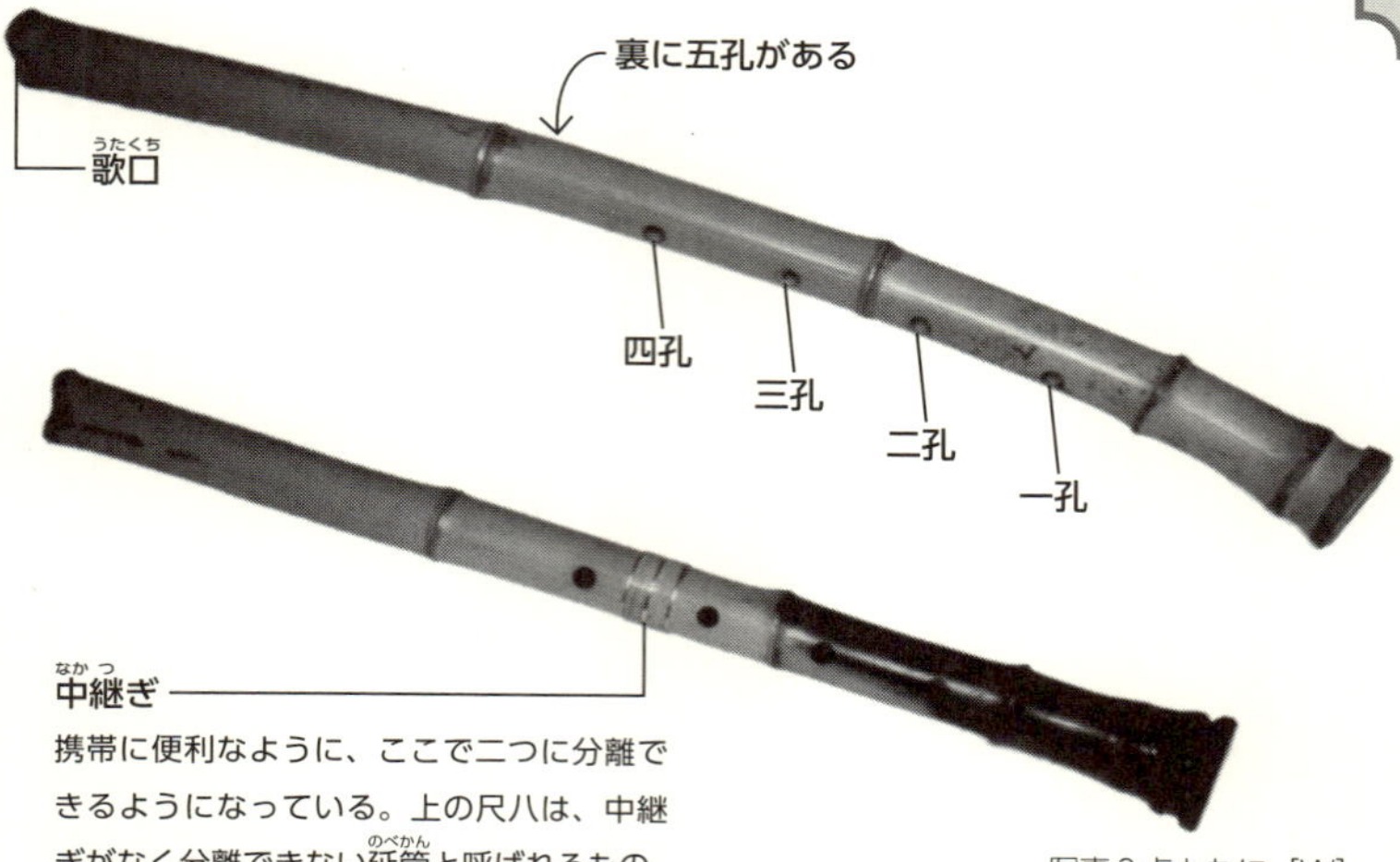

携帯に便利なように、ここで二つに分離できるようになっている。上の尺八は、中継ぎがなく分離できない延管《のべかん》と呼ばれるもの。

写真２点ともに［W］

用語解説……**都山流**●明治期に初代中尾都山《なかおとざん》によって創始。普化宗とは直接のつながりをもたない。宮城道雄と提携し、尺八界最大の組織となった。

「鶴の巣籠」●古くから各地の虚無僧寺に伝えられる尺八の古典本曲。同名異曲が各地に伝わっている。

5 笛、太鼓

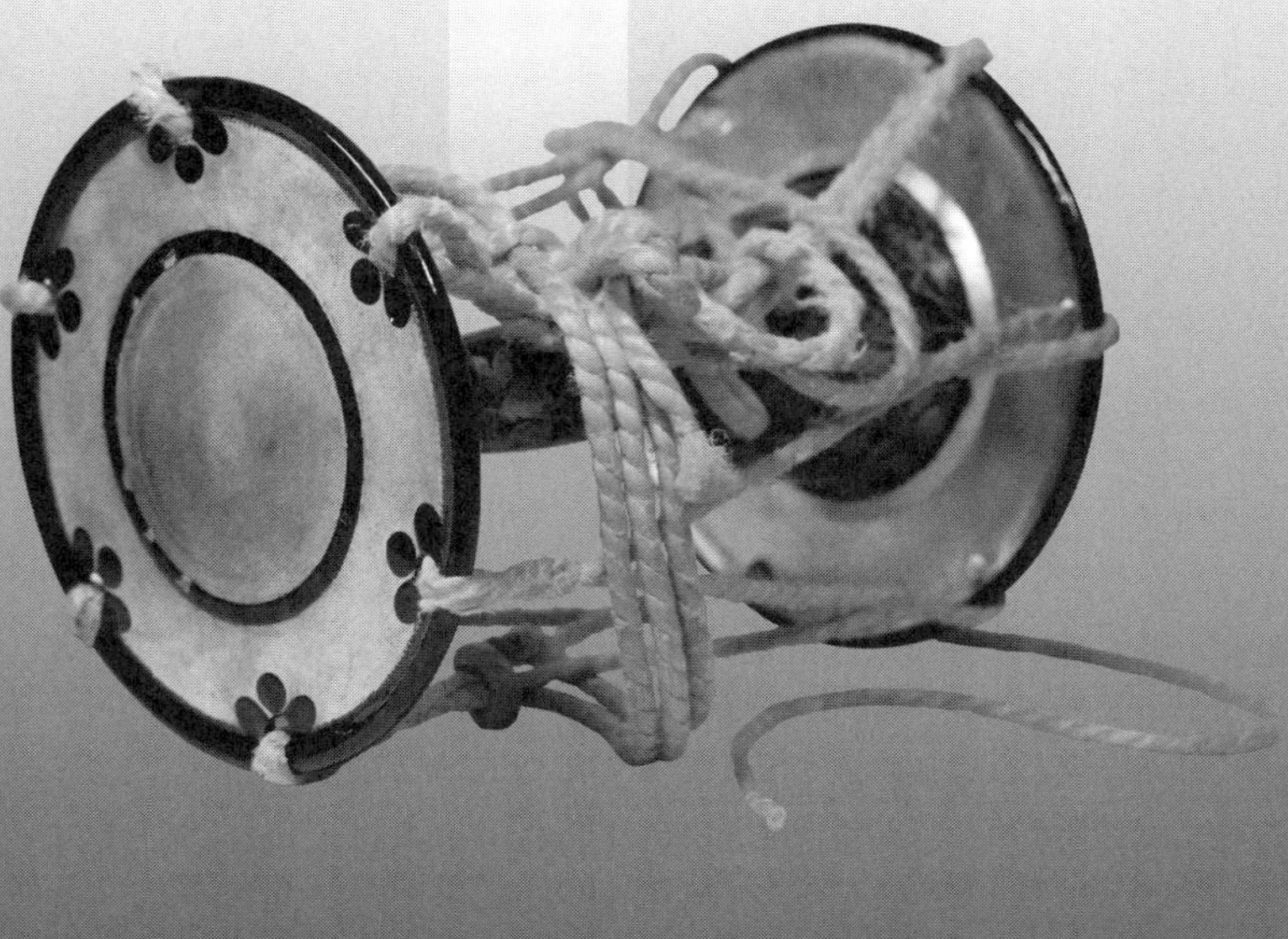

日本人にとって特別な「笛と太鼓」

●「ドンドンヒャララー」の感覚

なぜ笛や太鼓に魅かれるのか

過去二十年ほどの間で、学校教育およびテレビや近年のインターネットなどの影響で、日本の子どもたちや若者の音楽観というものが、急速に日本離れをしていると思わざるを得ません。しかしそれでも文部省唱歌「村祭」（明治四十五年）に歌われる「ドンドン、ヒャララー、ドンヒャララー」の歌声を聴けば、祭り気分が思い出され、「ドン」が太鼓、「ヒャララー」が笛であることは、誰もがわかるはずです。また、未だ地方都市では、村祭りの囃子《はやし》や里神楽《さとかぐら》*を少年少女が担うことも少なくありません。そうした体験は、田舎から離れても、成長と共に心の奥底に原風景として残され、里心と共に蘇ったりもしているはずです。

昭和三十年代初頭生まれの私は、町を行く「ちんどん屋」の音色に、得もいわれぬノスタルジーを感じる」最後の世代かもしれません。

当時の「ちんどん」の編成は、その名も「ちんどん」と呼ばれる太鼓・打楽器を木枠に組み込んだものの他に、三味線（私の幼少期にはもうほとんど廃れていましたが）とクラリネットでした。演奏法が難しいクラリネットは、ほどなくサックスに替えられました。「ちんどん」の組合組織はしっかりしていて、面白半分の不埒《ふらち》な連中には「教えない」「練り歩かせない」という厳しい決まりがありました。「ちんどん」とは、木枠の中心に吊って嵌《は》め込んだ小さな平太鼓《ひらだいこ》の音と、その上の小枠に吊るした「当《あた》り鉦《がね》」の音を表現したものです。つまり「ちんちん、どんどん、ちんどん、どん」ということです。

そして、太鼓の音色といえば「どん、どん、どんーから、かっーかっ、どど、んか、どんーから、かっーかっ」と叩く「音頭」に合わせて、手拍子を「ぱぱ、んー、ぱん、ー」と打った後、両手を真横に広げる「振り」もまた、誰でも楽しげにやってみせたものです。昨今の「盆踊り大会」は、一九八〇年代以降の「文化の風俗化」即ち、「楽しければ良い！」というムードで、むしろ若者達を巻き込んで地域の一大イベントになっています。一九九〇年代以降は、ワールドミュージック・ブームなどともいわれ、若者達の間では、深みのない「ジャポニズム」風な流行や価値観も生まれているように思われますが、「浴衣を着て伝統民謡を踊る」ことが、楽しげにおこなわれています。

きわめつけが、一九九〇年代からの「和太鼓アンサンブル」の全国的な大流行で、その火付役は、佐渡《さど》でスタートした若者修業所です。もちろん佐渡で生まれた者たちということではありませんし、佐渡の伝統民謡とは無関係に近いものです。

このように、その精神性や探究心の度合いにかかわらず、日本人の「笛や太鼓」に魅惑される感性とささやかな民族のアイデンティティーにとって、両者ともきわめて明確な存在感を持っている

用語解説……里神楽●宮廷の御神楽に対して、民間で演じられる神楽のこと。今日では全国各地の神社で舞う巫女舞や祭礼の神楽をさす。

ことは、紛れもないことです。

しかし、果たしてその感覚の根源は何なのでしょうか？　それをもって「日本人の心」とか、果ては「魂」や「ＤＮＡ」だ、と短絡的にいうことができるのでしょうか？　否、できないはずはありません。しかし、新品の「釘箱」に、たった一本の「錆び釘」を入れただけで、一か月もすればほとんどが「錆び釘」に変容してしまうように、文化が風俗に堕落することも、民族性が希薄・脆弱になることもまた、きわめて簡単であると思われますから、その純度については、一度しっかり検証する必要があります。

●慣らされ、誰も疑問視しない様々な偽り事

日本人のリズム感とアフリカ人のリズム感の大きな違い

ブームこそは下火になりつつも、日本各地で未だになくなることはない「和太鼓アンサンブル」は、前述したように、いずれも昨今結成されたものです。したがって、地域の活性化における貢献度は高いですが、その土地の伝統的な音楽や、リズム感を踏襲しているものはほとんどありません。つまり、「和太鼓アンサンブル」は、「日本の伝統的な太鼓を用いているが、現代人が現代感覚で叩いている（即ち和太鼓を道具として利用している）」と公言しているならば、正しいですが、語らずとも「日本の伝統」「日本人独特の感性・ノリ・リズム」というイメージを聴く者に与えているのであれば、それは「嘘」ということになります。

黒人と日本人のリズム感の比較

	日本人の感覚	黒人の感覚
低音のドンの音	湿って重い	乾いていて重い
ドンのタイミング	しばしばモタる	たいがい突っ込む
中音に対する感覚	ほとんど求めない	みずみずしさを求める
高音に対する感覚	お飾り	人間らしさ
拍子木や鐘	指揮者	お飾り
三連符の感覚	モタる	自在に突っ込む
演奏のスピード感	突っ込むと走る	突っ込んでも走らない
演奏のタメ	タメるとモタる	タメてもモタらない
リズムの縦の関係	そろえる	自由に乱れたい
短調（短三度七度）	完全に下がる	微分音の感覚
コンサートでの手拍子	そろえないと恥ずかしい	隣人と同じだと嫌
集団舞踊について	そろえるべき	各自が自由であるべき

もちろん、「和太鼓アンサンブル」にも「日本の伝統」を見出すことはできます。しかしながら現在までのところ、残念ながらごく一部のカリスマ演奏者を除いて、日本人の「負の性質」（→P247）の方が多く見受けられます。

それを如実に示してくれるのが上の表で、黒人の血が入ったアフリカ、カリブ、北米の人達の感性を比較したものです。彼らとは明らかに異なるいくつかの点があります。

表で示したものは、太鼓の拍子のみならず、音感、価値観までも比較しています。「黒人」という言い方は、近年差別的であるとされ「アフリカ系」などにいいかえることが多いですが、ここでは、敬慕の念を込めたものとしてご理解ご容赦下さい。

「独創的独自性」と「相手次第」

まず、祭り太鼓アンサンブルなどの基本拍子は、日本の場合は拍子木《ひょうしぎ》ですが、アフリカの場合はカウベル（牛などの家畜の首に付ける金属製のベル）の類いで示します。日本人は、「それに合わせる・従う」のですが、アフリカ人にとっては、カウベルはお飾り。ないと物足りないですが、絶対条件ではないのです。同様に、日本人のアンサンブルは、リズムの「縦の線がそろっている」のに対し、アフリカ人のアンサンブルは、基本的に「自由」。むしろ、好き勝手やって、異なるパート同士で刺激し合い、ワザと意地悪をしたり、つれなくしたり、誘ったりと、遊び放題。その結果、アンサンブル全体がブレてしまうと、突如カウベルが存在感を示して仲裁し、調整するのです。また日本人の「ノリに勢いを求め突っ込まんとすると走る、タメるとモタる」*に対し、アフリカ人は、「走らずに突っ込めて、モタらずにタメられる」のです。また、「皆で踊る」ようなときやコンサート会場での聴衆の手拍子などで、日本人は「そろっていないと悲しい・恥ずかしい」と思いますが、アフリカ人は、「各自が自由」。むしろ「隣の人と自分が同じでは悲しい・恥ずかしい」と感じます。実際、アフリカのコンサート風景の動画を見ると皆バラバラです。全員が全て違うのではなく、隣同士は異なり、離れたところでは同じだったりします。

このアフリカ人の感覚は、「独創的独自性」であり、「自分らしさ」なのです。「自分としっかり向き合っている」「自分を知っている・悟っている」ということが基本にありますから、「勝手が過ぎた」と思えば加減します。

ところが、日本人の場合、「相手次第」で、自分を決める傾向にあるため、そのつど「自分」というものが変質してしまいます。そこには、まるでDNAに「村八分が怖い」という心理が刷り込まれたかのような「仲間はずれが怖い」という潜在意識が根強くあるのです。

余談ですが「ブルーノート」という「微妙に哀しく切ない音程」は、ジャズやブルースには不可欠ですが、日本人が演奏すると「完全に下がってマイナーになる」か、よくても「ほぼマイナーに近い」と批判されます。ところが、アフリカ人の血が入っている人々は、微妙な音程「微分音」（半音よりさらに細かく分けられた音程）が取れるのです。これはペルシアからアラブの人、トルコ人も得意です。アメリカ黒人の師匠にいわせると、フィリピン人や韓国人は、日本人より「ややマシ」だそうです。

「低音のドン」と中高音の違い

「太鼓の音とリズム」に関してですが、決定的な問題は、日本人にとっての「低音のドン」は、「湿っていて重たい」のに対し、アフリカ人のそれは、「重いが乾いている」のです。なので、日本人がアフリカ太鼓や、カリブ海ラテン・パーカッションを演奏すると、どうしても「湿っていて重い」ので、どんなに器用に手が動いても、ノリもニュアンスも彩りも全く異なってしまいます。そして、日本人にとっての「太鼓の中高音（主に縁《ふち》を叩く音）」は、前述の「どん、どん、どんーから、かっーかっ」の「かっ」に見られるように、「お飾りの合《あい》の手《て》」なのに対し、アフリカ人にとっては、「人間らしさを表現する重要な音」です。これらの特性は、近年日本でも流行してい

用語解説……突っ込まんとすると走る、タメるとモタる● 「突っ込むとタメる」は、奏者の感性・体・ノリに基本ビートが合い、ビート感・リズム感や他者との関わりに支障をきたすことなく、刺激しあい音楽を活性化する。「走るとモタる」は、奏者のリズム感が不十分か身勝手なため、リズム感・ビート感を壊し、聴き手を置き去りにし、アンサンブルを崩壊させる、プロにあるまじき所作といえる。

る、西アフリカ太鼓「ジャンベ（Jembe）」の演奏で、実に顕著に見られます。

もうお気づきと思いますが、これらは明らかに「風土の問題」です。アフリカにも「熱帯雨林」など、日本の湿度を上回るところがありますが、基本的にアフリカの太鼓を主楽器とする王国の民族や、キューバ音楽やブラジル音楽、アメリカの黒人音楽といった、そのリズム感の見事さを世界中が認める地域の基本民族「バントゥー系」は、赤道を中心とした南北のベルト地帯を東西に行き来した経緯が見られます。ジャングルも東西に抜ければ突然乾燥地域ですし、北はサハラ砂漠です。ですから、「ドン」という低音は、赤土色をした乾いた大地であり、照りつける太陽を象徴する高音も、それほど必要な音でもない（必要最小限巧妙に用いる）のです。ところが、「天（照りつける陽）と地（乾いた地面）の狭間」にあるもの、即ち、「中音（水や植物や生き物）」には、「みずみずしいもの」を強く求めるので、中音の柔らかさ、温かさ、緻密さには非常にこだわります。日本の「どん、どん、どん-から、かっ-かっ」には、そもそも「中音」が見られません。何千年にもわたって「中音（水や河や植物や生き物）」が豊富にあったため、そのありがたみがわからないのかもしれません。

もしアフリカ音楽や太鼓、黒人系の音楽やリズムをやりたいと思うのであるならば、このような「（風土の感覚がＤＮＡに染み込んだ）決定的な感性の特性」を深く理解し、相当に意識して訓練を積む必要があります。

日本の楽器雑学⑨

こんなにも違う感覚と感性

次の三枚のイラストには、興味深い民族の特性が表れています。

壁に「ANDANDANDAND……」と落書きらしきものが書かれています。日本人が通って「何だ？これは？」「DAN DAN DAN DAN……」「わからん！」と通り過ぎた。次にアメリカ人が通って「AND AND AND AND……」「わからん！」と通り過ぎた。次にアフリカ系の人が通って「何だ？」「NDA NDA NDA NDA……」と読んで通り過ぎた、という話です。つまりアフリカ系の人は、「NDA NDA ~ NDA NDA」と感じているという話で、「半拍ずれる」という意味ではなく、出て来た結果の音は同じでも、その前から感じているという意味です。これは彼らの「アフタービート（After Beat）感」の基本です。

ANDの話。上から日本人、アメリカ人、アフリカ系の人の受けとり方。
『スロー・ミュージックで行こう』（岩波書店、筆者作品）より

むしろここにこそ日本の美学を見出すべき

さて、私はここで見方を変えて述べようと思います。日本人のリズム感は、アフリカ系の血と魂のリズムの前では、「緩《ゆる》い、弛《たる》んだリズム感」、もしくは、技術ばかりが先行した「表層的な音やリズム」と、いいところなしにも思えますが、「これこそが日本人の感性である」と腹を括ったならば、そこには美学も向上心・探究心・修練も生まれ育まれようというものです。しかし、日本人は、明治維新以降、それをなかなかしようとしないのです。なぜか？　それは西洋文化至上主義。ジャズやブルース、キューバやブラジルの音楽などに対しては、黒人感性至上主義で、憧れて、真似て、猛練習して、近づいた気になりたいというところで止まっているからに他なりません。

アフリカ系音楽を演奏している日本人には、和楽器などの日本の伝統音楽をも、きちんと学んで演奏できるという人がほとんどいません。

このようなことをいえば「勝手に決めるな！　そんなことはない！」とおっしゃる方もいらっしゃるでしょうが、ならば、日本を愛し日本人の感性に誇り（自尊ではなく）を持っていることの証明に、「わかっている」ことをさらに証明するために、「能楽か歌舞伎・長唄のお囃子《はやし》」などを学ぶべきだと思うのです。

他方の、「和太鼓」や「和楽器」を演奏している人はどうでしょうか。幼少期から、テレビをつければ洋楽のリズムが流れ、学校教育もしかり、個人的な趣味も洋楽だったりします。気分を切り替え、和服や作務衣《さむえ》に着替えたところで、「二足のわらじ」の「違い」や「個性」「感性」を、論理的にわかっているのかと問われたら、演奏家でさえも即答できないでしょう。

このようなテーマは、ともすれば「個人的な感覚」や「思い込み」「決め付け」とされ、「藪《やぶ》のなか」に葬り去られがちです。しかし「音楽の根幹＝魂」に関わる、非常に重要なテーマなのです。

もっとも、西洋クラッシック音楽の場合は、いくつかの理由でこの問題から救われます。まず、「ビート感」が問われません。フォルテだ、ピアニシモだ、などのテンポやリズムを意図的に変化させるアゴーギク*技法は、いわば元来表層的なものです。加えて、「緻密さと繊細さと器用さ」が問われれば、「日本人のよいところ」が発揮できます。これに加えて近年では、アニメの世界的流行のためでしょうか、それとも日本製ゲームの氾濫のためでしょうか、「短絡的で安直で表層的で浅い」という日本人の「負の性質」は、世界中の多くの人々を魅了しつつあります。

また、西洋クラッシックのコンクールも、ここ数十年でだいぶ様変わりしています。かつては、日本人より雑だけれどノリと魂が感じられるラテン系諸国のピアニストが入賞したりしていましたが、近年では、全く日本人に有利な方向に向かってしまいました。逆にいえば、世界的コンクールの舞台で「通用してしまう」限りにおいては、このテーマの重要性に気付くことはまずないだろうということです。私の主観といわれればそれまでですが、かつての「演奏は雑だが心が感じられるラテン系ピアニスト」からは、「音楽を本当に愛している」という想いが伝わってくることで好感を持てました。しかし、私には上位入賞どころか優勝までしてしまう日本人の音には、それが感じられないのです。「音楽を見事に演奏することで、高い評価をされることを愛してやまない」と

用語解説……アゴーギク●厳格なテンポやリズムを意図的に変化させることで、表情を豊かにすること。音楽上の表現技法のひとつ。

いった感覚が先に伝わります。これが私だけの感覚ではないとすれば、やはりそこには「認められたい」「認められることが目的」という精神性が存在し、その根源は、基本的には「自分では自分を認められない」、相手次第、評価次第といったコンプレックスがあるからだといわざるを得ません。

もし、和太鼓アンサンブルの担い手が、本気で「日本」「和太鼓」を考えるのであるならば、日本各地の祭り囃子のリズムを学び、真贋を見極める感性を鍛え、さらに能楽と長唄の「お囃子」を真剣に学んだ上で和太鼓と向き合っていただきたいと思っています。

能楽、長唄のお囃子に見られる日本人の美学

前項で触れたように、能楽、長唄のお囃子には、未だ素晴らしい日本人独特の感性が見られます。それは、担い手たちが、先輩・師匠の厳しい「駄目出し」に耐え、「認められること＝本物の実力を付けること」という、いわば、一般の人にとってはきわめて前時代的な価値観が生き続けていることが第一にあげられます。次に、それに裏付けされて得た「自負心」は、「プライド（誇り）」であるが故に気概と説得力があり、それが音と音楽を支えているといえるのです。

以前、私のトルコ人の師匠に、「どんなのが日本のリズムですか？」と訊かれ、師匠たちに「世界の民族音楽探求の一環」として教えていただいた邦楽の数例を紹介したのですが、「その『いよー！』から『ポン！』までは何拍なのだ？」と大層不思議がられました。もちろんトルコ音楽に

も、一説には「追分*とも関連がある」といわれる「自由リズムの歌」もありますが、そこに太鼓・打楽器が入るという感覚は皆無に近いのです。彼らの感性では、それは、モダンな曲で洋楽風にエンディングでテンポを落としていったときのリタルダンドの部分のトレモロ奏法（↓P13）のようなもので、それを曲の最中にあちこちでやることは、旋律にとっては、単に「邪魔」でしかありません。しかし、この「間《ま》の感覚」こそ、日本人が世界に誇れる独特の感性のひとつなのです。

それと比べて例えば、インドは、アジアの真んなかですり鉢のように、様々な異なる文化を受け止めて、常に「種々雑多・玉石混淆《ぎょくせきこんこう》・混沌《こんとん》・カオス」の世界でもあります。アフリカも、多民族の交流や戦いが絶えませんでしたが、その度に、文化が何往復もするのです。カリブ・中南米は、南欧とアフリカとアラブとインディオがミックスしています。中国は、唐《とう》代をピークに、南蛮、北《ほく》夷《い》、西域の文化がひしめき合っていました。その後の宋《そう》代は、唐代の反省があってか、随分と「断《だん》捨離《しゃり》」をおこない、「漢民族のアイデンティティー」を最優先しました。それでも様々な文化が入り乱れた歴史を整理しきるには至っていません。

同じことを「狭い島国」の日本でやっていたらどうなっていたでしょうか。もっとも、一九八〇年代からの日本は、そのカオスと自滅の道を歩んではいますが、かつての日本人は実に賢明でした。次々に移入されてくる外国文化を必ずよく分析し、その素材と構造を理解して、一旦バラして受け止めてから整理整頓する、ものすごい才能が発揮されていたのです。

用語解説……**追分**●追分様式。日本の民謡のリズム様式で、追分節に代表されるような、拍節のない自由なリズムで歌う様式のこと。

日本の風土が生んだ、独特の感性

日本人独特の「間《ま》の感覚」は、狭い国土と、地域により寒暖と乾湿の差が大きい季節の移り変わりのある風土には実に適していました。三味線にしても琵琶、箏、鼓《つづみ》にしても、基本的に余計な機能や無駄な装飾はありません。石庭・枯山水《かれさんすい》の侘び寂びにも通じる、「極限まで洗練された美」にも通じるのです。いずれも基本は「割愛」であり、「消去法」ではないのです。ですから、きわめて自然に、程よい緊張感のある「間」をつくりだすことができるのです。

これは西洋人には理解できにくく、稀によいと感じてもなかなか難しいようです。前述した私のライブスポットでは、一九八〇年代ではきわめて異例の「純伝統邦楽ライブ」をおこなっていたなかで、あるとき、アメリカ人の尺八奏者のゲスト・ライブがありました。ライブ中、従業員が「あー、息苦しい。今にもこのお皿を床に叩き付けそうな気分」といっていました。尺八に魅せられ、彼なりに努力し数年修行したものの、アメリカ人は、日本人邦楽家が自然につくりだす、あの「間」を理解できていなかったのです。彼の演奏には「力んだ緊張感」が漂い、本人はいたって気分よさそうなのですが、聴いているものには堪え難いほどの苦痛なのでした。逆に尺八を自在に吹きこなすアメリカ人もいました。が、その「間」には逆に全く緊張感がなく、さりとて「そよ風」も通り過ぎることができないような、単にどんよりと間延びしたものでしかありませんでした。

前述しました「ANDAND……」の話でも見られたように（→P245）、欧米人は、よくいって「ニュートラル」、悪くいえば「味気ない・つまらない」のです。つまり、「薬にもならないが、毒にもならない」、何をやっても許される羨ましい性質です。しかし、そのおかげで、アジア音楽でもアフリカ音楽でも、技術ばかり先行して「味が出ない」というコンプレックスを持っている欧米人の知人や弟子は少なくありません。もしかしたら、前述した現代日本人の「安直で表層的で浅い面」が（世界に）受け入れられた理由のひとつは、西洋人が無意識に感じている「味気ない」というコンプレックスを解消してくれたからかもしれません。どこかで一目置かざるを得なかった「日本と日本人」が、無味乾燥なことをやってくれることは、「ありがたい」はずです。

●笛は旋律ではないのか？

能楽・能管《のうかん》の丁符《ちょうふ》

一方「どんどん、ひゃらら―」に象徴される、「笛」は、その概念からして、世界で稀なるものです。雅楽において管楽器の「篳篥《ひちりき》、龍笛《りゅうてき》、高麗笛《こまぶえ》、笙《しょう》」は、きわめて重要な「旋律楽器」ですが、雅楽は中国宮廷雅楽の移入とされていますから、ここではひとまず「外国音楽」として話題から割愛します。

すると、日本の笛の音楽は、「能楽の囃子《はやし》」「長唄《ながうた》の囃子や下座《げざ》音楽」*「里神楽《さとかぐら》の音楽」「全国の様々な祭り囃子」ということになります。祭り囃子における「龍笛」「篠笛《しのぶえ》」では、かなり旋律的な音色が聴かれますが、長唄の「龍笛」「篠笛」はだいぶ旋律から離れ、「能管」に至っては全く「効果音的」でしかなく、旋律を感じることはごく稀です。また、「能楽」における「能管」の、異

用語解説……**下座音楽**●舞台下手の黒御簾《くろみす》のなかで演奏される歌舞伎音楽のこと。舞台演技の効果を上げる。

常なほどに甲高《かんだか》い「ヒシギ」と呼ばれる技法（手）を初めて聴いたときには、「えっ！　どうした！」「おい！　大丈夫か？」と驚くほどでした。演奏者が倒れるのではないかと感じたほど強烈な音色は、実際は力任せではなく「気」で吹くとのことです。

インターネットの動画でも、数は少ないですし、重要なところは公開されていませんが、能楽・能管の丁符（唱歌《しょうが》）*が紹介されていますので見て下さい。おそらく多くの方が驚かれると思われます。何しろ丁符には節（音程）があるのですが、それが実際の笛の音程と異なるのです。いかに能管が「旋律楽器・音程楽器」の認識がないかを示しています。もちろん「音感がない」とか「音程はどうでもよい」ということではありませんが、基本観念が全く異なるということです。

囃子方の家・流派で太鼓と同居の笛

長唄囃子方には、藤舎《とうしゃ》、堅田《かただ》、望月《もちづき》、福原《ふくはら》などの家・流派が知られていますが、それらの原典である能楽の場合は「ひとり一芸」といわれるように、「小鼓《こつづみ》、大鼓《おおつづみ》、太鼓《たいこ》（締《し》め太鼓《だいこ》）、能管《のうかん》」は、それぞれ専門の演奏者が担い、専門の流派が存在します。それに対して歌舞伎・長唄では、太鼓は誰もが全ての太鼓「小鼓、大鼓《おおかわ》、締め太鼓」ができなくてはならず、下座音楽では「平太鼓《ひらだいこ》」を始め数種の太鼓、打楽器もできなくてはなりません（面白いものに、板に大小の舌無し鈴を取り付け、撥《ばち》でスライドして全てを鳴らす「オルゴール」というものもあります）。しかし、「笛（能管、篠笛）」は、必須ではないために、結果的に「笛専業」の担い手に委ねていますが、笛だけの独立した流派はないので、太鼓の流派に同居しているのです。

戦後になってやっと、堅田流の堅田喜三郎《きさぶろう》氏が初代・鳳聲《ほうせい》宗郷と改名して笛方の「鳳聲流」を興した他、源流の宝山流《ほうざんりゅう》に篠笛器楽曲を創作した家元もいることから、代々笛に力を入れている福原流がある程度で、基本的に笛の流派がないことによる、人材不足も叫ばれています。この問題は、昭和初期から語られていたようですが、やはり染み付いた「装飾的、効果音的」という観念を覆すことなく今日に至っているようです。

「ひとり一芸」の能楽では、小鼓の「観世《かんぜ》、大倉《おおくら》、幸《こう》、幸清《こうせい》、仙波《せんば》」の五流派、大鼓の「観世、大倉、高安《たかやす》、葛野《かどの》、石井《いしい》」の五流派、能管では、「森田《もりた》、一噌《いっそう》、藤田《ふじた》」の三派と、それぞれ独立した流派が知られています。また、流儀の創成期に彼の観阿弥《かんあみ》・世阿弥《ぜあみ》がいる観世流は、小鼓、大鼓の囃子方の流派も持ち、大倉派も小鼓、大鼓の流派を持ちます。これは、かつて能楽が「定置の小屋座を持った猿楽」の時代から昭和の戦後まで続いた「座付き（その座専属の）」の習慣から考えるとわかりやすいと思われます。かといって、観世流の小鼓奏者が能のワキやシテも演じられるのかというと、そういうものではないのでしょう。大倉派は大小の鼓が叩けると思いますが、それをいうならば、囃子方の誰もが、大小の鼓と締め太鼓を学んでいるので当然です。実際一人前の奏者となって舞台に出て以降は、後進の指導以外にあれこれと違った楽器をやることはありません。ところが、歌舞伎・長唄の囃子方は皆、太鼓はいつでもできるように準備しているわけです。しかし「笛」は、そうではありません。これが、日本の「笛音楽」が独特な立ち位置を継承し続けている根本なのです。

用語解説……**唄歌**●音や弾き方を声で表したもの。

日本人にとって特別な「囃子《はやし》」の感覚

シルクロード放浪芸、四千年の伝統

祭り囃子《ばやし》以外の日本音楽にビート感がない理由は？

日本の音楽には、インド、西アジア、アフリカ、カリブ中南米の音楽のような「基本ビートの持続」がないといっても過言ではありません。一曲のある部分にほんの数分、同じテンポのビート感が続いたとしても、基本は常に緩急自在です。これは結果的に西洋クラッシック音楽と同じです。西洋クラッシック音楽の場合は、その創成期といわれる中世期に、きわめて多大な影響をイスラム教圏の音楽文化から受けており、西洋人は、「西洋のアイデンティティー」の確立のために数百年もの間、熾烈《しれつ》な努力を重ねてきたのです。それらは、「和声・和音・ポリフォニー（多重旋律）の確立と発展」であり、それを受けた「多重奏・アンサンブルからオーケストラの発展」であり、「リズムやテンポの緩急自在」なのです。そんな彼らにとって、同じビートが続けられ、それに単旋律が乗ることこそ、モーロ人（アラブ・イスラム教徒）の典型的なスタイルであるとし、強く敬遠する観念がありました。しかし、日本音楽の場合、他のアジア諸地域やアフリカ、カリブ同様に「単旋律音楽」であり、ヒンドゥー教、イスラム教にはキリスト教徒ほどの違和感や敵愾心《てきがいしん》を抱いていないはずです。それなのに、なぜ祭り囃子以外の音楽には「持続するテンポとビート感」がないのでしょうか。

中国古代音楽は、論理性・科学性が足りていなかった

このテーマの答えには、大きく二つの要素があります。ひとつは「音楽に論理性を持たせるか否か」であり、もう一つは「放浪大道芸能の影響」です。前者の、「論理性」を強く持ったのが、古代インド古典音楽と、古代ペルシア古典音楽です。ここでいう「論理性」とは、音楽を「単なる楽しみのため」および「自然発生的に生まれたもの」とは考えず、旋律に関してはまず「オクターヴをいくつの音に分割すべきか」を考え、リズムに関しては、「拍数のリズムサイクルにはどのようなものが考えられるか」を考え出せる限り考えることです。その結果、ペルシアでもインドでも、傍らでは庶民が自然発生的な民謡を口ずさんでいようとも、「机上の理論」で、あらゆる音階による旋法*と、リズムサイクルが考え出されていたのです。古代インドと古代ペルシアでは、若干の個性の違いがあり、インドの場合、その音階による旋法は、考え得る限りを考えた結果、後世における民謡や他国からの移入も含め、その旋法の数は数千に至ってしまいました。一方ペルシアの場合、ササーン朝（226～651年）末期に最大に膨れ上がり、七つの主旋法、十二の副旋法、三十の派生旋法、三百六十の小旋律にまとめ上げられました。いうまでもなく、「七曜、年の月数、月の日数、年の日数」であり、古代ペルシア占星術になぞらえた数字です。古代インドもまた、リズムサイクルは、四拍子から始まり、コンマ五拍ごとに、「四拍子、四・五拍子、五拍子、五・五拍子、六拍子」と考えましたが、「煩悩の数」と同じ、「百八」で打ち止めています。

音楽の起源を語る際に、古代文明が必ずあげられます。つまり古代音楽もまた、メソポタミア、

用語解説……旋法●メロディー（律）が動き回る（旋）というのが「旋律」の意味。その旋律を形づくる方法、秩序のことを旋法と呼ぶ。

エジプト、インダス、そして黄河で生まれたということです。メソポタミアの音楽は、古代ペルシアと古代エジプトに、古代エジプト音楽は、古代ギリシアに引き継がれ、アレキサンダー大王の東方遠征で古代ペルシア音楽と習合しました。インダス文明もまた、古代ペルシアから東漸《とうぜん》したアーリア文明ですから、その根底には共通の基盤があります。ところが、それらとは直接的な関係が希薄だった黄河文明の中国では、前述したような「考えられるだけを机上で構築する」という論理性が、ほとんどないか、あったとしてもかなり遅れて、ある意味中途半端だったというのが事実なのです。

古代中国でも音律を、前述した「三分損益法《さんぶんそんえきほう》」で考え出し、十二律を得ました（→P212）。しかし、その後、大流行した「五行説《ごぎょうせつ》*」と、さらに後に流行した「陰陽説《いんようせつ》*」に無理矢理こじつけたがために、理論的な統一性も得られないばかりか、多くの矛盾を生み出しました。その結果、古代中国には、古代インド、古代ペルシアのような「旋法」の概念は、何度かトライしたようなのですが、全ての作曲に反映されている様子はありません。リズムサイクルの概念もほぼ皆無に等しいのです。そして、朝鮮半島と日本はその中国に阻まれて、古代ペルシアと古代インドの叡智の影響を直接には受けとることができませんでした。最も、より直接的にインド文化の影響を受けた東南アジア諸国もまた、旋法とリズムサイクルの理論は不十分で、論理的とはいえませんから、直接支配でもなければインドやペルシアと同じにはならなかったということは考えられます。

語り物が中心の放浪大道芸にも原因がある

原因の二大要素の他方「放浪大道芸能の影響」ですが、そもそも彼らの生活は、道行く人々の興味関心を引いて立ち止まらせ、聴き入らせることで成り立つのですから、前述の科学的・論理的な音楽とは全く正反対の目的と性格を持った音楽といえます。ちなみに、意外に研究者たちに多く見られる落ち度が、彼らの音楽性の七～八割はその土地の人々を満足させ喜ばせる、「その土地の感性」に沿ったものだということをわかっていないことです。フラメンコ音楽の確立は、スペイン人の元々の気質に「思慮深さと派手さ」の両極端があったから生まれたといえ、ハンガリーの音楽ジャンルのひとつチャールダーシュ*（「酒場風」という意味）の流行もまた、「ノレば止まらない」ハンガリー人の遠い祖先の血を刺激したからに他ならず、津軽三味線の軽快で派手な「掻き回し（かんまし）」もまた、北国のイメージに反して、青森人の気質の根底に、情熱的で力強いものがあってのことなのです。このように、放浪大道芸人たちは、まず土地の感性に適合した音楽で人々の心をしっかり捉えることを最優先したのです。その後、ほんの二、三割の「異国情緒」を垣間見せて、土地の人々の「好奇心」をそそるわけです。

また、チャールダーシュや、フラメンコ、津軽三味線に見られる「超絶技巧で客を惹き付ける」場合は、むしろ「インストゥルメンタル」が効果的ですが、そうではない場合、器楽だけでは「退屈だ」と集まった聴衆の足が遠のいてしまいます。よって、見事な土地の言葉で、「物語」を語ってみせるわけです。そして、それは新聞・雑誌もなく、もちろんテレビやラジオもない時代の人々

用語解説……**五行説**●自然も人間・社会も、木・火・土・金・水の五つの元素の一定の循環法則に従って変化するという説。
陰陽説●自然界のあらゆるものはすべて「陰」と「陽」の二つのエネルギーで構成されているという説。
チャールダーシュ●伝統民俗舞踊を発展させ19世紀に大流行したもの。主にロマ（ジプシー）楽団が超絶技巧で流行させた。

にとって、唯一の、きわめて刺激的な「ニュース」でもありました。

それにしても社会主義の時代になって七十余年というのに、未だに中国では、古来からの「大道芸能」が廃れていないことには驚かされます。もちろん、内容には政府が厳しく目を光らせているのでしょうが、古くは宋代・元代、新しくとも明代・清代に流行した芸能が、未だにインターネットの動画配信を賑わせています。この中国の「語り物芸能」を見れば、どのようにして中世の村人・町人たちを釘付けにしたかがよくわかります。まず、派手な音楽を掻き鳴らして遠巻きの人々の関心を集めますが、決して「音楽鑑賞会」ではないので、絶妙なところで音楽は止まります。そして、口上を語り出す。合間合間の絶妙なところで音楽が鳴る、といった手法です。

個人的にかなり感動したのが、「温州鼓詞《うんしゅうこし》」です。従来は、細い三本の長い棒の三脚に胴薄の両面太鼓を置き、それを右手で叩き、左手には「拍板《はくばん》」を持ち、振るように打ち鳴らしながら語った「ひとり芸」ですが、いつの頃からか近年では、B3判程度の大きさの簡易な「楊琴《ヤンチン》」（ピアノの中身を撥《ばち》で叩くような打弦楽器）をも鳴らし、旋律も奏でるのです。古くはこれに「三弦《サンシエン》」が加わったのが、中国における伝統的な三弦の立ち位置で、各地にありました。今日では、三弦を入れる状況にあったら、二胡《アルフー》や楊琴も入れてしまい、一気に四、五人のアンサンブルになってしまいます。逆に独りで活動したい場合、語り手自ら旋律楽器もこなすようになったのかもしれません。

このようにして、祭り囃子を例外とした日本の音楽に「テンポ感の持続やビート感の持続がない理由」は、「音楽に科学性、論理性を求めなかった」ことと、「放浪大道芸」とりわけ「語り物」の流行が大きな原因であったのです。

また、平安時代の前から明治維新まで、日本人にとって憧れの外国文化は、いずれも中国のフィルターを通したものでした。その中国が、そもそも一曲を通して、テンポ感やビート感を継続させる意識も必然性もほとんどないのですから、突然日本人が自分の意志でそれをやるはずもありません。もちろん前述したように、渡来インド人僧侶もいたでしょうが、やはり放浪大道説教師ですから同じことです。

シャーマン（祈祷師《きとうし》）が重用した持続ビート

一方、なぜ「祭り囃子」は、例外的に「テンポ感・ビート感」が持続するのか。それは、その源流にシャーマニズム*があるからに他なりません。北アジアやインドシナ、北米などにわずかながらその片鱗を見ることができますが、日本の場合、太古にその姿を変容させてしまったシャーマニズムは、世界各地と同様に為政者がつくりだした宗教に取り込まれてしまいました。取り込み損ねたものの多くは、厳しく弾圧されました。

シャーマンの手法では、むしろ「持続ビート」はきわめて重要な要素です。トランス状態に持っていくためには、聴き入る者の心拍数を絶妙にリードする必要があるからです。しかし、日中の大道で話芸を楽しませたり、説教を面白おかしく語ったりするようなときに、シャーマンのお告げを聞きたい気分には到底誰もなり得ません。したがって、「祭り」という非日常的な、村や町をあげ

用語解説……シャーマニズム●特別な能力を持つシャーマン（巫女・祈祷師）を通じて神々とつながっていると考える原始宗教のひとつのかたち。

てのイベントとは全く異なる、日々の生活のなかで見られる放浪大道芸では、むしろ「持続ビート」は禁忌であったとさえいえるのです。

しかし、前述したように「持続ビート」は、シャーマニズムに活用されるだけではありません。深く掘り下げた上で、大きく括れば同源ともいえますが、論理的な科学音楽における「持続ビート」は、「リズムサイクル」というもっと壮大な目的があるのです。それは古代ペルシアの場合「月や星の動き」であり、古代インドでは「輪廻転生」や「宇宙の波動のバイブレイション」でした。しかし、それは日本には伝わりませんでした。

●世界のリズムはインド中部を境界線に二分される

「北インド以西型」のリズムサイクルの概念

左の表は、「世界のリズムはインド中央部に境界線を引く二大系統に分類できる」という私の持論を表したものです。

まず北インドからカリブ海にかけての西部地域のリズムについて説明します。図の最上段に記したカリブ海（キューバ）のラテン音楽のリズムは、クラーヴェ（Clave）と呼ばれるシンコペイション*の特徴的リズムのなかでの太鼓コンガの基本パターン「トゥンバーオ・モデルノ」に表されます。「ンン、カン、カン、ンン／カー、ンカ、ンン、カン」と叩かれるクラーヴェの「2－3パターン」（ン、カンカンの2個打ちが先に来る）に合わせて、低音が二小節目では二拍目の裏をも

東西リズム分類

カリブ海の太鼓	中高音	T K	P K	T K		T K	P	T	
	低音				D D		D	D	D D

西アフリカの太鼓	中高音	P –	P –		– P	– P	
	低音			D D			D D
	中高音		– P	P –		– P	P –
	低音	Don			Don		

西アジアの太鼓	縁高音			T K	T K		T K	Ta	T K
	中低音	Don	Don			Don			

北インドの太鼓	右高音	N	N ti	N	ti N	N	N ti	N	ti N
	左低音	G G		K	G	K K		G	G

北インド以西

境界線

南インド以東

南インドの太鼓	右高音	Nam	Tin	Tin	N N	Nam	Tin	Tin	N N	kt tk	Tin	Tin	N N	T	Tin	Tin	N N
	左低音													D	D	D	D

中国の太鼓	月板	K K	－K	－K	K	K	K	K	K	K K	－K	－K	－K	K K	－K	K	K
	太鼓								D D	－D	－D	D	D	D	D	D	

日本の祭り囃子	締め太鼓	てん	てん	てれ	つく	スけ	てん	てれ	つく	スけ	てん	てん	スけ	てん	てん		
	桶胴太鼓															どん	どん

日本の音頭				から	かっか		––か	から	かっか			
		どん	どん	どん		どーど		どん				

韓国の太鼓クッコリ	高音		––T	T		––T	T		––T	T	––T	T
	低音－D	D	D	––D	D	D	––D	D	D	––D	D	

用語解説……**シンコペイション**●強拍と弱拍によるリズムの正規の進行が何らかの手段でずれている状態。裏拍と表拍が逆転する感じになったりする。

強調します。それを除けば、基本的に「四拍子の四拍目に低音がある」といえます。掌《てのひら》の踵《かかと》とつま先で交互に鼓面をぺたぺたと響かせずに打つ奏法「ヒール&トゥー（Heel & Toe）」が「TK」で示され、倍音の「スラップ（Slap）」が「P」で示されているものを、カタカナで読みますと、「ツクパクツクドド」となります。アクセントの音だけを読めば「ー、パッ、ー、ドド」となります。

余談ですが、間違って聴こえたわけではないとは思う話ですが、この「トゥンバーオ・モデルノ」を用いるキューバ音楽が戦後のアジア諸国各地の米軍キャンプでも流行した際、低音を捉えやすいアジア人たちは、「ー、パッ、ー、ドド」を「ドド、ー、パッ、ー」と聞いたのが「どどんぱ*」の始まりともいわれます。定説ではフィリピン・キャンプ・バンドのバンド・マスターの創作とされ、その友人の日本人歌手が日本でも流行らせたといわれます。この逸話でわかることは、基本的に「低音」があれば、アジア人は、「それをサイクルの頭」と感じる、ということであり、ラテン音楽では、逆にそれを末尾に置きたがる、ということです。

次は、世界中に受け入れられたラテン音楽の独特な感性のルーツである西アフリカのリズムです。これは数百あるパターンの一例に過ぎません。低音太鼓と高音太鼓のふたりのポリリズム*で表現されるもので、低音太鼓は、二拍目の裏も強調し、八分の六拍子との親和性を見せながらも基本は四分の三拍子です。高音太鼓は、二小節パターンの前半を四分の三に親和させ、後半にその「裏ノリ」を強調し、八分の六拍子の主張をします。そして、高音太鼓は、キューバ同様にリズムの末尾に低音を置き、低音太鼓は頭に置いています。このことから、「末尾は、頭にあるべきアクセントの導入的性格」であることがわかります。つまり、アジア人同様に「同じ三拍子（や四拍子）」を感じながら、導入性をより強く求め、末尾や後半、拍の裏といった逆の場所にアクセントを置くシンコペイションを好む（洒落として）ということです。

次の西アジアの太鼓のリズムは、アラブ・北アフリカからトルコ、中央アジアに広く通じる四拍子の基本形で、トルコ系民族は、一小節目の第一拍と第二拍の低音を前者だけにすることも多く見られます。二拍と一拍と低音の入り方を替えることで、「二小節パターン」の繰り返し（リズムサイクル）が確立されますが、低音がいずれも一つでは「四拍子」の域を出ず、サイクル感は希薄になります。「トルコ系がサイクル感に弱い」ということではなく、むしろトルコ人はサイクル感を不可欠とする高尚な楽曲様式では、より高度な「何十拍サイクル」を多用し、このような単純な八拍子は、もっぱら「庶民民謡」で用いるからでもあります。

北インドの太鼓のリズムは、低音の「ドン」と聴こえる音は、彼らに「ガ、ゲ、ギン」と聴こえるため、彼らが彼らの擬音語で創案した「太鼓丁《ちょう》符《ふ》」（実際彼らも「太鼓言葉」と呼ぶ）を用いています。高音太鼓では「ti」がアクセントの音（目立つ音）です。したがって、高音低音合わせると「3＋3＋2」の基本形が感じられます。これも民謡や準古典音楽のものですが、古典音楽のリズムは、この倍の長さになるので、ここでは表し切れません。低音太鼓が示す低音アクセントで、第一拍目と末尾とシンコペイションが表現されていることがわかります。

よってこの表からわかることは「インド中部より西側のリズム圏」の特徴は、「（不可欠な要素と

用語解説……**どどんぱ**●日本で生まれたダンスリズムのひとつ。1961年には「東京ドドンパ娘」という名の曲が発売され、ヒットした。
ポリリズム●複数のリズム。

して）低音がリズム型の区切りになっている」ことと、「（最短で二小節の）リズムサイクルの概念が不可欠である」ということです。

キューバでは「クラーヴェ（↓P260）から逸脱すること」はあり得ないことです。また実際は太鼓を用いないために、ここでは触れていませんが、フラメンコも、主要なリズム様式では「十二拍のサイクル」が基本で、「コンパス」*と呼ばれる確かなリズムサイクルの概念があることがわかります。リズムサイクルはインドでは「ターラ（Tala）」、西アジアでは「イーカア（Iqaa）」と呼ばれ、重要な概念になっています。フラメンコでは「ギターは、よく指が動き、派手で客のウケがよいが、コンパスが甘い（いい加減だ）」などの感想をしばしば聞きます。いかに彼らヒターノ（元々はインド起源の民族で、西アジアを経て南欧に至った放浪の民）が「リズムサイクル」を重視しているかがわかります。フラメンコ・ギターは、フェイント的なシンコペイションとハッタリ的なアゴーギク（↓P247）をやり過ぎるがあまり、コンパスがブレかねないのです。

「南インド以東型」では低音はお飾りである

これらに対し、261ページの図の境界線より東側の地域のリズムは、一見して「低音が区切りになっていない」ことが明白です。上段の南インド古典音楽の太鼓の「主要四拍子の基本パターン」では、低音は「なかなか出てこない」かと思えば「出たら連続する」パターンがよく見られます。これは明らかに「音楽的効果」であり、「リズム理論」とは無関係です。

中国の場合、そもそも「芸能に太鼓を用いないことも多い」「用いても音の高低のコントラストを不要としている」ので、比較対象を探すことすら困難です。表に示したのは、太鼓が不可欠な「語り物芸能」のなかの「京韻太鼓*」などの一端です。真鍮板《しんちゅうばん》を半月に切った二枚を月板といい、拍板《パイバン》同様に左手で打ち合わせ、右手の撥で太鼓を叩き、語りのアクセントや客寄せに用います。南インド太鼓同様に、低音（太鼓の音）は、「変化をもたらす」意味しか持っていません。

日本の祭り囃子は、「大太鼓（宮太鼓）」を用いず、締《し》め太鼓《だいこ》の中高音と、桶胴太鼓《おけどうだいこ》の低音のコントラストでつくりあげるパターンの一例です。やはり「低音」は「変化・効果」でしかありません。表中にはありませんが、東南アジアのインドシナでは、イスラム教に改宗していないにもかかわらずアラブ系の太鼓とそのリズム感覚がかなり導入されています。島嶼部《とうしょぶ》の有名な「ガムラン音楽」では、古代インド（中北部）の「ターラ（リズムサイクル論）」がヒンドゥー教と共に伝わった後、インドネシアもマレーシアもイスラム化しているので、地理的には「インド中部の東」にありますが、リズム的には「インド北部以西」と同様といえます。ヴェトナムはかなり中国的ですが、インド系王朝の時代もあり、その時代の古曲はやはりインド的です。

ところがその一方で、下段の「日本の音頭」と「韓国の杖鼓（チャンゴ）」のリズムは、持論に矛盾して「インド北部以西型」なのです。

しかし、これは持論・仮説を覆すものではありません。まず、前述しましたように、洋の東西を問わず、古代宗教の時代のシャーマニズムでは「持続リズム」が基本にあったということがありま

用語解説……**コンパス**●リズムサイクルの一単位。十二拍子を1単位（1コンパス）とし、十二の時を刻む時計の針と同じ流れでリズムを刻む。

京韻太鼓●北京で生まれた演芸のひとつ。太鼓を叩きながら歌う。

す。したがって、そこからリズム・サイクルを昇華させ、厳格な理論の元に重用し、古典音楽の基本とした地域、もしくは、庶民音楽にも反映されている地域が「北インド以西」であるということです。逆に「南インド以東」は、リズムサイクル理論を守っていたとしても低音が区切りを示さず民謡や語り物ではリズムサイクル理論を持たない場合もあるのです。しかし、「同じムードが持続する祭り太鼓、祭りの踊り音楽」などでは、太古のシャーマニズムにも通じる「持続パターン」が現れるということです。

ちなみに南インド古典音楽でも「ターラ理論」はきわめて重要な基本です。しかし、太鼓はそれから逸脱して効果を優先し、ターラを具現しないのです。そのために、舞台には、手拍子でターラを示す担当者が上がっていたり、客席で聴衆が手拍子でターラを数えながら聴くことが定着しています。

そして、そもそも韓国・朝鮮半島は、「南インドからインドシナを経て中国へ」といった文化の流れと匹敵するだけのものを、「西アジアから中央アジアを経て朝鮮半島へ」のルートで受けとっています。したがって、両面太鼓の「チャンゴ」がリズムサイクルのパターンを表現する準古典歌曲（器楽）や民謡では、「北インド以西型」が現れても不思議ではないのです。ちなみに彼らは、このリズムサイクルのパターンを「チャンダン（Chandan）」（長短）と呼び、概念が確立しています。逆に宮廷雅楽は、中国からの移入であったこともあり、持論に矛盾しません。ちなみに、この「チャンダン」の語は、古代インド古典音楽における「リズム」の意味です。もちろん偶然の一致と思われますが。

この持論によって完全に説明された日本の（祭り太鼓以外の）音楽に「持続リズムやビートがない理由」は、太鼓における低音は、効果・変化のための「お飾り」であるから、ということがわかるのです。そもそも能楽、歌舞伎、長唄などの囃子における「四拍子（笛、大鼓、小鼓、締め太鼓の四種の意味）」は、しばしば「中低音の締め太鼓」を割愛します（割愛しても「三拍子」とはいわない）。すると、大小鼓の太鼓音には、全く低音が存在しなくなるのです。

日本人が持ち続けるアニミズムと音の深い関係

●能管《のうかん》の起源が石笛《いわぶえ》であるという話について

本来考えるべき重要なこととは？

ある種の国粋主義的な感覚の人々や、本書でも述べてきた、眉唾ものの文献、史誌、そして神話などで語られる、本筋の脇に書かれた意外な真実を見ようとせずに、本筋を鵜呑みにしてしまうような感覚の人々は、日本の伝統邦楽の主要な部分が、日本人の創作であると考えたがったり、大陸渡来を語ることに対して抵抗感を抱いたりします。例えば、能楽などは、明治維新までは、担い手自ら「猿楽」と称していたにもかかわらず、この十年ほどの間に、あちこちの「猿楽起源」を語る文章がなぜか消えているのです。残されているものも、その表現が曖昧になってきているものがいくつかあります。つまり、現在もなお、江戸初期の「石村検校《いしむらけんぎょう》三味線創作説」のようなことがおこなわれているわけです。

ある人々は、能管は石笛《いわぶえ》*から生まれたといいます。石笛自体も大陸渡来である可能性が高く、石ころの内部をくりぬいたものから、陶器のものまであります。これらは「塤《シュン》（Xun）」と呼ばれ、今日も中国で入手することが可能です。また、それらは唐《とう》代前半においてもなお、中国雅楽最高峰に位置する「清楽」の楽器として重用されていました。石笛は音の小さな楽器で、少しでも強く吹くと甲高い倍音が出てしまうので、能管の「ヒシギ」に似ているかもしれません（ほぼオカリナと同じような楽器です）。しかし、ここにも、「石笛起源説」を真っ向から否定する議論があります。戦後の日本人同士の議論には、テーマが何であろうと、互いに一歩も譲らないことが「信念の表明」であると勘違いしている様相ばかりが目立ちます。

私は本書において雅楽における管楽器と、宮太鼓を用いる祭り囃子などについて述べました。また、音頭のリズムを別な意味を持つ例外として、日本の伝統邦楽における太鼓、打楽器、笛は、いずれも「囃子」であり、そこには旋律を持たせる意識やテンポ・ビートを持続させる意図がないことと、その理由を述べてきました。しかし、このようなテーマにおいて、本来考えるべき最も重要なことは、「原因と結果を結び付けること」ではなく、「事実としては生じなかった出来事」について、および目に見えない、形に残らない、結果に現れない「何か」についてではないでしょうか。

いいかえれば、あらゆる議論や説の対立において、「相手の感覚を客観視したり、譲り合ったり」する以上に、この「論理的推論」こそが最も大切である、ということです。にもかかわらず、全くといっていいほど論理的には語られもせず、考えられさえもしていないのです。

日本音楽の囃子に「テンポ・ビートを持続させる意図がない」理由のひとつの「語り物などの効果音として渡来し発展したからである」という点は、今までにも研究者が語っていることです。しかし、それを「世界のリズム概念をインド中部を境に二分」した上での「リズムサイクル概念がない」からでもあると説く者は、私が最初のようです。二十年前から唱えているにもかかわらず、学会論文の形でないからなのか、文献に依存していないことからの「単なる私見」扱いだからなのか、無視されたままです。しかし、仮に反論があったとしても、それが今までの日本文化における議論の姿であり、一向にそれ以上の話に育たないのです。

私はむしろ、その先のテーマにこそ意味があると考えます。なぜならば、仮に私の仮説をも加えた二つの理由が正解であったとしても、仏教の原典を求めて何度も僧侶がインドまで苦難の道のりを行き来したように、仏典に描かれている音楽や楽器を直接確かめようと考えた者がいたとしてもおかしくはなく、数千数百年の間に、インド古典音楽が持つ「リズムサイクル概念」を改めて取り入れてもおかしくはなかったからです。もちろん、それは日本人にはさほど喜ばれず、仮にその努力がおこなわれたとしても、ほどなく廃れたかもしれませんし、事実おこなわれなかったのかもしれません。むしろ、おこなわなかった、おこなったとしても日本に定着しなかった、と仮定し、そ

用語解説……石笛●穴のあいた自然石。4000～4500年前の縄文時代の遺跡からも出土している。儀式の初めに場を浄化するために吹かれたりする。

の理由を考え論じることに、より深く日本人を理解しようとする姿勢があるのではないでしょうか。つまり「石笛起源（日本発祥）説」にも「大陸渡来説」にも「何が日本人なのか?」ということを考える視点が欠落しているのです。

日本において自然のイタズラで、波が岸壁の岩の隙間を高速で通り、鯨のようなしぶきを高く上げる様子や、温泉などが、岩から吹き上げる様子は、あちこちで見られます。なかには、甲高い音をさせる岩があっても全く不思議ではありません。ある土地の人々は、それを「山の神の石」と考え、またある人々は、「鯨の神、海の神」の伝説を語り始めた。そういうアニミズム（自然崇拝）の心が、ことさら日本人には強かった、と理解することから始めるべきであろうと思います。

もちろん中国でも朝鮮半島でも人々はアニミズムの感覚を持っていましたが、前者は、儒教を利用した為政者の政策に屈した感が否めず、後者は、アニミズムのもう一方の天敵であるシャーマニズムに屈した感が否めません。また、日本でも為政者がアニミズムを巧妙に神道に取り込み、後には仏教さえも巧みに取り込んで神仏習合をさせましたが、千数百年経った今日でさえ、日本の各地に伝承や信仰の片鱗が残っているように、村々では、為政者の政策はさほどの威力を発揮しなかったかのようでもあります。また山岳信仰や、もしかしたら尺八楽にさえも受けつがれている感覚もまた、完全には抹殺できてはいないのです。つまり、共通の文化基盤を有する中国、朝鮮半島と日本のなかで、アニミズム性に関しては、明らかに日本がきわめて強く持ち、継承し続けてきた、ということなのです。

●漢字移入以前の日本人の感覚を推測する

「おと」「こえ」「こと」

ここで、より根源的なテーマについて再確認したいと思います。それは、日本人にとって、そもそも「音」「音楽」「楽器」「歌」というものが「何」だったのかという、壮大なテーマのほんの序章です。

ほぼ同時期に、日本に仏教、雅楽、そして漢字がもたらされました。これにより、あらゆる自然現象と人間の創作の双方を、アニミズム的な感覚で理解していた人たちが、漢字を通して、急速に「論理的」に理解しようとした、もしくはそれを強いられた、ということがいえます。そして、結論をいえば、日本人は、その作業を途中で止めたのだろうということなのです。その結果、きわめて曖昧なままに保留された事柄が非常に多く、そこに、時代時代の要望に応える柔軟さを見出したり、大切なものを見失ったり、意識して遺棄したりすることも含めて、局面を乗り越えてきたのでしょう。

まず、漢字がもたらされる前の日本人にとって「おと」と「こえ」こそは、「神」と「人間」の対峙であり、しばしば対立であったのではないでしょうか。その根拠はシンプルです。なぜなら自然界が自然に発する「おと」以外に、人間が聴き得る「神の意志」が存在しなかったであろうし、「こえ」以外に、神の意志にかかわらず人間が発する手段がないからに他なりません。したがって、もし古代の日本人が、信心深い人々であったならば、「おと」に対して「こえ」で応えるという「対話」を重要視したはずなのです。

そして、「音楽」と「楽器」では、第三章の箏の章で述べたように、楽器は「こと」と呼ばれていたことがわかっています。今日の感覚では「楽器」は、人間の意志で人間の力で発音し奏でるものであるといいますが、例えば、私の専門研究テーマのひとつの古代インドの「科学音楽(Shastriya-Sangit)」では、音は宇宙の波動(神の意志)であり、常に発信されている(ラジオの電波のように)。それを楽器が受信機になって耳に聞こえる「楽音」となると説きます。奇しくも古代日本人もまた、ほぼこれと同様の感覚を持っていたと考えられます。その根拠は、世界のあちこちのアニミズムにおいて、楽器は、限られた者が限られたときにのみ用いるものだったからです。日本において、大陸渡来ではないかもしれない楽器の発掘される数があまりに少ないことからしても、「こと」は、きわめて貴重な存在とされていたと想像できます。もちろん、多くが敬虔なアニミズム信仰者であっただろう縄文時代に、意外に多くの日常的な楽器が用いられながらも、いずれもその素材故に数百年後には跡形もなくなったに過ぎないかもしれません。要は、「おと」と「こえ」の対峙構造のなかで、特別に神聖な「こと」は、古代インド同様に「中間的な存在」であっただろうということです。

すると人間が発する「こえ」で表現できない、より「神のことば」である「おと」に近いものを、「こと」を用いて発し、神の耳に届かせようとしたことも想像できるわけです。当然「神のことばであるおと」を「こと」を用いて復唱し、理解を深めようともし、「雷鳴」や「突風の音」

や、神がメッセージを託したかもしれない「鳶《とび》の鳴き声」などを模したならば、横笛は、石笛同様に、それらを模した音を本懐とするに違いありません。このように考えると、「能管は石笛が起源」という説も別な次元で意味を持ってきます。そして、日本人のアニミズムを考えた次元では、「それ」が日本で生まれようが、大陸から渡来しようがどうでもよくなるのです。

「ふし」という言葉

他方、「音楽」と「曲」ですが、中国漢字の「楽」は、象形文字にて、いかにも人間が楽しそうに振り子のようなものを振っている姿で表されます。私は「音楽は楽しむものだ」という観念はきわめて後世的であり、特にこの数十年ばかりとなった現代人の感覚でこのことを再検討する前に、その観念を一旦完全に抹殺すべきと考えます。それは、数十年「古代インド・アーユルヴェーダ音楽療法」を探求して一層痛感するものです。「音楽」という漢字が移入される以前と、移入されてからも数百年、「音楽」は、祝詞《のりと》や経文《きょうもん》を複数の人間で吟じる姿を意味し、そのための規則や方法を伴った厳かな儀礼的なものであったのだろうということです。

それに対し「曲」という文字と概念は、別な意味でデリケートな存在感を持っています。元祖中国でも「曲」は、「まがったもの」であり、「曲芸」のような「非日常的な高度な技」でもあります。即ち、「曲」は元々、西域渡来の胡人《こじん》がもたらした放浪大道芸のレパートリーであり、芸能形態全体の総称に近い意味合いであったということです。それに対し、前述の「おと」に応えて「こえ」や「こと」で訴え掛け、「楽」によって集団でそれをおこなう場合のレパートリーは、おそらく当初は「曲」といわなかったと思われます。その根拠は、後世に至っても「ふし」という言葉を多用しているからです。いいかえれば、「曲」は、明らかにプロ集団が担うものであり、それに対して「ふし」は、プロ・アマを問わず、民衆個々に至るまで共通の手段であっただろうということです。中国語における「節」は、「Joint」関連ばかりで「旋律系」を意味する説明は、今のところ発見できていません。

日本人の擬音語・擬態語のセンス

このようなことを加味して考えると、日本人にとっての「囃子《はやし》」の笛・太鼓の音は、中国・朝鮮半島における「語り物」などの放浪大道芸の「合《あい》の手《て》や効果音」とは、完全に一致しない、それだけではない「別な感覚」もきっとあったに違いない、と思えます。

そもそも日本人は、「擬音語」も得意で、世界的に類を見ないほど「擬態語」のセンスが優れています。例えば「雪がしんしんと降る」などがよい例で、本来無音で降る雪を見事に表現していますす。私が邦楽勉強中に非常に感動したのが、歌舞伎下座《げざ》音楽の太鼓です。「道行きの浜辺の音」を太鼓がやや小さな音で、「とん、とん、とん」と叩くのです。砂浜を歩く足音の表現ではありません。そこには、出稼ぎに行く父親や、帰って来ない父親を探しに行く母親の後ろ姿を見送る側の心情だけでなく、たいがい悲しい結末が待っていることの切なさ虚しさ、不条理に対するささやかな憤りさえもが表現されているように感じます。

このように日本音楽の「囃子」は、中国や朝鮮半島の「語り物」などの放浪大道芸の「合の手、変化、効果」を遥かに超えた想い・情感・情念が込められ表現されていると見るべきではないでしょうか。

雅楽太鼓の日本への伝播の様子

●日本の太鼓の世界における位置づけ

そもそも太鼓とは？


日本の太鼓を知る・わかる前に、そもそも「太鼓とは？」を理解しなければ「井のなかの蛙」の域を越えることはできません。

私は民族音楽の太鼓の紹介演奏会などで、しばしばお客さんにこう質問します。

「世界で最初の太鼓で、世界にただ一つにもかかわらず、世界中で用いられていたものは何でしょうか？」と。

答えは「地球」です。そもそも舞踏を「大地を足で打奏している」と考えることもできますが、より狭義の意味においては、「地面に穴を掘り、杭《くい》で皮を張った『地面（地球）太鼓』」は、世界のいくつかで、太古に存在していたといわれます。その後、虫喰いなどで虚ろになった樹の幹を叩くとよい音が出ることを発見し、そのまま叩く「ウッド・ブロック」や「スリット・ドラム」の類いは、アフリカ、ポリネシア、メラネシアに広く現存します。竹筒も同様です。

丸太太鼓の皮と奏法の関係

このような楽器は、時代を経て、下の図の上段のような「丸太太鼓」（筒型両面太鼓）に発展します。下の三本の「筒型片面太鼓」は、左から、「底が抜けている（開口の開底）」「底が塞がっている（開口の閉底）」「底にも皮を張るが、叩くことのない響き（共鳴）のため（底皮（響皮））」の三種です。よって、三番目は「形状は両面太鼓だが、奏法と意味としては片面太鼓」です。したがって、より正確な「両面太鼓」は、上段のもので、「水平に構え、両手で両側を叩くもの」ということになります。即ち、日本の太鼓は、ほぼ全て「両面に張るが裏側は叩かず、響きのため」ということになります。と

丸太太鼓の形状４種

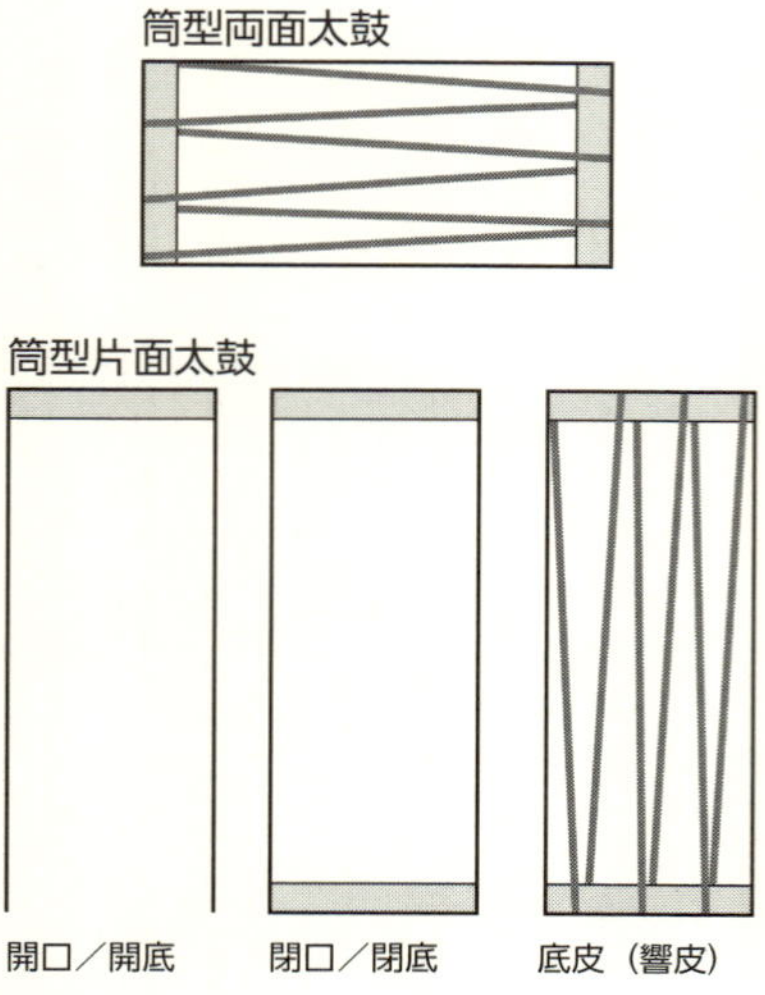

ころが、「インドから亀茲《きじ》・中国を経て朝鮮半島と日本」に伝わった「砂時計型両面太鼓」は、日本では片面しか叩きませんが、朝鮮半島に伝わった「チャンゴ（杖鼓）」は、両面を叩きます。雅楽の「羯鼓《かっこ》」は、砂時計型ではありませんが、日本では珍しい両面を叩く両面太鼓です。大型の宮太鼓を向こうとこっちのふたりで叩く近代的奏法もありますが、本来は、音の跳ね返りがもの凄いはずで、音楽的な意味はさほどない、いささかギミックなデモ演奏といわざるを得ません。

丸太太鼓の進化系

下の図は、「丸太・筒型太鼓」が進化したものです。左の「花杯型片面太鼓」は、右下の「椀太鼓《わんだいこ》」と細く長い筒太鼓を合体させ、鼓面中央に十分な低音と、鼓面縁に高音をかなりくっきりと分離させるという、古代ペルシアで生まれたアイデアです。アラブ・トルコに伝わった「ダラブカ」の類いは、近年日本でもブームの「ベリーダンス」で演奏される花杯型太鼓で、同様に近年全国的に流行っている西アフリカの

丸太・筒型太鼓発展種

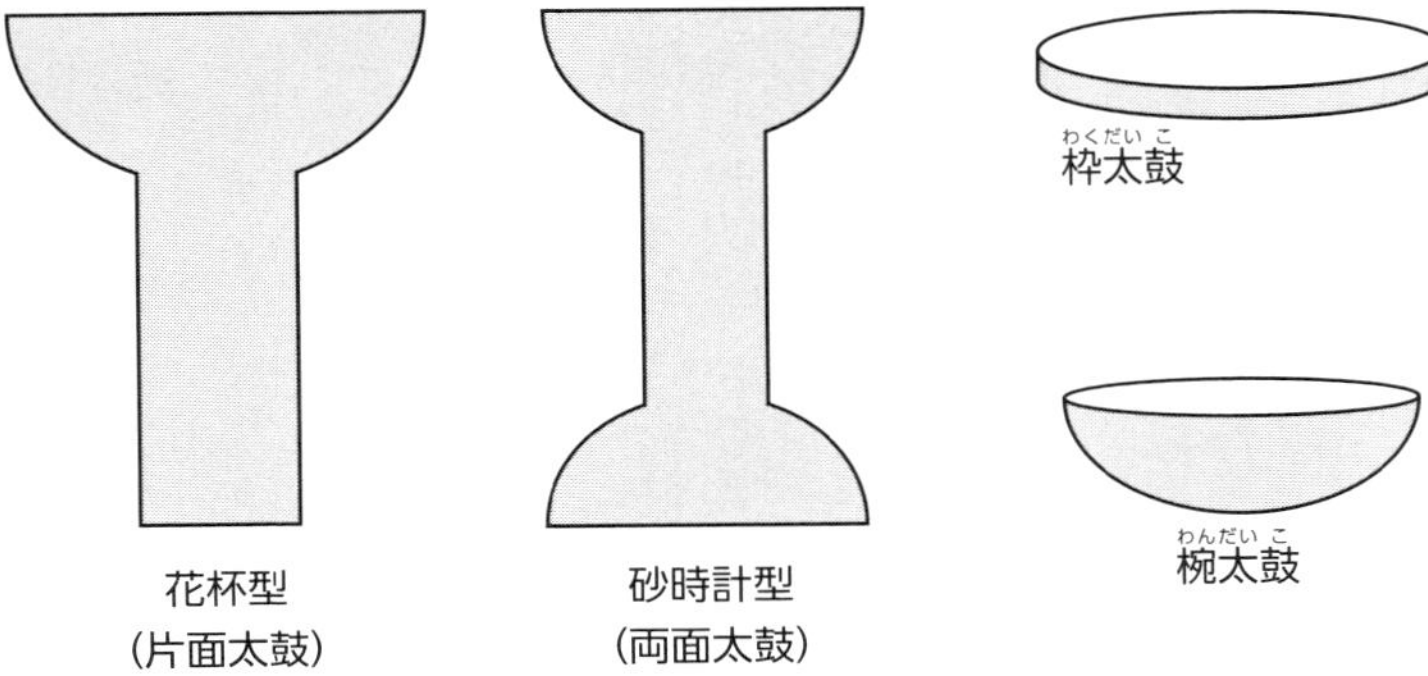

「ジャンベ」も、元は、「ダラブカ」がイスラム教と共に伝わったものを模倣した太鼓です。

　中央の「砂時計型」は、いうまでもなく、日本の大小「鼓」が属するもので、古代インドが起源です。ところが、なぜか、中西部アフリカにもあり、小脇に挟んで腕で締めることで、音程を変え（旋律ではありませんが）、西洋人が「まるで喋っているようだ」と「トーキングドラム（Talking-Drum）」と名づけた太鼓です。同地域には、前図の「締《し》め紐《ひも》で皮を張った丸太太鼓」という、やはりインドが発祥で、インド周辺に多い太鼓に酷似するものがあります。しかし、紐の掛け方が全く異なるので、「インドから伝わった」のではないことは明らかです。

　右上の「枠太鼓《わくだいこ》」は、タンバリンの類いで、シンバルを付けたり、リングや鈴を付けたり、響き線を張ったりと様々です。古代ペルシア発祥で、主に西に伝播しました。中世以降、中国領のウイグル族も用いますが、唐代前後に伝わった形跡があまりないことは、現時点では謎のひとつです。伝わっていれば、日本にもあったということになります。

　日本の「団扇太鼓《うちわだいこ》」は、「取手付き片面（両面）太鼓」の類いです。取手付きの太鼓は、チベット仏教では重要な太鼓で、大型で浅胴に両面皮を張ります。それが伝わって「団扇太鼓」になったかどうかは微妙なところです。

　右下の「椀太鼓」は、イスラム・サラセン軍が、「馬の鞍の両側に太鼓を吊るした」ことで生まれたといわれ、やはり西アジアから西方に伝播しました。西アフリカは、古代の日本同様に、「干《かん》瓢《ぴょう》・瓢箪《ひょうたん》」を食器にすると共に、弦楽器や太鼓の胴にもしますが、イスラム教伝播以前にアフリカ

皮の張り方３種

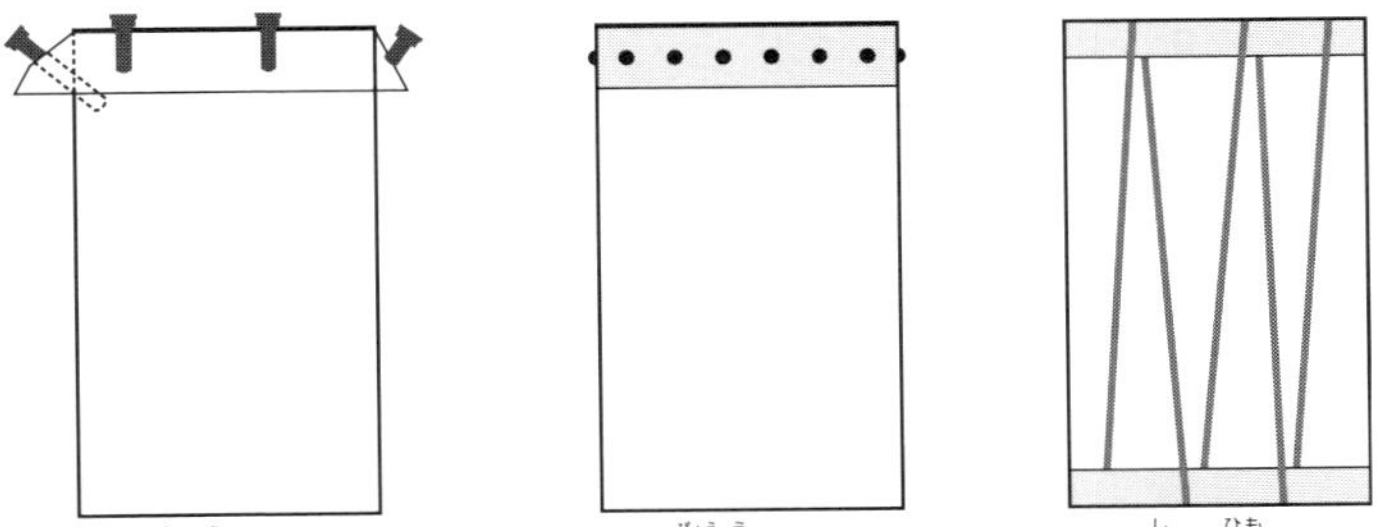

杭《くい》打《う》ち式　鋲《びょう》打《う》ち式　締《し》め紐《ひも》式

に「干瓢椀の太鼓」がないことから、やはりイスラム圏起源なのでしょう。ナイジェリアの筒型両面太鼓アンサンブルで用いられる「椀太鼓」も古くは丸太を叩いていたのが、後世、椀太鼓を用いるようになったのではないかと思われます。中世インドにも伝わり、実に多くの種類が各地で用いられています。その一方で、インドの研究者は、古くから二大叙事詩などにも記述がありますが、前述の「地面太鼓」の穴の形（椀状であろう）から創案したと説いています。この説を否定する理由もありませんが、イスラム勢力が侵入する以前、イスラム教が興る以前から、インド、アラブを問わず、馬に乗る民族は、すでに椀太鼓を鞍に括り付けていたかもしれません。

皮の張り方3種

上の「皮の張り方3種」の図は、前図の発展系を持たず丸太太鼓を用い続けた地域差を如実に表しています。まず、「杭《くい》打《う》ち式」は、ブラック・アフリカに多く見られ、アラブ圏でも、古代にアフリカ人が移入したアラブ湾岸諸国には見られます。東南アジアでも「杭で皮をより強く張る」太鼓はありますが、アイデアが異なります。279ページの図と左下の「太鼓鼓面構造と名称」の図を併せて見て頂きたいのですが、最も進化した構造では、図のように、皮の端を巻き、なかに「心棒（芯輪・リム／Rim）」を通し、それを上から「枠（押さえ輪・フープ／Hoop）」で押さえ、枠を締め紐で締める手法が、いわば「太鼓の完成型」といえます。日本の鼓と締め太鼓は、心棒を巻いた皮の端を糸でしっかりと縫ってあり、「枠」を持ちません。ちなみに、小鼓のその縫い目の数は十六あり、その部分の名称も「十六」と呼びますが、なんと、インド古代からある「締め太鼓」が、編み込んだ枠を通る穴もまた十六箇所です。

「杭打ち式」には、皮製の心棒と鼓面の端を縫い合わせたものを縫い紐に杭を掛けて張るという、やや進化したものもあります。しかし、いずれにしても、この類いは、アラブ湾岸以東ではほとんど見られず、インド・中国にもなければ日本にも伝わっていません。

「鋲《びょう》打ち太鼓」は、宮太鼓《みやだいこ》と俗称される和太鼓の一般的な方式で、日本人に最も知られているものです。形状がわかっている限りでは古代インドにはなく、もちろん現在の太鼓にも見られません。おそらくタイが西端で、ビルマにはほとんどないことから、中国が発祥でヴェトナム、カンボジア、タイに伝播したことがわかります。

太鼓鼓面構造と名称

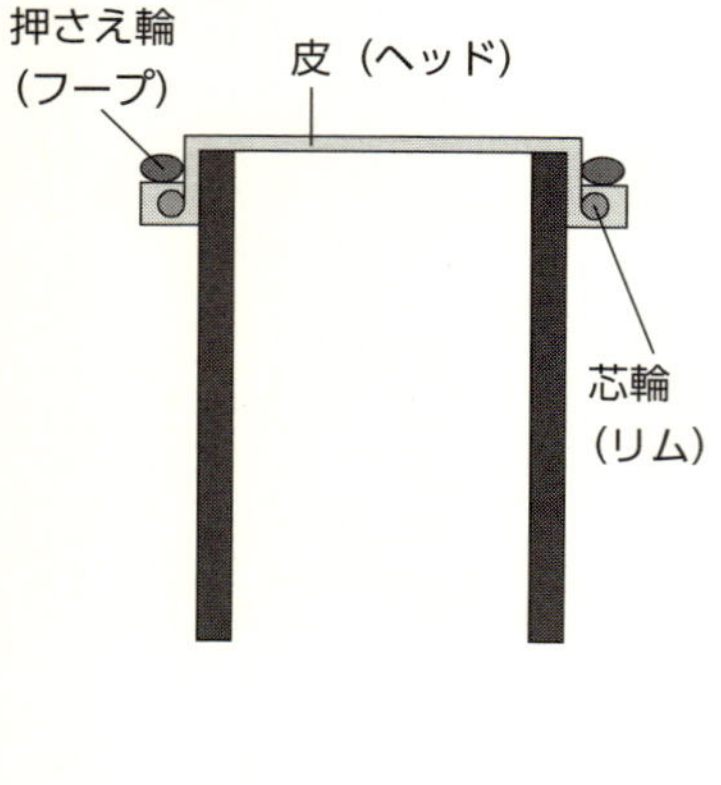

「締め紐式」は、前述のナイジェリア太鼓を例外として、古代インド・古代ペルシア発祥で、アラブ・北アフリカでは、力一杯締めた後に、「横紐」を上下交互に通してから縦紐を捻りテンションを強めます。インドでは、締め紐と胴の間に木片を挟んで、その位置によって音程を微妙に調節します。アラブ式は、締め紐が皮製のため太鼓が完成した後の調律はほぼ無理ですが、インド式は、常に調律が可能です。旋律楽器の音に正確に合わせるのは、世界で、インド古典音楽太鼓と、ティンパニーだけかもしれません。

太鼓の縦横の比率による地域差

太鼓の縦横の長さの比率が明らかに地域差と関係しているということは、意外に語られていません。下の図は、鼓面の直径（a）に対しての胴の長さ（b）の比率で考えることを提示したもので、「a÷b＝c」の数値が少ないほど、「胴が長い」ことを意味します。「c＝0・4〜0・

縦横比率

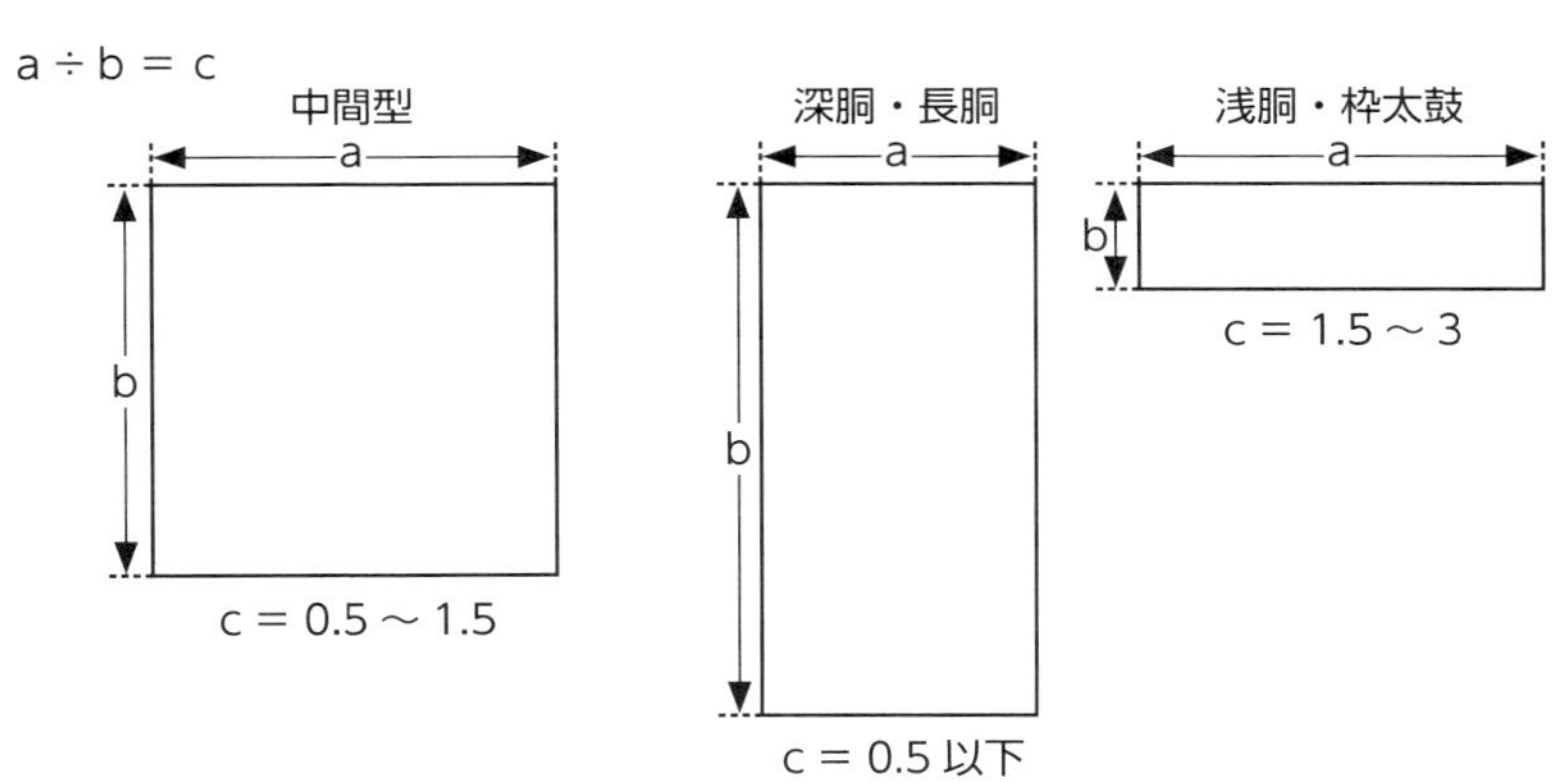

5」程度は、水平に構えた際、両手で無理なく叩けるサイズ（直径50センチメートル〜1メートル）の太鼓に多く見られる比率で、インドを中心とした南アジアに多く見られます。「c＝0・5以下」は、立って叩くこともあり得る、かなり高さのある太鼓で、ラテン・パーカッションの「コンガ」などのサイズ（直径9〜12インチ）です。左の正方形に近い比率は、日本の和太鼓に近いもので、カリブやインドにもありますが、全体的に少ないことから、中国起源の可能性もあります。「c＝1・5以上」は、かなり胴が浅く、日本では「平太鼓《ひらだいこ》」などと呼ばれます。もっぱら片面となって、タンバリンのような枠太鼓になることが多い

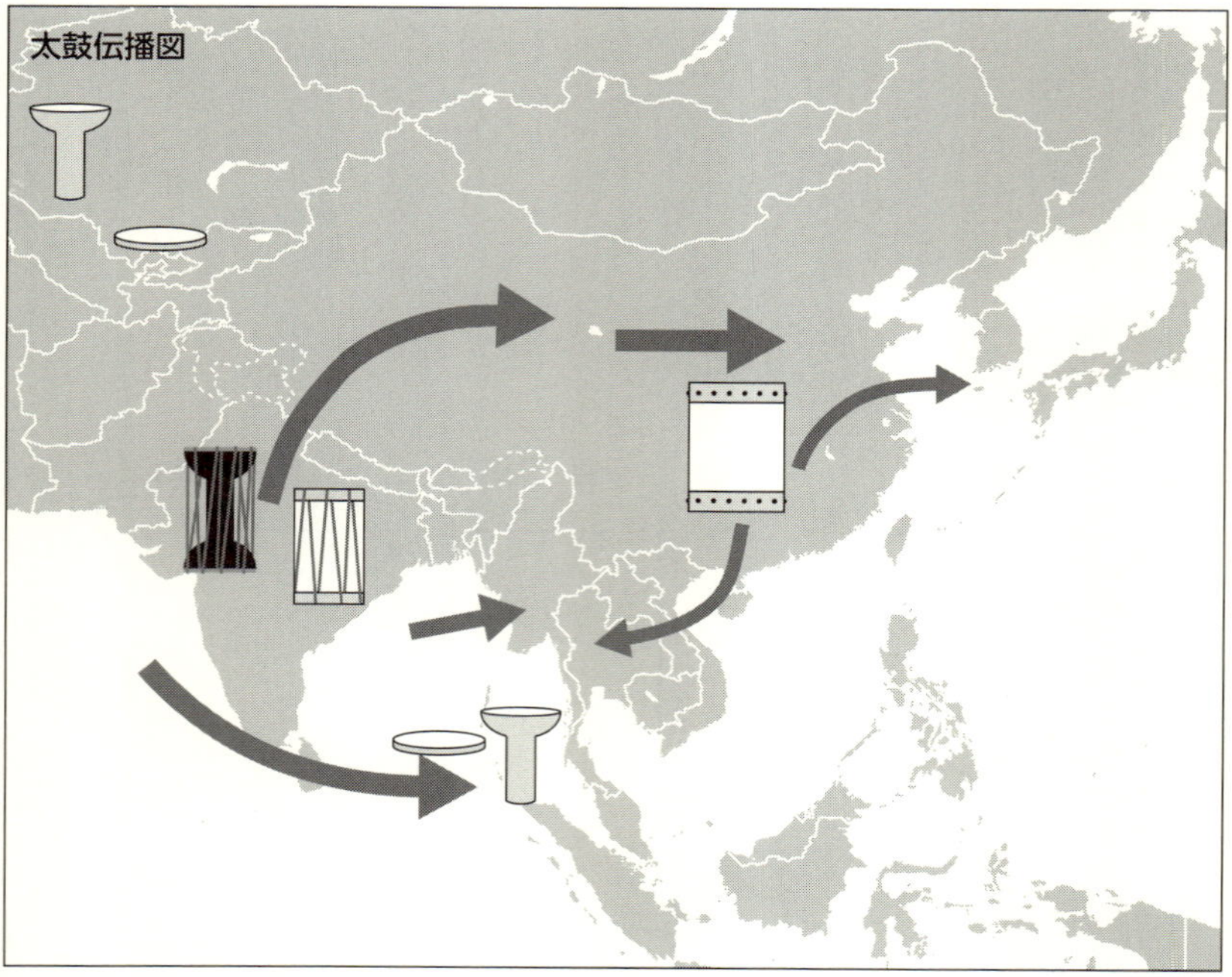

ものです。

これらを理解した上で見ると、右ページの「太鼓伝播図」がよくわかると思います。地図の左上の古代ペルシアからアラブ系の太鼓は、中国雅楽確立の時代に伝わらなかったはずもないのですが、なぜか取り入れられませんでした。後世に東南アジアには同地域のイスラム化と共に伝わります（非イスラムのタイ、カンボジアでも音楽は用います）が、それから日本に伝わったこともないようです。したがって、日本の太鼓のルーツと伝播は、もっぱら古代インドと中国から、ということになります。

●古代インドから日本までの道のり

シルクロード東部の重要交易路「亀茲《きじ》王国」

中国の後漢《ごかん》から宋《そう》代に至る時代（およそ二世紀から十二世紀）は南蛮や朝鮮半島、そして日本に宮廷雅楽や放浪大道芸を伝えた時代の中心的な時期に当たります。この頃インドと中国を結ぶシルクロード東部の重要交易路には、「亀茲王国」という仏教国があり、小さなオアシス都市でありながら、民族音楽と民族楽器の伝播の上ではきわめて重要な存在でした（↓P102）。同様に、「亀茲王国」後期と時代を重ねながら、中国戦国時代（三国《さんごく》～晋《しん》～五胡十六国《ごこじゅうろっこく》～南北朝《なんぼくちょう》などのおよそ三世紀から六世紀までの時代）に中国・中原《ちゅうげん》（中心的な中東部地域）に最も近い西域のオアシス都市であった「敦煌《とんこう》」もまた、きわめて重要な存在でした。しかしながら、「亀茲王国」があまりに小さく、今日ではすっぽり中国領新疆《シンキョウ》に入ってしまうことなどから、そしてまた「敦煌」も唐代に中国漢民族文化の影響を強く受けたという定説が不動であることから、中国・日本の研究者のほとんどは、私が主張するほどの価値を見出してはいないのです。

しかし、日本の雅楽の源流を含む「中国雅楽編成の変遷図(1)」(→P285)では一目瞭然ですが、隋《ずい》代から宋《そう》代にかけて、いかに西域音楽が重用されていたかに驚かされます。逆に西域音楽ではないものを先に確認すると、「清楽《しんがく》/清商楽《せいしょうがく》」「讌楽《えんがく》」「礼畢《れいひつ》/文康楽《ぶんこうがく》」「高麗楽《こまがく》」「天竺楽《てんじくがく》」ですが、「天竺楽」は、前述したように「亀茲」経由ですし、国産音楽としてのステイタスを誇った「清楽」「讌楽」「文康楽」のうち、「讌楽」は、後漢から戦国時代の西域音楽である胡楽《こがく》が、数百年間の戦国時代にあちこちの都を保護を求めて流転し自国化した要素も大きいのです。唯一の太古からの音楽といわれる「清楽」もまた、前漢は、秦《しん》代の清楽に讌楽の要素が加味されたものであり、後漢は、前漢の清楽に讌楽を加味し、魏《ぎ》・呉《ご》・蜀《しょく》なども また、後漢の清楽に讌楽を加味して清楽とし……と、前時代の雅楽を最も由緒ある音楽として祭り上げるばかりで、その実態は、純国産とはいえない要素も多くあるわけです。

中国雅楽編成の変遷図(1)

時代	部伎	出典	清楽《しんがく》/清商楽《せいしょうがく》(漢《かん》以降の俗楽)	讌楽《えんがく》(自国音楽)	礼畢《れいひつ》/文康楽《ぶんこうがく》(自国音楽)	西涼楽《せいりょうがく》(中西域)	高麗楽《こまがく》(朝鮮半島)	天竺楽《てんじくがく》(インド)	亀茲楽《きじがく》(クチャ)	安國楽《あんこくがく》(ブハラ)	疏勒楽《そろくがく》(カシュガル)	康國楽《こうこくがく》(サマルカンド)	高昌技《こうしょうがく》(トルファン)
隋《ずい》代	七部伎	隋書《ずいしょ》(639年)	●		●	●	●	●	●	●			
隋《ずい》代	九部伎	隋書(639年)	●		●	●	●	●	●	●	●	●	
唐《とう》代	九部伎	通典《つてん》(766年)	●	●		●	●	●	●	●	●	●	
唐代	十部伎	六典《りくてん》(738年)	●	●		●	●	●	●	●	●	●	●
唐代	十部伎	通典(766年)	●	●		●	●	●	●	●	●	●	●
唐代	十部伎	新唐書《しんとうじょ》(1060年)	●	●		●	●	●	●	●	●	●	●
唐代	二部伎 玄宗《げんそう》皇帝(在位712~756年)	立部伎《りゅうぶぎ》		慶善楽/大定楽/上元楽/聖寿楽	破陣楽/光聖楽	安楽/太平楽							
唐代	二部伎 玄宗皇帝(在位712~756年)	坐部伎《ざぶぎ》		宴楽	竜池楽				長寿楽/天授楽/鳥歌万寿楽/小破陣楽				
宋《そう》代	教坊四部伎		法曲部	雲韶部	鼓笛部				亀茲部				

グローバルな価値観を求めていた唐代

しかし、それ以上に、唐代の中国は、内面では漢民族のアイデンティティーを強く求めながらも、外面・外交的には、きわめてグローバルな価値観を求めていました。三方を囲む夷敵との対峙、さらに遠方の大国との講和や交易、国内においては戦国時代の後遺症や、隋代の漢民族至上主義の失敗の反省などがあったのでしょう。また、日本の雅楽部でも「散楽戸《さんがくこ》」（専門管轄組織→P161）の手本としたように、隋から唐代に「散楽部」が置かれました。これは次々に渡来する西域・胡楽と放浪大道芸の管理コントロールが目的だったのでしょう。事実、この裏で、地方都市や村々では、放浪大道芸を厳しく取り締まり、違反した場合は責任者（役人）まで厳しく罰せられた、などの記録もあります。

一方の「純国産音楽」は、日本でも古墳から出土する「銅鐸《どうたく》」の小さな吊り鐘の類いや、調律した石板などを大きな枠に吊るした「編鐘《へんしょう》」「編磬《へんけい》」、鉄筋の類いの「方響《ほうきょう》」や、太古のオカリナ「塤《シュン》／壎《ケン》」などによる音楽ですから、隋唐の宮廷人にも「退屈」な音楽だったのでしょう。地位的には上位にありながらも実演される曲は次第に減り、ほとんど形骸化していたようです。その一方で、実際「楽しい、絢爛豪華な」西域宴楽（胡楽）は、宮廷人にとっても楽しみな音楽だったかもしれません。交易や国際会議の場で、もてなし音楽としても演奏される頻度が高くなり、加えて内外に「国際都市・グローバル国家」を強く印象付けるために、七部伎*時代は七日間、十部伎となってからは十日間かけて、毎日ひとつの部伎の楽曲・組曲を演奏し続けたとさえいわれます。

中国雅楽に重用された「亀茲王国」

しかし、康國《こうこく》（Samarkand《サマルカンド》）と安國《あんこく》（Bokhara《ブハラ》）は、パミール高原の向こう（西）側ですが、疏勒《そろく》（Kashgar《カシュガル》）、高昌《こうしょう》（Turfan《トルファン》）は、いずれも「亀茲王国」の版図内か、近隣であろうし、西涼《せいりょう》にしても、結局は敦煌エリアです。西域音楽と漢民族王朝雅楽との折衷音楽であったとしても、「西域六伎」は、いずれも似たり寄ったりだったはずです。事実、ほとんどの楽器が「亀茲楽器」で編成されていました。「天竺楽」では、ささやかな打楽器と「鳳首箜篌《ほうしゅくご》」を加えることでかろうじて特徴付け、康國楽に至っては、笛、銅抜《どうばつ》（シンバル）、正鼓・和鼓（ペアで用いる長い鼓）のみを用いて差別化を図ったという、かなり苦心した様相なのです。しかし、次のページの「中国雅楽編成の変遷図(2)」を見るとわかるように、唐代中期の玄宗《げんそう》皇帝（685〜762年）が、おそらくその無理矢理な宮廷雅楽の有り様を刷新しようと試みたのでしょう。「地域別」を「舞台別」の二部編成に大きく改めたのです。結果、それまでの慣例は大きく壊され、楽譜や伝承は残りつつも、伝統は大いに脅かされました。その後、唐代後期にはまた、十部伎的なまとめ方に戻したようでもあるのです。

日本の雅楽は、原型が画一化されていない上に、後世日本において、旋法解釈を誤って短調や長調にしたり、「厳《おごそ》かさ」を強調するあまりテンポが大きく変えられ本来の曲調がわからなくなったりしたこともありました。例えば「天竺楽」を聴かされても、インド音楽の片鱗を見出すのが困難、ということがいえます。当時の中国の場合は、日本より頻繁に外国の使者が来訪するのですか

用語解説……**七部伎**●中国唐代の宮廷の饗宴の際におこなわれた宴饗楽の上演様式名。俗楽と外来音楽のうち7種をとって七部伎を組んだ。

ら、ある程度は正確な外国音楽が移入されたと思われます。それらを考え合わせると、中国雅楽において、「亀茲音楽」がいかに特別に重用されていたかがわかります。しかも、五百年以上にわたって完全には廃絶していなかったことに驚かずにはいられません。

　このように亀茲王国はシルクロード東西とインドの文化をつなぐのみならず、それらを見事に融合させ新たに昇華させた、小国ながら文化大国でした。しかし、北宋の後期には急速に衰退してしまいます。それでも亀茲からの特使を歓迎する「亀茲楽」が宋宮廷で演奏されていたからには、それなりの水準を保っていたということでしょう。

中国雅楽編成の変遷図(2)

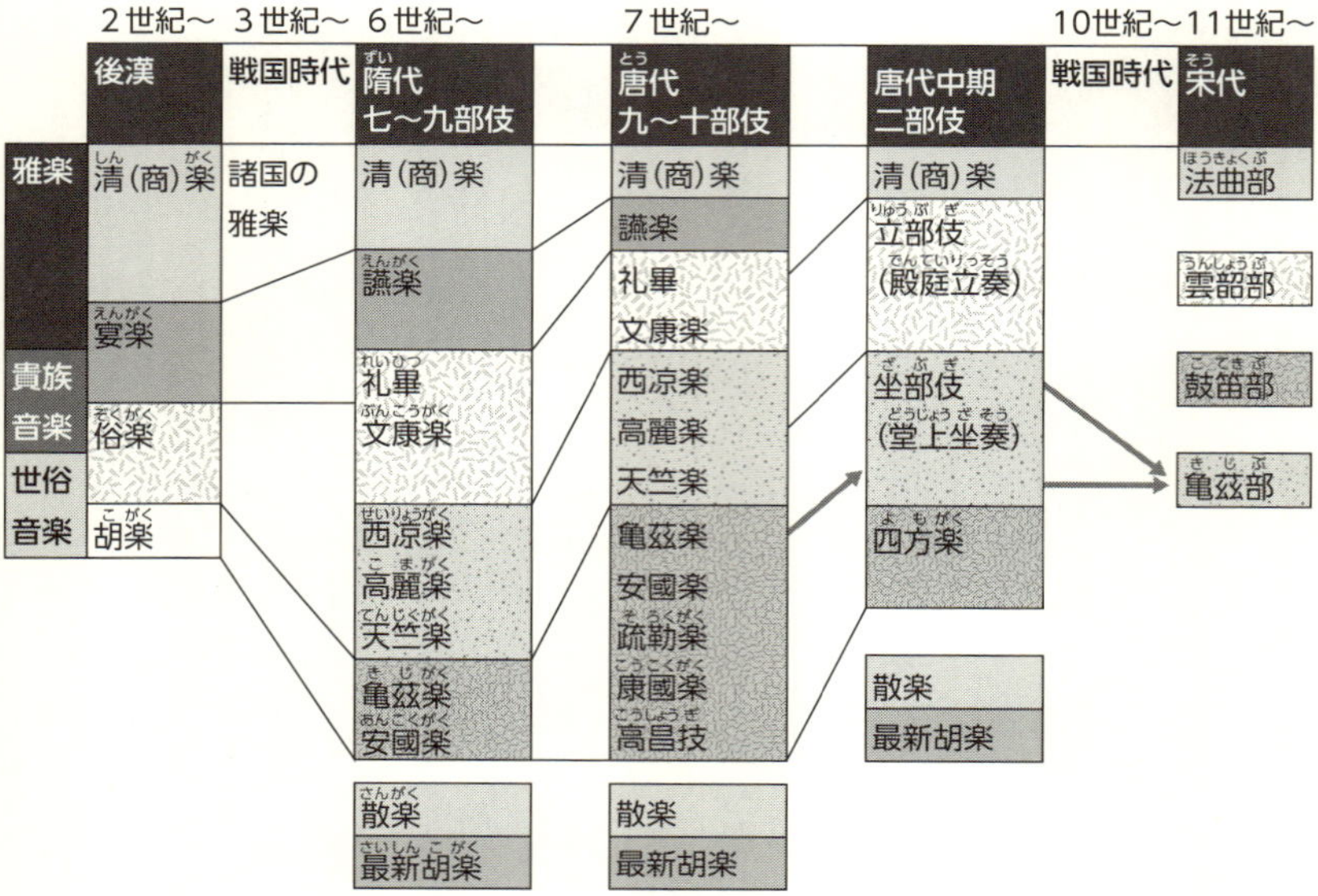

時代ごとに地位の変動があった迎賓音楽

291ページの「中国雅楽編成の変遷図(3)」では、時代ごとに迎賓音楽の地位が目まぐるしく変わっていたことがわかります。唐代後期以降も十日間の演奏形態であったかどうかは疑問ですし、いくつかの史誌が示す順番が、そのまま重要度・頻度・格であったかどうかも疑問です。随代七〜九部伎、唐代初期九部伎を通じて、冒頭に「清楽」を演奏し、締めに「康國楽」を配するというしきたりが慣例だったことを考えると、図の上位の音楽が、より格上であったことは容易に判断できます。しかし、それが時代によって、図の複雑な矢印のようにかなりの混乱を見せているのです。前述した「二部伎」時代の名残の他に、いかに国内外の政治情勢が反映されているかが見て取れるようです。

逆に「高麗楽」の安定した有り様には感心させられます。古今東西のどんなジャンルの音楽会でも、中盤は重厚で重要な曲を演じる位置に「高麗楽」が一貫してあり続けているのです。実際「高度な奏法で優美で重厚な曲が多かった」ともいわれますが、韓流時代劇などを見れば、常に半島を属国と卑下していた唐から宋代の漢民族が、こと雅楽においては半島文化に対して一目置くどころか大いに頼っていた姿が浮かび上がります。

実際のところ、宋代四楽部のなかに「亀茲楽部」が設けられているのも、ほとんど形骸化したり片鱗を残すのみとなった西域六楽を、単に寄せ集めただけかもしれません。また、引き続き「胡楽」は、最新のものが渡来していれば、「胡楽部」とするわけにもいかず「亀茲楽部」に組み込むこともあったかもしれません。しかし、それでもなお、「亀茲」の名が冠されていたことは、大いに注目すべきものでもあります。

日本の雅楽は、いうまでもなく、「国産音楽」「半島音楽」と「唐楽」に分類され、演奏目的、場面、舞台、舞踊との関係から楽器編成まで、中国雅楽、韓国雅楽にならっています。しかしいずれもその具体的な方法は異なりながら区別しています。「唐楽」は、太古楽器を用いていない以上、「文康楽」「讌楽」か「西域楽」となるわけですが、前二者もまた、より古くに胡楽と習合したものでしょうから、日本の雅楽の大半は「シルクロード（西域）音楽」で、その多くが「亀茲音楽」なのかもしれないのです。

●太鼓の大きさと形状の変化

「棺石彫《ひつぎいしぼり》二十四楽伎」に見る五種の太鼓

次のページの模写の原典は、唐《とう》が滅び宋《そう》に至るまでの（第二次）戦国時代である五代十国のひとつで、敦煌《とんこう》を含む西部を支配した「前蜀《ぜんしょく》」の始祖の王権の『棺石彫二十四楽伎』*です。模写図の五人の官女による五種の太鼓は、いずれも隋《ずい》代から「亀茲《きじ》楽太鼓」とされてきたものです。研究者の間ではかなり有名ながら、その楽器名に関してはいずれも定まっていませんでした。よって、以下の楽器名は現時点では最も正しいと自負しつつも、今後の研鑽によって変わる可能性も皆無とはいえません。

用語解説……**棺石彫二十四楽伎**●前蜀の中心の都市であった成都の郊外に残っている王建（創始者）の墓にある棺の周りには二十四人の演奏者と十二人の力士が彫られている。

中国雅楽編成の変遷図(3)

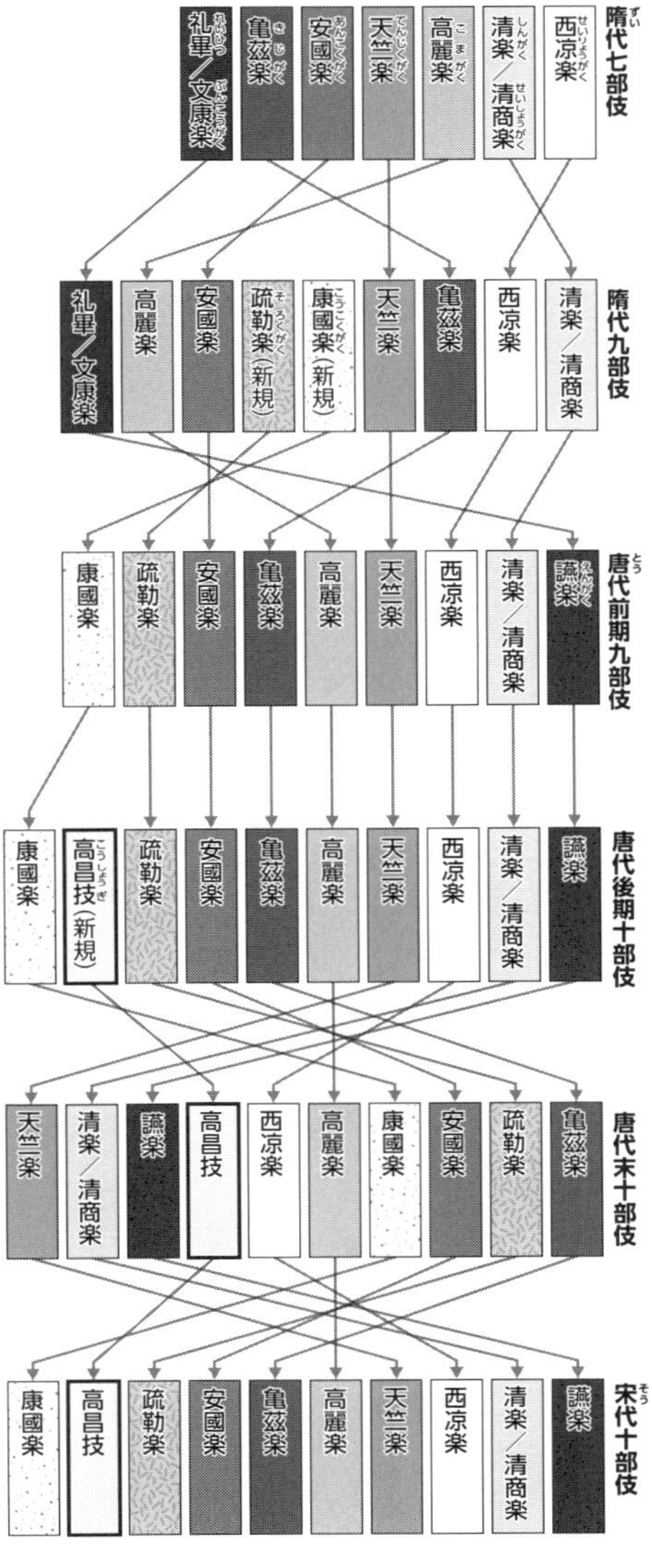

太鼓の名は、上段左から、「都曇鼓《つどんこ》」「登《とう》騰《はん》鼓《こ》」「毛員鼓《もういんこ》」、下段左から「和（正）鼓」「銅鼓《どうこ》」と思われます。前四者は、唐代の複数の文献（絵はない）の記述から確認できますが、最後の「銅鼓」の同定は消去法なので、本来全く別な奏法（後述）の「鶏婁鼓《けいろうこ》」かもしれません。これらのいくつかは、仏典にも記されているという古代インドの太鼓が亀茲でも重用された結果、中国雅楽でも数百年継承されてきたものです。しかし、古代インドでは、「砂時計型の両面太鼓」、即ち、日本の大小の鼓の類いは、中型の「ダッカ（Dhakka）」と、小型の法器である「ダマルー（Damaru）」の二種（派生系は多い）しか語られていないにもかかわらず、図では一方しか模写しませんでしたが、「和鼓」は、ほぼ同系の

五代前蜀楽伎〔筆者模写〕

「正鼓」とペアで用いられます。「正和鼓」は、パミール高原の向こう（西）側、康國楽、安國楽でも用いますが、両国とも当時は、「亀茲音楽文化圏」ともいえます。また、それより以西（ペルシアなど）には「砂時計型」が見られないことからも、康國・安國楽でも用いていたのかもしれませんし、亀茲太鼓の使い回しなのかもしれません。この「砂時計型太鼓」の重用と、「ペアで用いること」は、亀茲音楽のなかでも大きな意味を持っていると考えられます。

古代インドの両面太鼓

左下の写真は、南インドに、今日も根強く「葬祭音楽」で用いられている（むしろ欠かせない）、二個組の両面太鼓の「ウルミ（Urmi）とパンバイ（Panbai）」ですが、ペアで用いる伝統は、東南アジアのタイ、マレーシアにもしっかり伝わっています。また、ウルミは、今日でも「銅鼓」で、「砂時計型」ではありませんが、リムが胴径よりも二回りほど大きいことから、雅楽の「羯鼓《かっこ》」同様に、「砂時計型」との関連は深いことが明らかです。古代インドの石彫では確認できませんが、「ペアで用いること」は、古代インド音楽の習慣なのです。ちなみに「羯鼓」も「亀茲楽」の主要な太鼓で、『二十四楽伎』で唯一、ふたり描かれています（→P296）。「鶏婁鼓」か「銅鼓」であろう292ペー

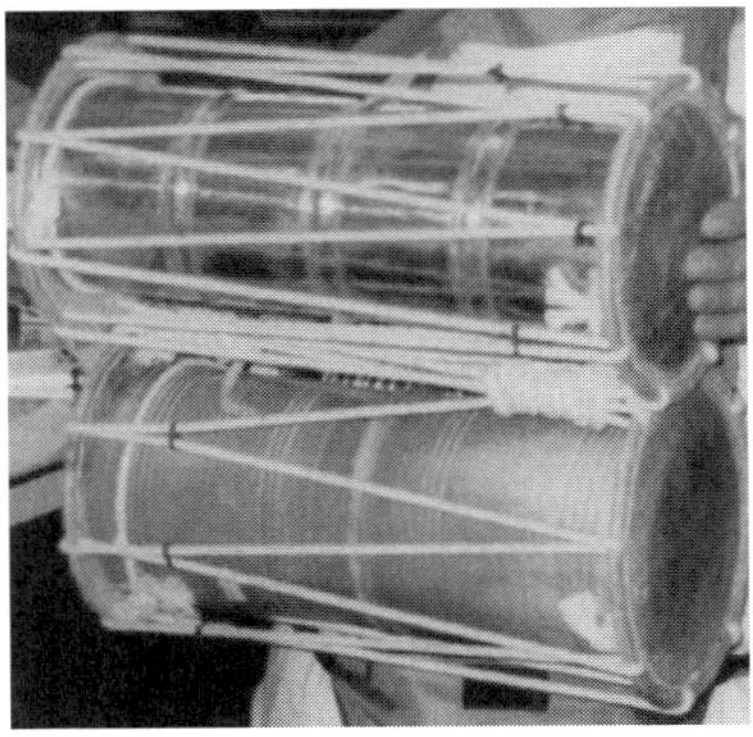

「ウルミ」と「パンバイ」。[W]

ジ右下の太鼓は、「片手撥、片手素手」で叩く、古代インドの「ディンディマ（Dindimaまたは Dindima）」（これも仏典に登場する）が伝わったものです。軍楽や軍舞で主に用いたインドでは、より小型で肩から紐で吊って叩きましたが、亀茲では大きくなり座奏しています。ですから「銅鼓」の可能性もあります。

292ページの模写の上段左から二番目の「登膽鼓」はきわめてユニークな太鼓で、左手は紐を引っ張って太鼓を固定し、右手は指先などで鼓面を擦って「ぶーん、ずーん」という持続音を出すものです。西洋タンバリンのプロの奏法（トレモロの一種）の他、カリブ海のラテンパーカッションでも「チリード（Chilido）」と呼ばれ多用される奏法ですが、インド、中国、もちろん日本ではまず見ることはありません。また、「正鼓」「和鼓」のいずれの「砂時計型両面太鼓」も、インドのそれと比べてかなり長く、むしろ中西部アフリカの「トーキングドラム」に酷似します。つまり、ユニークな「登膽鼓」や「長い鼓」は、「亀茲」で発展した可能性がきわめて高いということです。「亀茲音楽」では琵琶も、インドの「直頸《ちょっけい》五弦（六弦もあるが）」を発展させた「直頸ながら四弦、五弦」があり、ペルシアの「曲頸四弦」を発展させた「曲頸でも五弦、六弦」などがあり、独自で多彩な様子が見られます。研究者のほとんどは、亀茲の壁画を見ても「ああ確かにペルシア系の曲頸とインド系の直頸があるな」といった程度しか関心を寄せませんが、「亀茲」は決してあなどれない音楽大国なのです。

左上の図は、おそらく七世紀以前の寺院石彫と思われますが、そこに描かれているのは、古代イ

筒型両面太鼓を叩く天女（左）と蜀太鼓《しょくたいこ》をたたく芸妓《げいぎ》。〔筆者模写〕

ンドの「筒型両面太鼓」を叩く天女の模写です。天女の石彫は、全体的に描写が甘い上に劣化・破損が激しいのですが、それでも「締め紐を交差する横紐がある」ことから、「砂時計型」とも考えられます。その右の膝に載せる蜀太鼓は、古代インドでも同様に膝に載せ、芸妓《げいぎ》が叩いたとして有名な仏典にも記されている「アンキカ（Ankika）」が伝わったものと考えられます。右下の写真は、タイ古典音楽の太鼓「クロン・ケーク（Klong-Khaek）」で、二本ペアで持ちます。「ケーク（Khaek）」はインド渡来を意味します。太いリムは古い形状で、インドでは南インドに二種残る程度です。左下の写真は、私が学んだマレーシアの「ケンダン（Kendang）」です。やはりペアで用い「イブ（Ib）」とアナク（Anak）」つま

ペアで用いるマレーシアのケンダン。[W]

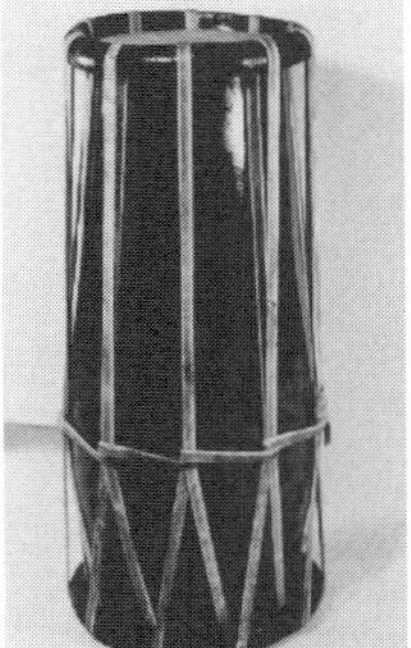

タイのクロン・ケーク。[W]

り夫婦（イブとアダムとも思われる）と呼んでいます。購入の際、「荷物になるから一つでいい」といったら真剣に叱られ、やむなく他を一つ諦めて、ペアで持ち帰りました。

下の模写図は、右が蜀の「タオ（Tao）と鶏婁鼓《けいろうこ》」を奏でている図、左の二つは日本に伝わり今日は舞踊の舞具となっているものです。「二連のでんでん太鼓」の方は、ほぼ同じ形ですが、日本の「鶏婁鼓」は、舞具になるにつれ、蜀では25センチメートルくらいだった直径が12センチメートルほどまで小型化したのかもしれません。

左のふたつが日本の雅楽、右が蜀石彫より。〔筆者模写〕

蜀の石彫「二十四楽伎」羯鼓。〔筆者模写〕

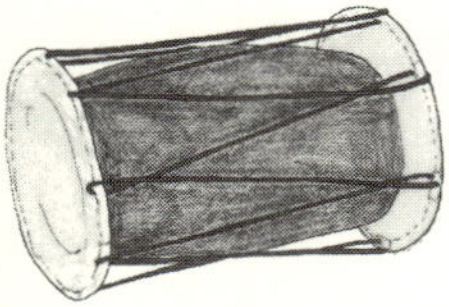
雅楽の羯鼓。〔筆者画〕

日本の雅楽に見る、「中国雅楽」や「亀茲楽」とその楽器

蜀の『棺石彫二十四楽伎』のなかでは、「羯鼓《かっこ》」が二つも描かれています（上の模写図）。これは日本にもほぼ同じ形と奏法、名前で伝わっています。その下が日本雅楽太鼓のスケッチです。

古代インドでは、二大叙事詩のなかでもかなり大型で「もの凄い大きな音」と書かれるほどの太鼓でも「片手は素手」の演奏が多く、両方撥《ばち》の場合は「大型椀型《わんがた》片面太鼓」です。日本雅楽でも両手撥で奏する「羯鼓」は、「亀茲」が起源かもしれません。中国雅楽で「羯鼓」は、西域六楽の他は、「天竺楽」でのみ用います。

下の写真は、韓国の様々な音楽に欠かせない「チャンゴ（杖鼓）」と、今日もインドで仏具、および限られた地域（南インドのケララ州など）の特殊な儀礼音楽で用いられる「ウルック／イダッカ（Udukku／Idakka）」ですが、その大きさに格段の差があります。「杖鼓」の名は唐代の中国では「両杖鼓」といい、唐代（玄宗朝期《げんそうちょうき》）雅楽の「散楽系鼓笛部」に現れますが、「高麗楽」の曲に必須の楽器なのかは不詳です。二部伎時代前後の高麗楽の必須楽器にはなっていないことから、中国では単に「二本の撥で叩くが、羯鼓とは異なり砂時計型のもの」を意味したのでしょう。したがって、チャンゴは、それが伝わったものと考えられますが、半島で巨大化したようです。

次ページの古代インド石彫の模写は南インドの「チェンナー・クシャヴァ寺院（十二世紀）」で見られる石彫で表された「ダッカ（Dhakka）」で、写真は南インドに現存する「イダッカ／エダッカ（Idakka／Edakka）」です。太鼓の締め紐を横に縛るようなベルトに左肩から吊り紐がかけられていて、左手で太鼓を前に突き出すことによって吊り紐が引っ張られ、締め紐を締めて音程が上がるという手法です。日本の小鼓が右肩に太鼓を当てる左手で「締め紐（調べ）」を握り離すことで音程を微妙に変えるのと同じ原理です。インド式だと、大型でもそれが可能になります。

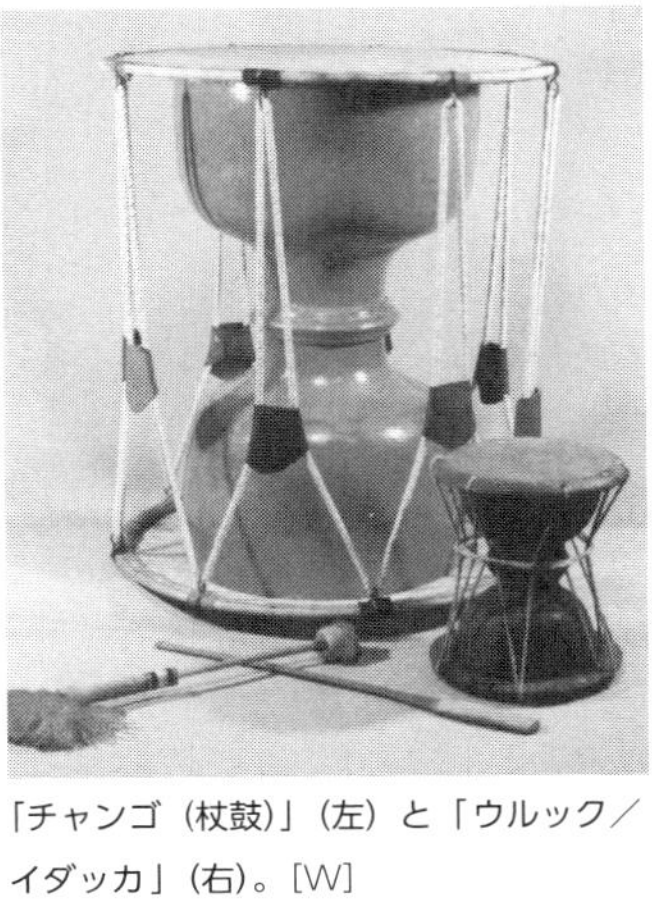

「チャンゴ（杖鼓）」（左）と「ウルック／イダッカ」（右）。[W]

十二世紀というと、十世紀にイスラム勢力が侵入し、南インド・ヒンドゥー文化圏も恐々として、次第に勢力範囲が縮小されていた頃で、もはや古代とはいい難い時代ですが、この石彫は最も古いものといえます。壮大で豪華な石彫群があふれるヒンドゥー寺院からは、イスラムとの対峙のなかでヒンドゥー王朝が信仰心を鼓舞して、懸命に体制維持を図ったことが偲ばれます。もちろん、より古い仏教遺跡にも合奏や楽器演奏をかたどった石彫はありますが、「砂時計型」を見付けるのは難しいです。などというと「亀茲起源説」が出てきそうですし、漢民族研究家が着目すれば「中国発祥で、亀茲経由でインドに伝わったとしか考えられない」とでもいいそうですが、スリランカの主要民族のシンハラ族の音楽文化は対岸の南インドとはかなり異なります。にもかかわらず、スリランカ・シンハリ音楽でもこの楽器は、「ウダッキ（Udakki）」の名で重用されている他、叙事詩ラーマーヤナ（三世紀）でもランカー島に潜入した猿王ハヌマンが、女官がこの楽器を持つ姿を目撃したことが記されていますので、「砂時計型両面太鼓」が、亀茲楽の隆盛期より古くにインドにあったことを証明するのは容易かもしれません。

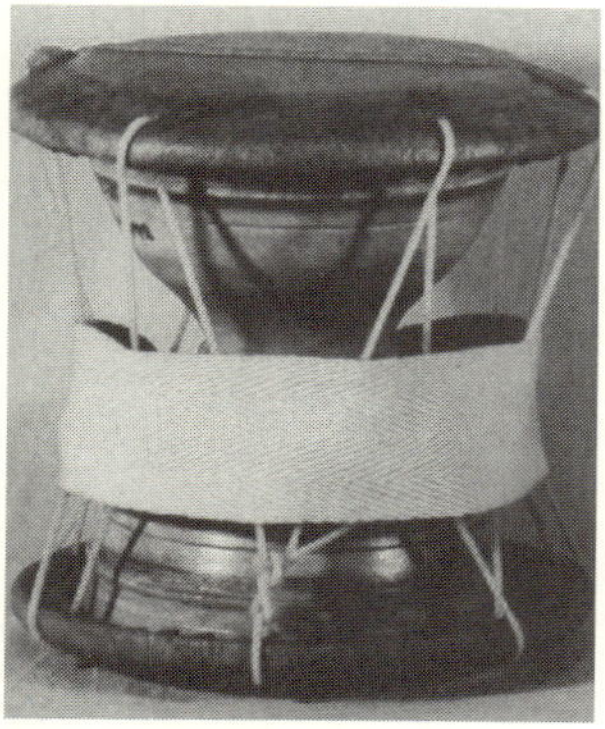

「イダッカ／エダッカ」。[W]

インド石彫「ダッカ」。〔筆者模写〕

しかしいずれにしても「ダッカ」の「肩紐でテンションを上げる方式」（仮称：変音鼓）」は、中国雅楽にも伝わらなかったようですし、仮に日本にも伝わっていたとしても雅楽では用いられた様子もありません。

●日本の雅楽太鼓の特徴

囃子《はやし》・四拍子の楽器の伝播ルート

よくよく考えますと、日本の大小二種の形状を持つ鼓《つづみ》のような楽器は、中国雅楽でも、亀茲《きじ》楽でも、古代インドでも、もちろん朝鮮半島雅楽、後世の韓国民間音楽でも主流ではないようなのです。

中国雅楽の「両杖鼓」の形状と大きさが不詳なので、これが一致するかもしれませんが、韓国の杖鼓《チャンゴ》はかなりの大型です。インドの石彫に見られる「ダッカ」は、日本の大鼓にかなり近いものですが、前述した「立奏・ベルト締め式」です。亀茲には、数種ありながら、いずれも長いのです。

一方、正倉院、法隆寺、東大寺には、大きさが異なるいくつかの中国渡来の鼓（胴のみ）があります。定説では、「壱鼓《いっこ》、二鼓《にこ》、三鼓《さんこ》、四鼓（順に微妙に大きくなる）、杖鼓《じょうこ》、腰鼓《ようこ》」が中国から伝わったとされます。「壱鼓」は雅楽舞楽の「左方の二人舞」で舞踊手が首から吊って叩くもので、二鼓は用いられなくなりましたがいくつか現存しています。三鼓は、「三《さん》ノ鼓《つづみ》」と呼び、今日でも高麗《こま》楽《がく》で用いられ、四鼓は現存しないので形の特徴や大きさは正確にはわからないとされます。

今日演奏されている「壱鼓」のおおよその胴長は36センチメートル、「三ノ鼓」は、39～45センチメートルです。法隆寺が所蔵する鼓胴《こどう》（鼓の胴の部分）は、「彩絵鼓1（38・6センチメートル）」「黒漆鼓（40・3センチメートル）」「彩絵鼓2（43・7センチメートル）」なので、「彩絵鼓1」と「黒漆鼓」が「二ノ鼓」で、「彩絵鼓2」は、「三ノ鼓」であろうとされます。形状はいずれも「椀と中部の突起」を持つ、今日の大鼓や韓国のチャンゴの形です。

他方の能楽および歌舞伎・長唄《ながうた》の「四拍子（囃子の三種の太鼓と笛の合奏のこと）」の大小の鼓の直接の前身については、研究者に確固たる定説はないようです。もしかすると雅楽と共に伝わった「壱～四鼓」が前身と考えている研究者も多いかもしれません。しかし小鼓で胴長25～26センチメートル、やや大きい大鼓で28～29・5センチメートルと、いずれも「壱鼓」より小さい（短い）のです。

そもそも隋《ずい》から宋《そう》代にかけての中国雅楽の記述でも「細腰鼓《さいようこ》」と総称されるばかりで、それらの中国音楽における位置づけも、正確にはわかりません。そもそも正倉院の楽器は、実用以上にその装飾の美術的価値で収められているはずですから「正倉院にある＝雅楽器」とも限りません。そうであるならば日本の「四拍子の大小鼓」の大きさの砂時計型太鼓は、雅楽楽器ではなかった可能性が高まり、能楽・歌舞伎・長唄の大小の鼓は、やはり「散楽《さんがく》」系の鼓からという説が最も適切であろうということになるわけです。

それを確信させてくれるのが、東大寺に収められている鼓胴です。それはきわめて細身で、後世の鼓には両端に「椀」型の部分がありますが、それがなく、中央の最も細い部分から両端までなだらかな曲線になっているのです。また、そもそも江戸中期以降の小鼓の胴長が25～26センチメートルで、大鼓でも28～29・5センチメートルなのに対し、東大寺の鼓は、41・7センチメートルもあります。蜀《しょく》の石彫で描かれた60センチメートルは優にありそうな「亀茲鼓」には及びませんが、かなり大型です。東大寺の伝承では「伎楽用の鼓」とされているようですが、「伎楽」だけですと、中国雅楽の西域楽も含まれかねません。おそらく「散楽」および「猿楽」の太鼓であると考えられます。しかしこの鼓は、「腰鼓」の呼称の他に「呉鼓《くれのつづみ》*」とも呼ばれ、研究者の間では、同義とされていますが、他に例がなく、文献の記述もないようですが、なだらかな曲線と細身、胴長がかなり長いことは、「呉鼓」を同定する特徴かもしれません。

　前述したように、平安時代の一時期に、宮廷雅楽部配下に「散楽戸」が置かれた段階で、雅楽演奏家と散楽（猿楽）演奏者は、互いに学び習合したと考えられます。ですから日本の雅楽では、後世の大小鼓と同形のものを散楽から得て、舞楽以外の雅楽にも用いたかもしれませんし、散楽・猿楽の側も、雅楽家から西域楽の奏法を学んだかもしれません。そして、そもそも「能楽」は、江戸時代まで「猿楽」と呼ばれていたのです。大雑把にいえば「猿楽」は、「散楽」の一種です。やはり日本の能楽と長唄などで用いられる大小の「鼓」は、猿楽用の砂時計型太鼓よりも小型である事実を考え合わせると、飛鳥～平安時代には「散楽用の小型の鼓」を用い続けてきたというのが正解であろうということに辿り着くと思われます。また、土器製の鼓としては正倉院に一つある他は、

用語解説……**呉鼓**●紐で首から下げ、腰のあたりに横に吊るして両手で両鼓面を打ち鳴らす。

京都・馬場南遺跡から出土した鼓胴だけで、これらも興味深いものがあります。後者の焼き方は「須恵器《すえき》」*で、半島伝来のものといわれます。朝鮮半島の散楽・猿楽などの放浪大道芸は、中国に勝るとも劣らない多様性と歴史があります。一九八〇年以降、日本でも流行した「打楽器アンサンブルのサムルノリ」の原点である「男寺党《ナムサダン》」は、現代に継承されているその伝統の主流一派です。

囃子・四拍子の大小鼓の決定的な日本性

下の写真の鼓は、ある時代の人間国宝の方のご兄弟の愛器だったもので、我が家に所蔵する数千の世界民族楽器のなかでも家宝といえる楽器のひとつです。

インド、亀茲、中国、半島、正倉院、法隆寺などの鼓と比べて、明らかに風合いが異なります。その理由は、それらの大陸の鼓と、日本の囃子・四拍子の大鼓（長唄囃子方では大鼓《おおかわ》）には、明らかに見られる「胴体中央部の突起」（幾重かの段状になっている。演奏者や製作者は「鍔《つば》」と呼ぶ）が大鼓にはありま

「鼓」といえば、小鼓をさす。木の胴を丸い平らな皮で両側からはさんで紐で締めあげる。大鼓も構造は同じ。[W]

すが、小鼓にはないことです。東大寺の呉鼓の一律な曲線とも異なり、両端に椀を持ちながら、わずかに中央が膨らんでいますが、中央には筋一本さえないのです。おそらくこれは日本の小鼓だけの独特な形状ではないかと思われます。そして、これは、無駄も余計なことも割愛する、質実剛健で洗練された武家感覚の美学に通じるもの、と思われます。

日本の大小鼓には、この他にも決定的な特徴がありました。

下の図は、左が中国宋代、右が元《げん》代の放浪大道芸における、「細腰鼓《さいようこ》」の演奏図を模写したものです。大きさは、日本の鼓に近いですが、両者の奏法は大きく異なります。

宋代図では肩紐で吊り、水平にし、元代図では縦構えでいずれも片撥《かたばち》・片手素手で叩いています。これは奏者の属する芸能の流儀なのでしょう。注目すべき重要な点は、皮を取り付けたリム（芯輪）が、締め紐の張力で下がっていることです。つまり、リムに対して皮が緩めに張られていることで、遊びができてしまっていることです。そして、そもそもこの奏法では、

中国宋代・元代の細腰鼓《さいようこ》

〔筆者模写〕

用語解説……須恵器●古墳時代の中頃（五世紀前半）に朝鮮半島から伝わった焼成技術をもって焼いた焼き物。

砂時計型である必要はありません。単なるしきたりとして継承された形であるということです。

ところが、日本の鼓の場合、大小いずれもリムに厚い馬の皮がかなり強く張られており、取手があれば、そのまま「団扇太鼓」として、より遥かに高音で鳴るほど張られているのです。

前出の南インドの二個ペアの葬祭太鼓「ウルミとパンバイ」（→P293）も太鼓胴よりリムが二回りほど大きく、皮も、比較的強く張られています。しかし、「張力を変える奏法」の「イダッカ／エダッカ」（→P297）は、ある程度の遊びがあります。リムに強く張られているということの要点は、締め紐に与える「締める・緩める」のテンション変化が、ダイレクトに音に反映するというデリケートさにあります。つまり、日本の鼓の場合、小鼓では、左手の「締め・緩め」の技巧が厳しく結果に出るための重要なポイントなのです。

さらに、楽器の形状からはわかりませんが、日本の小鼓のように「叩く前に締めておき、叩いた直後ほぼ同時に緩める技法」は、インドでもアフリカ（トーキングドラム）でも見られないものです。これは「余韻の音程を下げたい」というより、それによって、音の塊（振動）が、瞬時に裏皮に反映され、音を後ろに抜けさせるためのものです。つまり、能楽堂や歌舞伎小屋という決められた舞台条件に合わせて、瞬時に楽器を調律して音色を多彩に表現するためで、これは、日々演奏場所の音響条件が異なる放浪大道芸には思い付かないことです。

おわりに

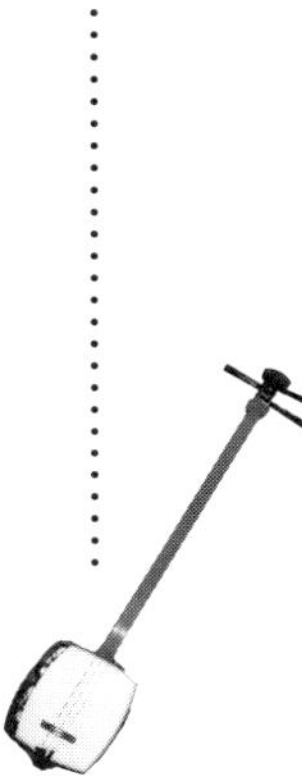

今回、残念ながら頁数の関係で、胡弓の項を全て割愛しましたが、ここまで見てきたように、本書は日本の伝統邦楽の楽器の縁起・由来について、その定説を真っ向から否定するものとなりました。とりわけ、文献至上主義に対しては痛切な批判を投げかけたといえるでしょう。

しかし、本書は、従来の定説に反論するためだけに書いたのではありません。本書のテーマである日本の伝統邦楽の楽器に限らず、世界中の音楽史・楽器史に於いて、否、世界中のあらゆる文化史に於いて、私たちはかなり長い年月、とりわけ第二次世界大戦以降、大きな勘違いや誤解、間違いをしてきたのではないか？　という疑問を投げかけています。

何故「第二次世界大戦を境に」なのか？　それは、世界的に価値観が変化したあの時点でこそ、歴史や伝統、文化を深く掘り下げて振り返り、「失ってはならない遺産」「見失ってはならない未来」について考えるべきだったのです。しかし、世界的に、人びとはむしろ逆の方向に猛進しました。

例えば、一本の樹木は、大地に根を張り滋養を得て、太い幹を持ち、太い枝を持ち、小枝や枝葉を持ち、育っていきます。はじめは、か細く短い灌木だったに違いありませんが、「上へ上へ」と枝葉が伸びていくと同時に、幹も枝も太くたくましくなり、地中では根が「より深く」「より広く」張りめぐらされて大樹となるのです。その姿は、あらゆる生命体の生き様の象徴でもあり、人間の社会や文化の育まれ方の象徴でもあります。ところが、近年では、ほとんどの人たちが「今自分が生きている枝葉の居場所」を中心に世界を眺め、やれ「グローバルだ」「アンテナを張れ」などといいながら「上へ上へ（先へ先へ）」と前を向くことばかりになってしまいました。「幹を太らせること（深く理解し充実すること）」と「根を張ること（掘り下げて深みに至ること）」が同時進行でなければ、生命体も社会も文化も「大樹」どころか「蔦」のようなものにしかなりません。

今日の多くの人たちは、「孫子の代のことまでを考えている」といいながらも、現状を追認するばかり。「日本をわかりたい」という強い衝動に駆られても、同じ枝葉に固着する近隣の国々や世界との比較でしかわかりようがないと考える。しかし、音楽史、楽器史のみならず、人間の歴史、文化史、そして、「今在るすべての物事」は、ほんの少し時代を掘り下げ、ほんの少し違った角度から見つめ、ほんの少し離れたところから俯瞰するだけで、今まで語られてこなかった「新しいけれど昔から存在した、より真実に近い豊富な情報」にたどり着くことができるのです。

本書の根底には、「発言の機会も筆も持たなかった圧倒的多数の事実や真実」の存在を「感じてほしい」という願いもあります。「枝葉に執着して今と目先に生きる」ことをよしとしたり、共感し合える枝葉とばかり「繋がった」と喜んだりするのではなく、価値観や思想が異なる枝葉であろうとも、大地に近いところでその存在を感じれば、兄弟・仲間として確かに繋がっているとわかるはずです。そうすれば、それまで「気づかなかった」「黙殺してきた」「淘汰してきた」、膨大な「声も筆も持てなかった者たち」を礎《いしずえ》にして、今の私たちがあることをも俯瞰できるはずです。

戦後しばらく、多くの日本人が、戦争で死んだ者たちのことと、生かされた自分の使命について内省しました。しかし、瓦礫の山で生き延びることに精一杯で、議論もないまま、ほどなく高度経済成長に浮かれ、近代西洋文明と物質文明に酔いしれました。１９９５年の阪神・淡路大震災、２０１１年の東日本大震災からしばらくは、ご生存の被災者の方々のみならず、難を逃れた地域の人たちの多くが、再び人生観、人間観を軸に、自然との向き合い方に始まり、社会や国家、文化や伝統について考え、今と先々の生き方、考え方について内省しました。しかし、やはりほどなく、主眼は「生活・仕事の復興・復旧」で占められ、精神論も文化論も議論されることがありません。しかも、毎年のように日本各地で自然災害が深刻になるや、多くの人たちが我が身の目先の問題と危機感で頭を一杯にしています。その間に、世界のＩＴ技術、インフラ技術、様々なテクノロジーや産業に於いて、気づけば日本はトップクラスから外されそうな時代になっています。

しかしこうした世界の価値観は、いずれも「勝ち残った人間・生き残った人間」のそれであり、文化や技術や伝統、自然と向かい合うことに命を注いだ、偉人から無名に至る膨大な人々の礎の上に成り立っていることを「考えない」価値観といわざるを得ません。いいかえれば、日本は経済先進国の座を降りることで、枝葉から幹、さらに根っこに価値観と視座を降ろし、新たに「精神・文化先進国」の道を進む、格好の契機を得たと考えることができるのではないでしょうか。それこそが「日本再発見」の主旨と思えてなりません。そして、日本の伝統、文化、技術は、その期待に十分すぎるほど応えてくれる力を蓄えていると信じます。

最後になりましたが、ある部分専門的で、ある意味非常識な文言の数々を最後までご高読下さりました皆様に、心から感謝いたします。また、私にこのような機会を与えてくださった今人舎の稲葉茂勝社長、編集でご苦労をかけた二宮祐子さん、そして、この本を発行してくださったミネルヴァ書房の杉田啓三社長に、深く感謝申し上げます。

２０１９年６月

若林　忠宏

参考文献と著者解説（順不同）

『三味線音楽史』田辺尚雄著、創思社、1963年

戦中戦後と東洋音楽学会の頂点に在った重鎮の書。伝来説に詳しいと同時に、本書の筆者模写で紹介した様々な江戸時代の三味線図を、本書と同様に模写で紹介しているが、本書で指摘している「糸蔵後退、逆方糸巻」などには一切触れていない。

『三味線とその音楽』東洋音楽学会編、音楽之友社、1978年

東洋音楽学会名誉会長の田辺尚雄氏の下で、戦前の論文を復刻してまとめたもの。「新たな文献が出ない限り（出ないだろうという価値観で述べられている）、伝来説論争は終止符が打たれた（要約）」の文言があり「九州伝来説淘汰」の記念すべき一冊ともいえる。

『三味線の知識〜邦楽発声法』富士松亀三郎著、南雲堂、1965年

戦前の知識・価値観で書かれた最後の書といえる。著者は、新内古流派の分派に所属しているということもあり、三味線業界では評価されていない（基本的に業界内の人物が、ジャンル全体や他流を語ることはタブー視されていた）。「Performing-Arts」よりも、調べ物、歴史、楽器構造、発音発生物理学などに対する興味が強い人故に、江戸時代〜昭和前半の邦楽観とその基本原理が比較的論理的に綴られている点で貴重な一冊と考えられる。

『薩摩琵琶』（カセットテープ・ブック）越山正三著、ぺりかん社、1983年

1980年代を境に、日本のあらゆる文化が反伝統〜大衆迎合の方向に突き進んだとするならば、薩摩琵琶では現代音楽とも共演する斬新（だがハイブリッド）な技法・芸風の鶴田（錦史）派が台頭し、2019年の今日、活発に活動している若手の多くがこの門下と関わっている。他方、筑前琵琶では、創始者が開発した「新琵琶：筑前五絃」を更に改造し、薩摩琵琶の大きさ胴・表面板・半月を持つ「現代筑前琵琶」が台頭し、薩摩・筑前の区別分別も、

語り物伴奏楽器としての琵琶楽のステイタスも失われつつある。そのような風潮が興る前、ギリギリのタイミングで現れたこの一冊からは、ある意味「正統的・伝統的な薩摩琵琶」の衰退期に、復興の願いを込めて出版された想いが伝わってくる。古き良き時代の薩摩琵琶観が満載。

『薩摩琵琶歌』（江戸以前／明治以前の二巻）島津正著、ぺりかん社、2000年

前書同様に「薩摩琵琶同好会（鹿児島県認定文化財保護団体）」監修の書。前書から二十年を経てもなお、古き伝統の復興・保護の価値観を問うた貴重な一冊。

『三世杵屋榮蔵』十世芳村伊三郎・四世杵屋栄蔵共著、演劇出版社、1976年

三世の追善に門弟と後継がまとめた伝記。高度成長期のピーク時に出版されたが、戦前の価値観を如実に伝える貴重な書。

筆者による模写の出典作品

『声曲類纂』斎藤月岑著、1847年／『彦根屏風』寛永年間（1624～1644年）の制作と考えられている遊楽図屏風

『邸内遊楽図』寛永年間ごろの遊宴風俗を描いた屏風（相応寺屏風）／『人倫訓蒙図彙』1690年、上方で出版された風俗事典的な絵本

『骨董集』山東京伝著、江戸時代後期の随筆／『雨夜三盃機嫌』木笛庵瘦牛著、1693年

『中国音楽史図鑑』劉東昇／袁荃猷 編著、2016年／『竹林七賢人図』海北友松筆、安土桃山時代　十六世紀

『職人尽歌合』東坊城和長著、土佐光信画、1657年／『東北院職人歌合』海北友雪筆、江戸時代　十七世紀

『慕帰絵詞』1351年作、本願寺3世覚如の伝記を描いた絵巻

『瞽女図』歌川広重作『東海道五十三次之内　二川猿ケ馬場』より、天保年間

《著者紹介》

若林　忠宏（わかばやし・ただひろ）

1956年、東京生まれ。民族音楽研究・演奏家。中学時代に世界の民族音楽と出会い、楽器を自作して独学に励み、高校入学と共に日本初のプロの民族音楽演奏家となる。1978年、都下吉祥寺に民族音楽ライブスポットと民族楽器専門店を開業。1980年インドUP州文化庁の招待で初渡印。以後インド音楽を中心に、アジアのみならず、東欧、南欧、アフリカ、カリブ、中南米の民族音楽を研究・紹介・演奏を繰り広げる。在京各国大使館、友好協会での演奏の他、CM音楽の民族楽器を担当し、「題名の無い音楽会」「タモリ倶楽部」などのTV出演もおこなう。1999年にライブスポットを閉店し、日本の伝統邦楽の修業にも邁進。ヤマハ出版、東京堂書店、岩波書店、明治書院から著書を多く出す。東京音大民族音楽研究所社会人講座および東京国際音楽療法学院の講師を勤め、民族音楽療法士、音楽セラピストの活動も。2007年に福岡に転居。執筆活動を中心に、講演活動を続ける。

編集：こどもくらぶ（二宮祐子）
制作：㈱今人舎（石井友紀、高橋博美）
校正：渡邉郁夫

※この本に掲載された写真のなかで、［W］と記載されているものは筆者の提供です。記載のないものは、photolibraryやPIXTAなどの写真素材を活用しました。また、図版および表作成も筆者によるものです。
※この本の情報は、2019年4月までに調べたものです。今後変更になる可能性がありますので、ご了承ください。

シリーズ・ニッポン再発見⑪
日本の伝統楽器
――知られざるルーツとその魅力――

2019年8月20日　初版第1刷発行　〈検印省略〉

定価はカバーに
表示しています

著　者　若林忠宏
発行者　杉田啓三
印刷者　和田和二

発行所　株式会社　ミネルヴァ書房
607-8494　京都市山科区日ノ岡堤谷町1
電話代表　(075)581－5191
振替口座　01020－0－8076

平河工業社

ISBN978-4-623-08737-2
Printed in Japan

楽器さくいん

あ行

二胡《アールフー》…………101、109、230、258
牙箏《あじぇん》……………………179、181
軋箏《あっそう》……………………179〜181
アンキカ…………………………295
イダッカ（エダッカ）………297、304
一絃琴《いちげんきん》……………………215〜218
石笛《いわぶえ》………………268〜270、273
ヴァイオリン……………………148
ヴィーナ…………108、109、159
ヴィオラ…………………………180
ウード………………………………91
うぐいす琵琶……………………123
ウクレレ……………………………21
ウダッキ…………………………298
団扇太鼓《うちわだいこだいこ》…………………278、304
ウルック（イダッカ）……………297
ウルミ……………………293、304
大皷《おおかわ》……………………252、302
大鼓《おおつづみ》……252、253、267、299〜303
桶胴太鼓《おけどうだいこ》………………………265

か行

ガイタ……………………209、210
カウベル…………………………242
楽箏《がくそう》…………71、171、172、177、
183、184
楽琵琶《がくびわ》……57、71、74、110〜114、
123〜131、145、147、149、
151、170、173、183
カスバ…………………………207
楽弓《がっきゅう》………………100、216、217
羯鼓《かっこ》…………277、293、296、297
カッサーバ………………………207
カヌーン………………154、156
伽耶琴《かやぐむ》……………………………163
漢琵琶《かんびわ》………………102、104
亀茲琵琶……………147、151
ギター………… 21、148、180、264
義太夫《ぎだゆう》（太棹《ふとざお》）三味線《しゃみせん》……12、27、93
弓奏楽器《きゅうそう》…………87、136、167、
179、180
琴《きん》…………157〜159、163〜167、
174、179
錦史琵琶《きんしびわ》…………………………110
錦心琵琶《きんしんびわ》…………………………142
箜篌《くご》……………………160、177
クラリネット……………………238
クルイ……………………………216
呉鼓《くれのつづみ》……………………301、303
クロン・ケーク………………295
奚琴《けいきん》……………………230、231
鶏婁鼓《けいろうこ》……………292、293、296
ケーナ………………208、228
月琴《げっきん》………… 33、35、36、38、39
壎《ケン》…………………………………286
阮咸《げんかん》…………102、105、107、125
ケンダン…………………………295
荒神琵琶《こうじんびわ》………………45、121、139
胡弓《こきゅう》……27、35、38〜40、52、74、
75、87、119、120、148、172、
176、177、185、196、213

ゴッタン……………………27
小鼓《こつづみ》…252、253、267、280、297、300、301、303、304
忽雷《こつらい》…………………60〜62
胡琵琶《こびわ》…………55、101、102
高麗笛《こまぶえ》…………………251
コンガ…………………260、282

さ行

サーランギ…………………136
細腰鼓《さいようこ》……………300、303
笹琵琶《ささびわ》……………113、123
ササラ……………………75
サックス…………………238
薩摩琵琶《さつまびわ》…57、58、90、110〜113、121、122、132、133、135、138、141〜144、147、149、150、170
薩摩盲僧琵琶《さつまもうそうびわ》…132、133、138、147
サデウ…………………216
三絃《さんげん》（地歌三絃）…24、28、31、32、34、40〜43、45、49、54、55、57、58、61、89、109、112、120、126、131、137、170、177、184〜186、189、190、192〜194、196、197
三弦琴《さんげんきん》……………………22
三弦《サンシエン》（中国三弦）…10、23、25、35、36、55、59、60、62〜65、69、70、94、95、97、109、148、258
三線《さんしん》（沖縄三線）…23、24、29、32、33、35、37〜40、42、43、58、59、88、89、94、95、97、148、170
サントゥール…………………156
地神琵琶《じしんびわ》
………45、113、121、123、139
シタール… 18、30、134、146、148
瑟《しつ》……154、157〜159、163〜168、174、176、178、179
篠笛《しのぶえ》………………251、252
士風琵琶《しふうびわ》………………133
締め太鼓《しめだいこ》……252、265、267、280
尺八《しゃくはち》 ………74、182、185、186、196、206、208、212〜214、223〜230、232〜236、250
蛇皮線《じゃびせん》…………… 39、41、170
三味線《しゃみせん》（本土）……10〜12、18、19、22〜30、32〜45、48〜50、52〜62、66、68〜75、69〜72、74、75、79〜81、83、85、86、90、91、93、95、96、98、110、112、113、120、126、127、136、137、140、141、144、147〜152、166、169〜172、176、181、188、189、193、195、196、199、213、214、218、224、238、250、268
ジャンベ………………244
ジュドラガ………………69
塤《シュン》……………268、286
笙《しょう》……………178、251
ショートネック・リュート（属）
………………12、13、17、108
秦琴《しんきん》………………101
秦琵琶《しんびわ》…101、102、104、107、109
ステッキ・フィドゥル…………87
西域琵琶《せいいきびわ》…………64、103、106

正鼓……292〜294
セタール……18
箏《そう》……74、127、149、154、157〜159、161〜169、172〜180、184〜186、189、190、192、193、196、197、199、213、250
僧侶箏《そうりょ》……171、172、
俗箏《ぞくそう》……42、43、172、175、178、183、184、190、194、197、215
俗《ぞく》琵琶……111、121、126〜128、130、143、152、170

た行

タール……159
タオ……296
竹筒琴《たけづつきん》……154、157、158、164
ダッカ……297、299
竪箏《たてごと》……179
タブラ……30
ダマルー……292
ダムニャン……66
ダラブカ……277、278
タンカ……25、65、66
ダンバウ……216
タンバリン……278、282
筑前小琵琶《ちくぜんこびわ》……150
筑前五弦琵琶《ちくぜんごげんびわ》……110、135
筑前琵琶《ちくぜんびわ》……57、58、110〜113、121〜123、131〜139、141〜144、147、149、150、170
筑前盲僧琵琶《ちくぜんもうそうびわ》……111、122、135〜138
チャトガン……154、157
チャルメラ……206
チャンゴ（杖鼓）……265、266、277、297、299、300
中国琵琶《ちゅうごくびわ》……17、101
ツィター属……11、154、156〜159
津軽三味線《つがるじゃみせん》……10、12、27、93、130、139、141、149、196、257
筑紫箏《つくしごと》……171〜177、183、184、215
都曇鼓《つどんこ》……292
角撥《つのばち》……42
ティプレ……55
ディンディマ……294
ティンパニー……281
天吹《てんぷく》……228〜230
銅鼓《どうこ》……292〜294
洞簫《どうしょう》……208、213、216、227〜230
銅抜《どうばつ》……287
登膳鼓《とうはんこ》……292、294
唐琵琶《とうびわ》……104
ドムラ……55
トレース……55

な行

ナーイ（ナイ）……207〜209
二弦琴《にげんきん》……22
錦五弦琵琶《にしきごげんびわ》……135
錦琵琶《にしきびわ》……110、133、136、141、142
ネイ……207、208、212
根竹尺八《ねだけ》……230、231
能管《のうかん》……251〜253、268

は行

ハープ……109、159
排簫《はいしょう》……117、213、218、230

バラライカ……………………55
パンパイプ（パンフルート）
……………………208、213、230
パンバイ……………………293、304
ピアノ属……………………156
ピーパ……………………17、65、108
篳篥《ひちりき》……………………114、177、178、251
一節切《ひとよぎり》…… 50、51、117、214～218、
223～225、227～231
拍子木《ひょうしぎ》……………………75、178、242
平太鼓《ひらだいこ》……………………252、282
琵琶《びわ》…………… 11、17、26、27、74、
100、101、103～106、108、109、
115、116、119、120、122、140、
144～149、151、152、158、159、
161、164、165、169～173、177、
181、183、196、213～215、
218、250、294
ピワン……………………65、66
胡琴《フーチン》……………………109
平家琵琶《へいけびわ》…… 27～29、57、71、74、
110～114、116、123、
126～134、149、170
ペルシア古代琵琶……………………147
編磬《へんけい》……………………286
編鐘《へんしょう》……………………286
方響《ほうきょう》……………………286
北部琵琶《ほくぶびわ》（中国北部琵琶）
……………………17、18、104
ホトギ……………………75
ホブス……………………70
法螺貝《ほらがい》……………………181

ま行

丸太太鼓《まるただいこ》……………………276、277
マンドリン……… 12、21、136、148
宮太鼓《みやだいこ》…………265、268、277、280
娘琵琶《むすめびわ》……………………137、141、142
毛員鼓《もういんこ》……………………292
盲僧琵琶《もうそうびわ》（九州盲僧琵琶）…… 45、58、
110～116、121～124、127、129、
131、133、134、138～140、142、
145、147、149、170～172、181、
182、214、222

や行

柳川三絃《やながわさんげん》（三味線）‥54、55、80、131
楊琴《やんちん》……………………156、258

ら行

ラワープ……………………68
リコーダー……………………208
リュート………… 11、21、136、165
リュート属…… 11、12、19、22、23
龍笛《りゅうてき》……………………251
リラ属……………………10
ルバーブ……………………66、68
ルボップ……………………68
ロングネック・リュート（属）
……… 10、12～15、17、50、108

わ行

和鼓《わこ》……………………287、292～294
和琴《わごん》……………………71、100、154、
157～159、167

人物さくいん

あ行

か行

さ行

た行

な行

は行

ま行

や行

ら行

音楽（芸能）用語さくいん

あ行

合方《あいかた》……………186、188、190
合いの手………………186、189
アゴーギク……………247、264
壱越調《いちこっちょう》……………………128
一中節《いっちゅうぶし》…… 56、57、75、78、186
今様《いまよう》………………………85、115
浮かれ節……………………………82
唄《うた》い物《もの》… 28、72、77、80、86、195
歌祭文《うたざいもん》……………50、115、182
歌説教…………………………115
うた沢……………… 84、85、195
打ち合わせ……………198、199
宴楽《えんがく》（燕楽）…101、104、160、161、165、176
追分…………………………249
黄鐘調《おうしきちょう》………………128、131
阿国歌舞伎……………………81
お座敷芸能《ざしきげいのう》（音楽）
…… 28、72、74、84、190、196
オリエンタル・ダンス…………81

か行

雅楽《ががく》（宮廷雅楽）…………104、110、114、116、123〜125、127、128、160、161、165、166、170〜172、176〜179、183、192、251、268、271、277、283、284、287、289、290、293、299、300、301
神楽《かぐら》…………………………115
陰囃子《かげばやし》……………………188
語《かた》り物《もの》…・26、27、28、30、74、75、77、80、161、178、195、200、258、266、269、274、275
門説教《かどぜっきょう》……………………50、82
門付《かどづ》け（芸人）……27、50、63、75、112、196
歌舞伎《かぶき》…・49、53、54、75、79〜83、188、200、252、253、267、274、300
勘処《かんどこ》……………22、23、96、199
基音持続法《きおんじぞくほう》（ドローン）……… 13、20
義太夫《ぎだゆう》（節、会）………30、31、32、75〜77、95、186、190
宮廷《きゅうてい》音楽　沖縄…………… 23、35
宮廷音楽（中国雅楽）……101〜104、160、166、212、251、283、287、288、289、297、299〜301
キュチェック……………………81
清元《きよもと》……………………… 77、85
傀儡師《くぐつし》……………………………80
下座音楽《げざおんがく》…………251、252、274
小唄《こうた》……… 56、83〜85、93、95、192、195、201、202
講談《こうだん》……………………130、133
瞽女《ごぜ》（座）‥27、117、119、120、170
虚無僧《こむそう》…182、185、214、232、234
薦僧《こもそう》……………………214、215
コンパス…………………………264

さ行

催馬楽《さいばら》…………………………115

里神楽……………………238、251
猿楽《さるがく》……… 28、74、75、162、253、267、301、302
サワリ（音）… 55、57、58、61、89、111、112、120、121、123、124、128、129
サワリ膜…………………216、217
散楽《さんがく》…… 74、75、161、162、166、176〜178、300〜302
散楽戸《さんがくこ》……………161、286、301
三曲《さんきょく》…… 48、185、186、193、196
三分損益法《さんぶんそんえきほう》…………212、213、256
三和音《さんわおん》…………………128、129
地歌《じうた》……24、25、26、30〜32、34、37、40、42、43、48、49、54〜56、58、72、74〜76、80、83〜85、89、93、95、96、109、131、133、137、171、184〜186、188〜190、192〜203
自然倍音《しぜんばいおん》………………… 20、21
実音《じつおん》………………………… 22
十二律《じゅうにりつ》……………212、213、256
唱歌《しょうが》………………………252、253
声明《しょうみょう》……………………115、116
浄瑠璃《じょうるり》（界）……… 28〜32、34、37、40〜43、48、56、72、75〜78、80、82〜84、95、137、186、188、190、195、197、199〜201
ショートネック奏法………… 12、17
職屋敷《しょくやしき》………………… 26、27
清楽《しんがく》…………160、161、166、268、284、289
シンコペイション…………260、261、263、264
新内《しんない》………………………………192
箏曲……26、28、42、54、71、72、75、76、85、109、137、171、175、184〜186、188〜190、192〜203
双調《そうじょう》……………………………127
俗曲………………………… 83、84

た行

大道芸《だいどうげい》（人、能）…· 28、30、63、70、72、74、75、81、82、116、120、166、168、169、176〜179、181、214、218、258
単旋律音楽《たんせんりつ》……… 11、19、21、22、128、254
チャールダーシュ………………257
調弦法《ちょうげんほう》
……22、23、56、131、138、141
通奏低音《つうそうていおん》……………………21
辻芸人《つじげいにん》……………28、62、63
辻説法《つじせっぽう》………………………50
『通典《つてん》』……………………104、105
手事《てごと》……………188、189、192
出囃子《でばやし》……………………188
デロレン祭文…………… 82、83
当道座《とうどうざ》…26〜29、32、40、44、45、63、72、74、75、85、112、113、115、117、118、120〜123、129、138、139、143、170〜173、175、177、184、186、190、194〜196、199、201，202、214、231
トーキングドラム……278、294、304

常磐津《ときわず》……………………… 56、77
都々逸《どどいつ》…………………………188
どどんぱ…………………262、263
トレモロ奏法…… 12、13、249、294

な行

長唄《ながうた》……48、49、54、56、76〜84、
95、96、186、188〜190、195、197、
199、200、201、246、248、
251〜253、267、300〜302
長歌《ながうた》………………82、194、195
人形浄瑠璃《にんぎょうじょうるり》………………………31
能楽《のうがく》…………246、248、251〜253、
267、300、301

は行

端歌《はうた》……………………56、57、85
端唄《はうた》………… 56、83〜85、93、95、
195、201、202
平調《ひょうじょう》………………127、128、131
琵琶法師《びわほうし》…… 27、28、36、39、40、
43、72、75、109、118、139、
170、196、218
普化宗《ふけしゅう》……………182、183、185、
223〜227、229〜235
フラメンコ………………257、264
フレット…………………… 10、11
フレットレス……………… 11、12
ブロック・フルーテ（属）
………………208〜210、216
文楽《ぶんらく》…………………………31
平曲《へいきょく》………27、29、45、110、114、
115、128、194〜197
平家琵琶法師《へいけびわほうし》…………………32
弁《べん》（財《ざい》）天《てん》…… 25、65、108、120
放浪《ほうろう》（大道）芸《げい》（人）……28、47、56、
63、72、74、75、80、101、103、
110、122、123、130、161、162、
167、255、257、258、260、
273〜275、283、286、302〜304
ポリフォニー奏法………11、12、17、
21、254
ポリリズム……………262、263

ま行

祭《まつ》り囃子《ばやし》……251、254、258、259、
265、268
明清楽《みんしんがく》……………104、105、156
民謡《みんよう》………………………93、202

や行

山伏《やまぶし》…………………50、182、222
野郎歌舞伎……………………………81
遊女歌舞伎…… 49、50、75、81、82

ら行

朗詠《ろうえい》……………………………115
ロングネック奏法…………… 17、18

わ行

若衆《わかしゅ》歌舞伎…………50、75、81、82
和声《わせい》…………………………128、129
和太鼓アンサンブル…239〜241、248